オールカラー

困らない もめない 親が亡くなった後の届出・諸手続き

西東社編集部 編

はじめに

将来への希望に心を弾ませたり、自分の進路に悩んだりした若いころと違って、子どもが巣立ち、定年を間近に控えたりするころになると、心を占める心配事は自分の健康問題や親の介護の問題ばかり。そんな人が多いのではないでしょうか。

また、親の死が現実のものとして間近に迫ってくると、親が遺す財産がどうなっているのかという問題やお墓の問題などが頭をかすめます。とはいえ、現実にそうした事態が起こってからでないと動き出せないのが現実です。

身近な人、特に親が亡くなったあとには、さまざまな手続きが押し寄せてきます。まずは葬儀の手配から始まります。葬儀の手配は、葬儀社などの専門家にある程度お任せすることができますが、その後の世帯主の変更手続きや健康保険の手続き、葬祭費の申請手続き、故人の準確定申告、お墓の準備などは業者にお任せすることができません。すべて自分たち、つまり残された家族で進めていかなければなりません。

特に頭を悩ませることになるのが相続についてです。相続は、財産の多い少ないにかかわらず発生します。例えば、親

が借金を抱えていた場合はそれについて考えなければなりませんし、住む人のいなくなった家をどうするかについても考えなければなりません。財産を受け継ぐ相続人が複数人いる場合は、円満に相続が進むように取りはからう必要があります。しかも、相続税を支払うことになった場合には期限があります。

このように、親が亡くなると、否応なく手続きに奔走することになりますが、そうした事態を避けるためにできることもあります。例えば、相続争いが起きないように親に遺言を書いてもらったり、相続税の負担を少しでも軽くできるように生前贈与を考えてもらったり、家やお墓をどうするかを親自身に確認したりすることができます。

本書は、こうした身近な人が亡くなった後の手続き、相続の手続き、亡くなる前にできることなどをていねいに解説しています。本書が読者の皆様のお役に立ち、また、家族で話し合うきっかけになれば幸いです。

西東社　編集部

もくじ

第2章 公的年金の手続き……59～78

第3章 遺産相続の手続き……79～130

第4章 相続税の支払い

+1 Memo

COLUMN

＊本書は特に明記しない限り、2024年6月1日現在の情報に基づいています。

第1章

死亡後に行う手続き

身近な人が亡くなった後の届出・諸手続き（一般的な流れ）

生前

遺言、エンディングノート、成年後見制度の利用　など

遺言 → P162～
エンディングノート → P173
成年後見制度 → P188

相続開始

身近な人（被相続人）の死亡

3か月以内

葬儀・法要

P12～13

- 臨終の連絡
- 通夜、葬儀・告別式
- 初七日
- 四十九日
- 納骨

（葬儀の手順はP12に詳しく）

届出・手続き

- 死亡届 → P14
- 火葬許可申請書・火葬許可証 → P16
- 世帯主変更 → P26
- 健康保険の資格喪失手続きと新規加入手続き → P28
- 年金関係の手続き → 第2章
- 公共料金等の手続き → P21～24
- 故人の個人事業の廃業・承継の手続き → P42
- 遺言調査（捜索）・遺言書の検認 → P98
- 相続人（戸籍）調査 → P102
- 相続財産（遺産）調査 → P104
- 相続放棄・限定承認 → P106

税金関係の手続き

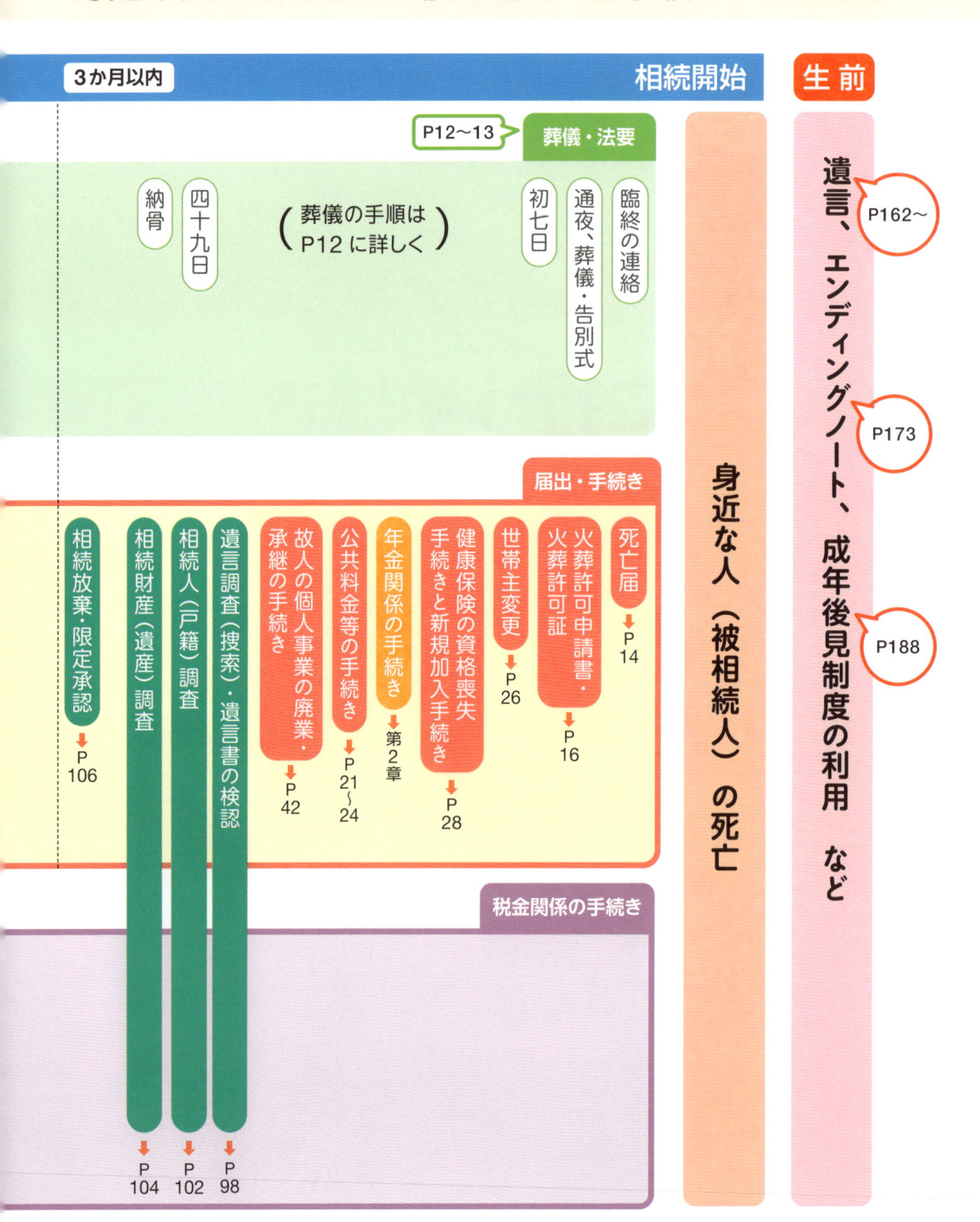

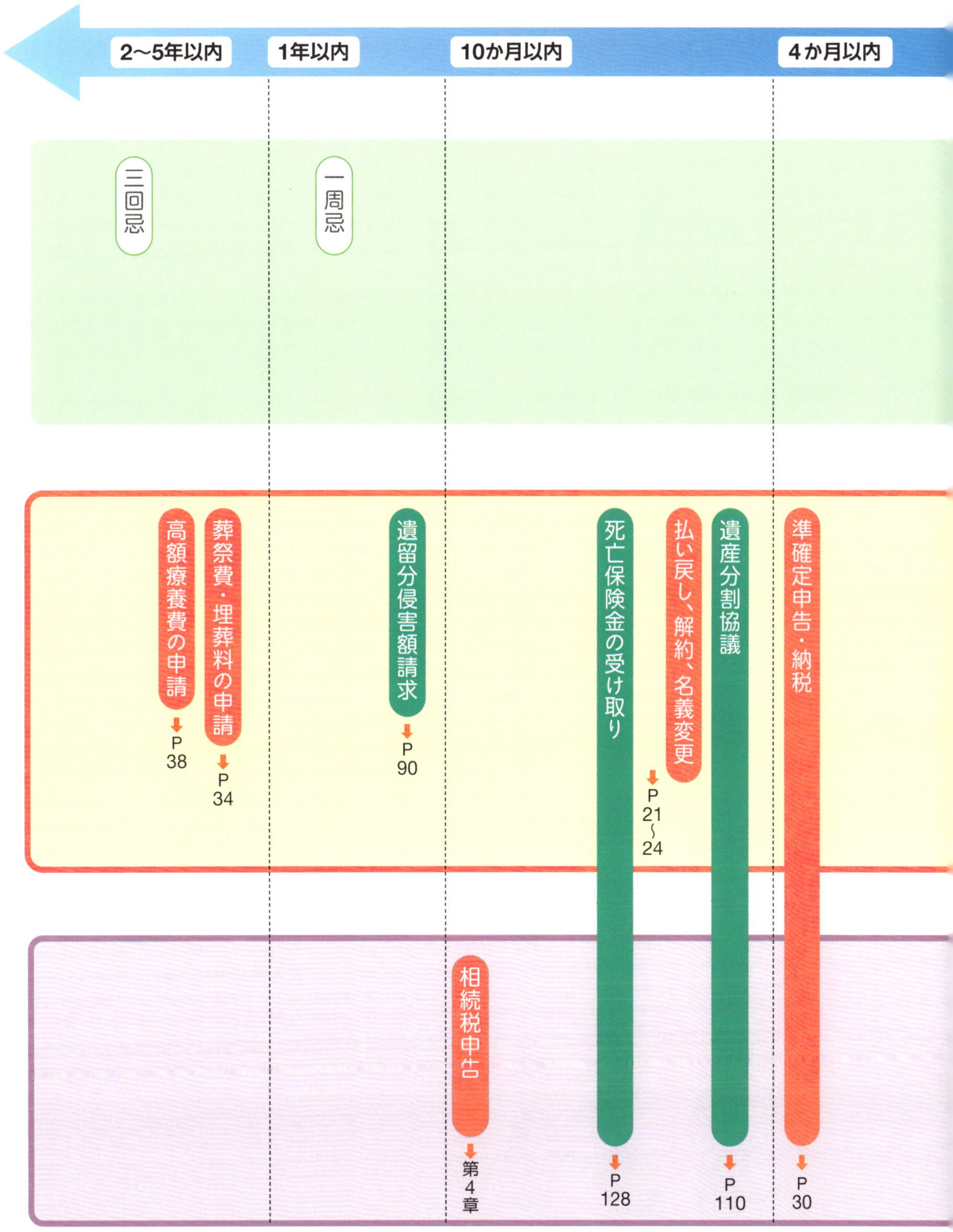
4か月以内
10か月以内
1年以内
2〜5年以内
一周忌
三回忌
準確定申告・納税
P30
遺産分割協議
P110
払い戻し、解約、名義変更
P21〜24
死亡保険金の受け取り
P128
相続税申告
第4章
遺留分侵害額請求
P90
葬祭費・埋葬料の申請
P34
高額療養費の申請
P38

葬儀の手順と喪主（遺族）が行うべきこと

1 臨終に際して

- □ 死に水（末期《まつご》の水）を取る。
- □ 臨終の連絡を親族や親しい人にする。
- □ 病院で死亡診断書（➡P14）を受け取り、退院手続きをする。
- □ 葬儀社に連絡し、自宅あるいは斎《さい》場《じょう》に遺体を搬送する。

2 通夜・葬儀の打ち合わせ

- □ 遺体を安置し、枕飾り（燭台《しょくだい》や花立て、水、線香など）をする。
- □ 喪主《もしゅ》を決める。
- □ 遺族で葬儀の形や規模、予算などを話し合い、葬儀社に依頼する。
- □ 葬儀社に見積もりを出してもらい、内容を確認し、正式に依頼する。
- □ 通夜《つや》・葬儀の日程、場所などを決める。菩提寺があれば戒名《かいみょう》について相談する。
- □ 遺影に使う写真を準備する。
- □ 当面必要な現金を用意する。
- □ 知人や関係者に通夜、葬儀・告別式の日程と場所を連絡する。
- □ 死亡届（➡P15）、火葬許可申請書（➡P17）の手続きをする。

3 納棺、通夜の準備

- □ 遺体を棺に納める（納棺）。
- □ 自宅で通夜を行う場合は祭壇を準備する。
- □ 受付などの準備をする。
- □ 通夜の席次・焼香順を確認する。
- □ 返礼品、会葬礼状を手配する。
- □ 通夜振る舞いの準備をする。
- □ 喪服を用意し、着替える。
- □ 僧侶を迎えて打ち合わせをする。

4 通夜、通夜振る舞い

- □ 弔問《ちょうもん》客の受付が始まり、一同着席する。
- □ 僧侶を案内し、通夜が始まる（読《ど》経《きょう》・焼香）。
- □ 通夜振る舞いで弔問客と故人の思い出などを語り合う。
- □ 喪主が通夜終了のあいさつをする。
- □ 僧侶にお礼をする。
- □ 葬儀社と葬儀・告別式の打ち合わせをする。
- □ 通夜終了後は遺族が夜通し故人を見守る。

5 葬儀・告別式の準備

- □ 葬儀社、世話役と打ち合わせをする。
- □ 供花《きょうか》、供物《くもつ》を整理し、並べ方を確認する。
- □ 弔辞《ちょうじ》を依頼しておく。
- □ 葬儀・告別式の席次・焼香順を確認する。
- □ 弔電《ちょうでん》を整理し、司会者に渡す。
- □ 火葬場へ行く人の確認と車の手配をする。
- □ 棺を運ぶ人を決める。
- □ 返礼品、会葬礼状を確認する。
- □ 遺骨迎えと精進《しょうじん》落とし（葬儀後に行う会食）の準備をする。
- □ 心づけを用意する。
- □ 喪主のあいさつ（出棺時のあいさつ）の準備をする。

6 葬儀・告別式、出棺

- □ 喪服、数珠《じゅず》で身支度をして、僧侶や弔問客を迎える。
- □ 僧侶が入場し、葬儀・告別式が始まる。
- □ 故人と最後の対面を行う。
- □ 出棺し、棺を霊柩車《れいきゅうしゃ》まで運ぶ。
- □ 喪主があいさつをする。
- □ 火葬場へ出発する。

7 火葬、骨揚げ

- □ 火葬許可証（➡P16）を火葬場の係員に渡す。
- □ 棺が炉の前に安置される。
- □ 僧侶の読経に続き、焼香する。
- □ 棺が炉に納められ、火葬が行われる。
- □ 遺族などは控え室で待機する（1～2時間）。
- □ 火葬後、遺骨を骨壺に納める（骨揚《こつあ》げ）。
- □ 遺骨と埋葬許可証を受け取って帰宅する。

8 遺骨迎え、精進落とし

- □ 遺骨、位牌《いはい》、遺影を安置し、還骨《かんこつ》法要（遺骨を持ち帰って行うお勤め）を営む。
- □ 喪主は精進落としの席を設け、僧侶、親族、関係者で会食する。
- □ 喪主が精進落とし終了のあいさつを述べる。

9 葬儀費用の手続き、香典返し

- □ 葬儀の翌日、寺院に出向き、お布施を渡す。葬儀社に費用を支払う。
- □ 各種保険、年金、税金等の諸手続きに取りかかる。
- □ 香典返し、忌明《きあ》けの報告の手配をする。

7日以内

死亡診断書・死亡届の提出

ここが大切！

- ✓亡くなったら、**医師が死亡診断書を交付**する。
- ✓**死亡診断書と死亡届はセット。**
- ✓**死亡後7日以内**に役場に提出する。

死亡診断書と死亡届は1枚の用紙にセット

身近な方が病院や自宅で亡くなったときは、その死を知らせるべき人たちに連絡するとともに、臨終に立ち会った医師や、死亡を確認した医師に**死亡診断書**を書いてもらいます。あるいは、事故など病気以外の理由で亡くなった場合は**死体検案書**を交付してもらいます（様式は死亡診断書と同じ）。ちなみに、この死亡診断書がわが国の死因統計作成の資料とされています。

死亡診断書は「死亡の事実を医学的・法律的に証明する書類」で、**死亡届**（→P15）を提出する際には必ず必要です。死亡診断書と死亡届とはA3サイズの用紙にセットになっており（左側が死亡届、右側が死亡診断書・死体検案書）、死亡診断書のほうには、医師により、死亡時刻、死亡場所、事由などが記され、医師の署名・捺印《なついん》がなされます。医師のサインは、ペンによる自筆のサインか、ゴム印による名前に医師の名前の印の押印《おういん》があることが必要です。

この用紙は病院に用意してある場合が多く、葬儀社が用意してくれることもあります。役所の戸籍係でももらえます。

死亡診断書、死亡届は7日以内に提出を

死亡診断書を受け取ったら、同じ用紙の死亡届のほう（左側）に、死亡した方の氏名、死亡した場所、死亡した方の住所と本籍、届出人の氏名と住所などを記入します。

死亡診断書、死亡届は、**死亡した事実を知った日から7日以内**（国外にいる場合は3か月以内）に役所に原本を提出しなければなりません。この書類は、保険金や遺族年金などの請求時にも必要になるので、**役所に提出する前にコピー**しておきます。

提出する場所は、死亡地、死亡者の本籍地、届出人の住所地のいずれかの市区町村役場の戸籍・住民登録窓口です。届出人は、同居の親族、同居していない親族、その他の同居者、家主、地主または土地の管理人という順で届出義務を負います。窓口は24時間受け付けており、葬儀社による代理届も可能です。

死亡届の提出と同時に行わなければならないのが**火葬許可申請書**の提出と**火葬許可証**の受け取りです（→P16）。この許可証がなければ火葬することができません。

死亡届（記入例）

死　亡　届

○○年　○月　○日届出

長　殿

受理　年　月　日 第　号				発送　年　月　日		
送付　年　月　日 第　号				長印		
書類調査	戸籍記載	記載調査	調査票	附票	住民票	通知

(1)	（よみかた）	せい　とう　　いち　ろう
(2)	氏　名	氏 西東　名 一郎　☑男　□女
(3)	生年月日	○○年　○月　○日（生まれてから30日以内に死亡したときは生まれた時刻も書いてください）☑午前 □午後　2時15分
(4)	死亡したとき	○○年　○月　○日　☑午前 □午後　1時15分
(5)	死亡したところ	東京都港区虎ノ門中央4丁目 虎ノ門中央病院　番地 番　号
(6)	住所（住民登録をしているところ）	東京都文京区湯島北1丁目　2番　3号 （よみかた）せいとう　いちろう 世帯主の氏名　西東　一郎
(7)	本籍（外国人のときは国籍だけを書いてください）	東京都文京区湯島北1丁目　2番 筆頭者の氏名　西東　一郎
(8)(9)	死亡した人の夫または妻	☑いる（満78歳）　いない（□未婚　□死別　□離別）
(10)	死亡したときの世帯のおもな仕事と	□1. 農業だけまたは農業とその他の仕事を持っている世帯 □2. 自由業・商工業・サービス業等を個人で経営している世帯 □3. 企業・個人商店等（官公庁は除く）の常用勤労者世帯で勤め先の従業者数が1人から99人までの世帯（日々または1年未満の契約の雇用者は5） □4. 3にあてはまらない常用勤労者世帯及び会社団体の役員の世帯（日々または1年未満の契約の雇用者は5） □5. 1から4にあてはまらないその他の仕事をしている者のいる世帯 ☑6. 仕事をしている者のいない世帯
(11)	死亡した人の職業・産業	（国勢調査の年…平成　年…の4月1日から翌年3月31日までに死亡したときだけ書いてください） 職業　　産業
(16)	その他	
(17)	届出人	☑1. 同居の親族　□2. 同居していない親族　□3. 同居者　□4. 家主　□5. 地主　□6. 家屋管理人　□7. 土地管理人　□8. 公設所の長　□9. 後見人　□10. 保佐人　□11. 補助人　□12. 任意後見人 住所　東京都文京区湯島北1丁目　2番　号 本籍　東京都文京区湯島北1丁目　2番　筆頭者の氏名　西東　一郎
(18)	署名	西東　花子　印（西東）　○○年　○月　○日生

事件簿番号

連絡先	電話　03（0000）0000 自宅・勤務先［　　］・携帯
(19)	

記入の注意

鉛筆や消えやすいインキで書かないでください。 (12)(13)

死亡したことを知った日からかぞえて７日以内に出してください。

届書は、１通でさしつかえありません。

(14) →「筆頭者の氏名」には、戸籍のはじめに記載されている人の氏名を書いてください。

→内縁のものはふくまれません。

□には、あてはまるものに☑のようにしるしをつけてください。

(15) →死亡者について書いてください。

届け出られた事項は、人口動態調査（統計法に基づく基幹統計調査、厚生労働省所管）にも用いられます。

◎届出人の印をご持参ください。

7日以内

火葬許可申請書・火葬許可証の手続き

火葬は火葬許可証を受け取ってから

死亡診断書（死体検案書）と死亡届を提出したら（⇒P14）、同時に**火葬（または埋葬）許可申請書**を市区町村役場に提出します。これが処理されると**火葬（または埋葬）許可証**が交付されます。

この許可証がないと火葬することができません。また、死亡届を提出していないと、火葬許可申請ができません。

火葬（または埋葬）許可申請書の届出はやはり「**死亡を知った日から7日以内**」と定められています。役場の窓口で死亡届が受理されると、火葬（または埋葬）許可申請書を提出します。その申請に基づいて、役場が火葬（または埋葬）許可証を交付します。

火葬（または埋葬）許可申請書は、各市区町村役場のホームページからダウンロードできるところもありますし、窓口で受け取ることもできます。

この手続きも、葬儀社が代行してくれるのが通例ですが、状況によっては遺族がしなければならないこともあります。

火葬・葬儀の段取りをすませてから届出を

火葬は、法律により24時間以内にしてはならないと決められています。例えば、亡くなった日に通夜《つや》をして、翌日以降に葬儀と火葬を行う場合でも、火葬までの間に24時間が経過していなければなりません。

また、火葬場（斎場《さいじょう》）は友引《ともびき》の日を休館日としているところも多いので、葬儀・火葬の段取りを葬儀社と相談・打ち合わせする必要があります。

火葬許可申請書には火葬の場所や日時を記載しなければならないので、そのた

ここが大切！

- ✓死亡届と同時に**火葬許可申請書**を提出する。
- ✓**火葬許可証**がなければ火葬できない。
- ✓火葬許可証は**火葬証明書、埋葬許可証**になる。

火葬許可申請の手続き

申請者	「死亡届」を提出する人など （同居の親族、同居していない親族、その他の同居者、家主、地主または土地の管理人の順）。 葬儀社が代行することが多い。
提出先	死亡地、本籍地、住所地の市区町村役場窓口
必要なもの	死亡届、印鑑
期限	死亡の事実を知った日から7日以内

めにも死亡届を提出する際には葬儀の打ち合わせをすませておきましょう。

火葬許可証は埋葬許可証になる

火葬許可証は火葬場（斎場）に提出し、火葬してもらいます。火葬後は、火葬許可証にその日時が記入され、そのまま**火葬証明書**および**埋葬許可証**となり、火葬場から遺族や喪主《もしゅ》等へ返却されます。

埋葬許可証は、墓地に埋葬（納骨）するときに必要となります。また、各種保険金の請求時や納骨時の証明書類として使用することもあります。埋葬許可証は**5年間の保存義務**がありますが、紛失した場合は再発行の手続きをします。

再発行の申請は、火葬証明書の発行から5年未満の場合は火葬許可証を発行した市区町村役場で行います。5年以上経過している場合は、火葬した斎場で火葬証明書を取得したあと、死亡届を提出した市区町村役場に申請します。

なお、火葬許可申請書や火葬許可証の呼称は、各市区町村によって異なることがあります。

火葬許可申請書（記入例）

申請書の呼称、様式は各市区町村役場によって異なる

死体火葬許可申請書
（火葬場使用許可申請書）

死亡者の本籍		東京都文京区湯島北〇丁目〇番
死亡者の住所		東京都文京区湯島北〇丁目〇番〇号
死亡者の氏名		西東　一郎
性　別		男
生年月日		〇〇年〇月〇日
死　因		1 一類感染症等　(2)その他
死亡年月日時		〇〇年〇月〇日　午前6時15分
死亡の場所		東京都港区虎ノ門〇丁目〇番〇号
火葬の場所		湯島斎場
火葬実施日時		〇〇年〇月〇日　午後1時
申請者	住　所	東京都文京区湯島北〇丁目〇番〇号
	氏　名	西東　花子　（西東）
	死亡者との続柄	妻

年　月　日

特殊なケースの死後の対応

1 臓器提供の場合

臓器提供は、脳死後、あるいは心臓が停止した死後にできる

医師から「脳死である可能性が強く、回復の見込みはない」と説明があった時点で、主治医に意思表示カードを持っていることを伝えるか、臓器提供の意思があることを伝えて、主治医からＪＯＴ（日本臓器移植ネットワーク）に連絡してもらいます。

2 事故死や変死、自殺の場合

死亡の原因が特定できない場合は、「変死」として扱われる

すぐに警察に連絡し、現場保存しておきます。死因がわからないときは行政解剖（死因の判明しない、犯罪性のない異常死体に対して死因の究明のために行われる解剖）、あるいは司法解剖（犯罪性のある死体の死因究明のために行われる解剖）が行われます。

検視や解剖が終わったら、警察から死体検案書（死亡診断書）が交付されます。

3 献体登録されていた場合

研究のために遺体を大学などに寄贈（献体）する

献体登録をした方が亡くなった場合、遺族が登録先に連絡をして、遺体を搬送する手順などを相談します。通夜・葬儀を行ったあとに出棺して、そのまま献体先に運ばれます。遺骨となって遺族の元に戻るまでに１～３年くらいかかるため、納骨はそれ以降になります。献体先への遺体移送費と火葬費は献体先が負担します。

献体は遺族（配偶者、同居別居を問わず親、子、兄弟姉妹など）のなかに１人でも反対があれば、それが亡くなった方の意思であっても実行できません。

4 自宅や外出先で急死した場合

医師が死亡を確認するまでは、遺体に触れたり動かしたりしない

自宅や外出先で急死したり、家族が気づいたときには亡くなっていたなどの場合はすぐに医師を呼び、死亡確認をしてもらいます。警察に連絡して警察医を呼ぶこともあります。

死因が不明な場合は、行政解剖が行われることもあります。

5 病理解剖する場合

死因の解明や研究のために、遺体の解剖を要請されることも

病理解剖が気が進まない場合は断ってもかまいません。判断は、故人の配偶者か、いなければ両親が行います。病理解剖の費用は病院が負担します。解剖後は、遺体は元どおりに縫合され、清拭《せいしき》されて遺族に戻されます。

6 国内の遠隔地で死亡した場合

現地の医師に死亡診断書を書いてもらう

遺体の搬送が難しいときは、現地の市区町村役場に死亡届を提出し、火葬許可証を交付してもらって、現地で火葬し、遺骨を自宅に持ち帰って葬儀を行います。

飛行機で遺骨を持ち帰るときは、遺骨の扱い方を航空会社に相談します。

7 感染症で死亡した場合

遺体の移動が制限、禁止、または24時間以内での火葬の許可がなされる

「感染症及び感染症の患者に対する医療に関する法律」の1類から3類に定められた感染症（エボラ出血熱、赤痢《せきり》、コレラ、腸チフスなど）で死亡した場合です。早々に火葬する場合は病院から火葬場に遺体を搬送して火葬し、葬儀は自宅へ遺骨を持ち帰ってから、改めて行うことが多いようです。

8 海外で死亡した場合

現地の警察、在外公館を経て、国内の近親者に死亡の連絡がある

遺族は、誰が出向くか家族で相談し、早急に出発します。パスポートがない場合は、特例措置を利用すれば申請後数時間で発行してもらえます。航空券や宿泊先は旅行代理店に依頼して至急手配してもらいます。

国外から遺体を日本に搬送する場合には、①現地の医師による死亡証明書（日本大使館または領事館の署名があるもの）、②日本大使館または領事館発行の埋葬許可証、③現地の葬儀社発行の防腐処理証明書が必要です。

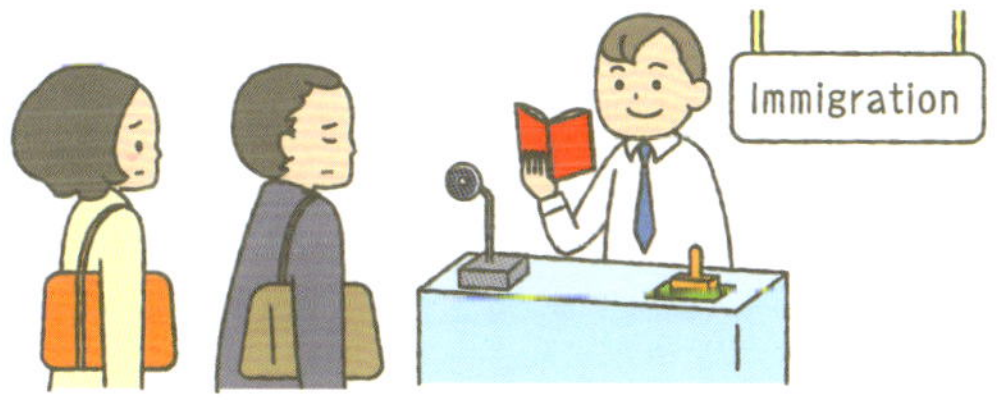

③については、現地の葬儀社に遺体のエンバーミング（遺体の防腐処理、保存を行い、遺体を生前の美しい状態に保つこと）を依頼します。これらの書類を航空会社か旅行代理店に提出し、航空荷物運送状を発行してもらいます。

上記の書類と故人のパスポートを日本大使館に提示し、日本への遺体送還を許可してもらいます。輸送は、空輸棺にて荷物扱いとなります。

運搬費用や遺体の損傷を考えて、現地で火葬し、遺骨を持ち帰る場合も、現地の医師による死亡証明書、火葬証明書、日本大使館か領事館発行の出国証明書などの書類が必要です。各国の習慣や宗教の考え方に反することのないよう、日本大使館や領事館の担当者などとよく相談して行動しましょう。

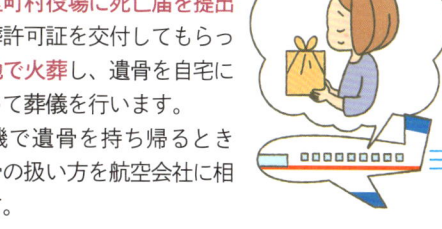

死亡後に必要な手続きと書類

手続きは優先順位をつけて進める

悲しみや心労があっても、葬儀後には多くの手続きが待っています。たくさんの手続きに優先順位をつけて、一つひとつ確実にすませていくことが大切です。対処が難しいものは専門家に相談するとよいでしょう（➡P130）。

必要な手続きは、❶**亡くなった直後に行う手続き**、❷**落ち着いてから行う手続き**、❸**必要に応じて行う手続き**に大きく分けられます（➡P21～24）。

❶の**死亡届**（➡P14）、**火葬許可申請書**（➡P16）の手続きは、死亡から7日以内に行わなければなりません。故人が会社員であれば、死後5日以内に**健康保険・厚生年金保険被保険者資格喪失届**を年金事務所に、自営業者の場合は**国民健康保険資格喪失届**を出す必要があります。故人が75歳以上ならば死後14日以内に**後期高齢者医療資格喪失届**を出さなければなりません（➡P28）。年金を受給している方が亡くなった場合は**年金受給停止の手続き**も速やかに行う必要があります（➡P64）。さらに世帯主が亡くなったときは14日以内に**世帯主変更届**を提出する必要があります（➡P26）。

❷は、電気・ガス・水道などの変更・停止、葬祭費・埋葬料の受け取り（➡P34）など、❸の必要に応じて行う手続きは、高額療養費の還付申請（➡P38）、未支給年金や遺族年金の受け取りといった年金関係（➡第2章）、遺産分割のための話し合いや死亡保険金の受け取りといった相続手続き（➡第3章）、故人の所得税の準確定申告（➡P30）や相続税の申告（➡第4章）などの税金関係です。一覧表でチェックしながら手続きを進めていきましょう。

ここが大切！

- ✓ 必要な手続きは**優先順位**を決めて。
- ✓ 故人の**戸籍謄本**、**除籍謄本**、**死亡診断書**、手続きをする人の**住民票**、**印鑑登録証明**は必ず用意しておく。

+1 Memo　使用料が継続するものは早めに解約を

電気・ガス・水道などの光熱費は、故人の口座が凍結されると「引き落とし不能」の通知が来るため、その都度名義変更をしていけば大丈夫です。一方、携帯電話やプロバイダーはずっと使用料が発生するので、早めに解除や名義変更をする必要があります。運転免許証やパスポートは、管轄しているところへ届け出て返却することになりますが、これらは期限が過ぎたら使えなくなるので、放置しておいても問題ありません。

✻ 死亡後に必要な手続き一覧

各手続きの期限を確認し、優先順位をつけて、一つひとつ手続きをしていきましょう。必要な書類は、それぞれ確認して用意し、手続きが終了したらチェックしておきます。

❶亡くなった直後に行う手続き

チェック	内容	提出先	手続き	期限
□	死亡診断書・死亡届 ➡P14	市区町村役場	死亡診断書と死亡届は1枚の用紙にセットになっている。病院や葬儀社が用意してくれることが多い。	死後7日以内
□	死亡・退職届	故人の勤務先	故人が会社勤めの場合、健康保険の手続きもあるので、連絡だけはすぐに入れる。身分証の返却や退職金等の手続きは葬儀等が落ち着いてから速やかに行う。	速やかに
□	火葬許可申請書 ➡P16	市区町村役場	死亡届と同時に提出。これが処理されると火葬許可証が交付される。	死後7日以内
□	国民健康保険の資格喪失届と新規加入手続き ➡P28	市区町村役場	故人が国民健康保険加入者だった場合は、国民健康保険資格喪失届を提出する。併せて健康保険証も返却する。 故人が世帯主だった場合は、健康保険証の返却時に世帯全員の保険証を持参し、世帯主を変更した健康保険証を発行してもらう。	死後14日以内
□	健康保険・厚生年金保険被保険者資格喪失届（国保以外）と国民健康保険への加入手続き➡P28	健康保険組合 または 協会けんぽ	故人が勤務先で健康保険に加入していた場合、退職の手続きとともに健康保険証を返却する。故人の被扶養者だった遺族は、新たに国民健康保険に加入する手続きをする。	死後5日以内
□	後期高齢者医療資格喪失届➡P28	市区町村役場	75歳以上（65～74歳で障害のある人を含む）の方が亡くなった場合。併せて後期高齢者医療被保険者証も返却する。	死後14日以内
□	介護保険の資格喪失届と介護保険証の返還	市区町村役場	故人が65歳以上および介護保険証の交付を受けていた場合。	死後14日以内
□	年金受給停止手続き ➡P64	市区町村役場 または 年金事務所	故人が年金受給者だった場合。年金受給権者死亡届、年金証書、死亡診断書、戸籍抄本が必要。手続きが遅れると、過払い分を返還しなければならない。日本年金機構にマイナンバーを登録している場合は手続き不要。	国民年金は死後14日以内、厚生年金は死後10日以内
□	未支給年金、未支払給付金の請求➡P66	年金事務所	年金を受けている方が亡くなったときに、まだ受け取っていない年金や、亡くなった日よりあとに振り込みされた年金のうち、亡くなった月の分までの年金については、未支給年金として、その方と生計を同じくしていた遺族が受け取れる。	故人の年金支払日の翌月の初日から5年以内

□	住民票の世帯主変更 ➡P26	新しい世帯主居住の市区町村役場	故人が世帯主だった場合、また、同じ世帯に15歳以上の者が２人以上いる場合は世帯主変更届を提出する。	死後14日以内
□	児童扶養手当認定請求書➡P26	市区町村役場	母子家庭になった場合。市区町村役場の窓口で確認を。	世帯主変更届と同時に

❷落ち着いてから行う手続き

チェック	内　容	提出先	手続き
□	電気・ガス・水道の名義変更、停止	所轄の営業所	故人が契約者だった場合。電話で名義変更できる。料金が自動引き落としになっている場合は、金融機関での手続きが必要。
□	固定・携帯電話、インターネットの名義変更、停止	各種契約会社の窓口	死亡の事実を確認できる書類を窓口に持参し、名義変更、解約をする。解約日までの料金を請求されることが多い。
□	公団・公営の賃貸住宅	所轄の営業所	故人が住居の賃貸契約をしていて、遺族が引き継ぐ場合に名義変更をする。名義継承願、戸籍謄本《とうほん》、住民票、所得証明書、印鑑証明書などが必要。
□	民間の借地・借家	地主・家主	故人が住居の賃貸契約をしていて、遺族が引き継ぐ場合の名義承継。住民票、印鑑証明、戸籍謄本、除籍謄本が必要。
□	住宅ローン	契約先	団体生命保険付きが一般的。 ローンを借り入れていた方が亡くなった場合、その生命保険で残債が支払われる。手続きは、借入先の金融機関に相談する。住宅金融支援機構借入金に生命保険がついている場合もある。
□	NHK受信料契約者変更	ＮＨＫフリーダイヤル窓口	故人が契約者だった場合。電話で名義変更できる。料金が自動引き落としになっている場合は、金融機関での手続きが必要。
□	クレジットカードやデパートの会員権の解約	各社	故人が会員だった場合。退会・解約手続きの書類を申請する。
□	運転免許証の返還	所轄の警察署または公安委員会	故人が運転免許証を持っていた場合。ただし、返納手続きを行わなくても、更新手続きを行わなければ自動的に失効する。
□	身体障害者手帳の返還	市区町村役場、福祉事務所	返還届。印鑑と手帳が必要。

❸必要に応じて行う手続き

チェック	内　容	提出先	手続き	期　限
□	葬祭費支給申請（国民健康保険、後期高齢者医療制度に加入していた方）➡P34	市区町村役場の国民健康保険課	金額や名称は自治体によって異なる。故人が国民健康保険、後期高齢者医療制度の被保険者だった場合。葬祭費支給申請書、健康保険証、葬儀費用の領収証など。	死後２年以内
□	埋葬料支給申請（勤務先で健康保険に加入していた方（本人死亡のとき））➡P34	健康保険組合、協会けんぽ	支給対象は埋葬を行う方（埋葬に要する費用を負担した方）の生計の全部または一部が被保険者によって維持されていた場合。請求方法は加入している健康保険または共済組合によって異なる。必要書類は健康保険埋葬料支給申請書など。	

チェック	内容	提出先	手続き	期限
□	**家族埋葬料支給申請** **(勤務先で健康保険に加入していた方(家族死亡のとき))** ➡P34	健康保険組合、協会けんぽ	健康保険加入者の被扶養者が亡くなったとき、被保険者に「家族埋葬料」が支給される。必要書類は、健康保険埋葬料支給申請書、死亡診断書(死体検案書)または火葬許可証など。	死亡後2年以内
□	**高額療養費の還付申請** **(国民健康保険、健康保険、後期高齢者医療制に加入していた方)** ➡P38	75歳未満は国保、組合、協会けんぽ。75歳以上(または65歳以上障害者)は市区町村役場	被保険者である故人がひと月に一定の自己負担額を超えて支払っている場合は、過払い分の払い戻しを請求できる。高額療養費支給申請書、戸籍謄本、医療機関の領収証またはコピー、マイナンバー、印鑑(市区町村のみ)が必要。	医療サービスを受けた翌月1日から2年以内
□	**所得税の準確定申告・納付** ➡P30	故人の所轄の税務署	確定申告が必要な方が亡くなった場合に必要(故人が事業主、または年収2000万円を超える場合、医療費控除を受ける場合など)。所得税確定申告書、死亡日までの所得計算書、生命保険・損害保険の控除証明書、医療費の領収書(医療費控除を受ける場合)、代表相続人を指定する付表(相続人の氏名、相続割合などを記載したもの)。消費税の確定申告には、「消費税および地方消費税の確定申告書」が必要。故人が会社員の場合は勤務先で行う。	死亡後4か月以内
□	**医療費控除の手続き** ➡P32	故人の所轄の税務署	その年に支払った医療費の総額が10万円以上の場合、準確定申告と同時に行う。	死後5年以内
□	**個人事業の廃業・承継の届出** ➡P42	所轄の税務署	個人事業者の死亡届出書、個人事業の開業・廃業等届出書など	死亡後1か月以内
□	**預貯金の相続手続き** ➡P118	各金融機関	まず各金融機関に電話して口座を凍結する。その後、相続関係が確認できる書類などを提出して残高照会、相続の手続きをする。	相続関係確定後、速やかに
□	**死亡保険金、医療給付金などの請求** **(生命保険加入者が亡くなった場合)** ➡P128	生命保険会社	故人が加入していた保険会社に電話し、必要な書類を確認する。受取人が指定されていない場合もあるので注意が必要。	死後3年以内(かんぽ生命は5年以内)
□	**不動産の相続手続き** ➡P122	不動産所在地の法務局	所有権移転登記申請書、被相続人(故人)と相続人全員の住民票、相続人全員の戸籍謄本、被相続人の除籍謄本、登記する不動産の登記簿謄本または権利書、固定資産評価証明書など。	相続関係確定後、速やかに
□	**株・有価証券の相続手続き** ➡P126	株式発行会社指定の信託銀行、株式の保護預かりをしている場合は証券会社	まずは証券会社などに連絡して相続に必要な書類を揃える。売却する場合でも相続人名義の口座を用意する必要がある。株主名義書き換え請求書、株券、相続人全員の戸籍謄本、被相続人(故人)の除籍謄本、相続人全員の印鑑登録証明書、遺産分割協議書など。	

チェック	内 容	提出先	手続き	期 限
☐	**自動車の相続手続き** ➡P126	新しい所有者の所轄の陸運局	売却・廃車する場合でも、いったんは相続する必要がある。複数の共同名義で相続することも可能。移転登録申請書、相続人の戸籍謄《とう》本《ほん》、遺産分割協議書、相続人の印鑑登録証明書、被相続人（故人）と相続人の住民票など。	相続関係確定後、速やかに
☐	**相続税の申告・納付** ➡第4章	所轄の税務署	亡くなった方から相続や遺贈《いぞう》などによって受け取った財産の合計額が基礎控除額を超える場合、相続税を申告する必要がある。相続税の申告書、遺言書《ゆいごんしょ》、遺産分割協議書、相続関係図など。	死亡後10か月以内（限定承認・相続放棄の手続きは3か月以内）
☐	**遺族基礎年金給付請求** **（国民年金加入者が亡くなった場合）** ➡P68	市区町村役場の国民年金課、年金事務所、年金相談センター	故人が国民年金のみに加入し、その方によって生計維持されていた配偶者（18歳到達年度の末日までにある子（障害の状態にある場合は20歳未満）または子どもが受けることができる。受給権者の年収に制限あり。年金請求書、故人の基礎年金番号通知書または基礎年金番号を明らかにする書類（手帳など）、死亡診断書、受給権者と被保険者との身分関係を明確にできる戸籍謄本、世帯全員の住民票、請求者の預貯金通帳、所得証明など。	死亡後 5年以内（できるだけ早く）
☐	**遺族厚生（共済）年金給付請求** **（厚生年金、共済年金加入者が亡くなった場合）** ➡P68	年金事務所、年金相談センター（共済組合）	亡くなった方によって生計を維持されていた遺族が受けることができる。年金請求書、故人の基礎年金番号通知書または基礎年金番号を明らかにする書類（手帳など）、死亡診断書、受給権者と被保険者との身分関係を明確にできる戸籍謄本、世帯全員の住民票、請求者の預貯金通帳、所得証明など。	
☐	**死亡一時金給付請求** **（国民年金の第1号被保険者として保険料を納めた期間が3年以上ある方が亡くなった場合）** ➡P72	市区町村役場の国民年金課、年金事務所、年金相談センター	亡くなった方が老齢基礎年金、障害基礎年金を受けることなく亡くなったときに、その方と生計を同じくしていた遺族が受けることができる。死亡一時金請求書、故人の基礎年金番号通知書または基礎年金手帳など、受給権者と被保険者との身分関係を明確にできる戸籍謄本、世帯全員の住民票、請求者の預貯金通帳、請求者の所得証明など。	死亡後 2年以内（できるだけ早く）
☐	**寡婦年金給付請求** **（国民年金の第1号被保険者として保険料を納めた期間が10年以上ある夫が亡くなった場合）** ➡P72	市区町村役場の国民年金課、年金事務所、年金相談センター	亡くなった夫と10年以上婚姻関係にあり、生計を維持されていた妻が60歳から65歳になるまで受けることができる。受給権者の年収に制限あり。年金請求書、故人の基礎年金番号通知書または基礎年金手帳など、受給権者と被保険者との身分関係を明確にできる戸籍謄本、世帯全員の住民票、請求者の預貯金通帳、請求者の所得証明など。	死亡後 5年以内（できるだけ早く）

必要な書類は必要枚数を用意する

死亡に伴う手続きには、さまざまな書類が必要です（↓下表）。**戸籍謄本《とうほん》**とは戸籍原本（同一戸籍の全員の事項）の内容を写したもので（全部事項証明）、**戸籍抄本《しょうほん》**とは戸籍原本の一個人の事項のみを抜粋して写したものです（個人事項証明）。**除籍謄本**とは戸籍に記載されている人が結婚、離婚、死亡、転籍（本籍地を変更）などによって戸籍にいなくなった場合、その除籍を写したものです。

これらの書類は、死亡に伴う手続きの際に提出する機会が多いので、必要枚数をまとめて準備しておき、また原本のコピーをとっておくことも必要です。

本人がこれらの書類申請に行けない場合は**委任状**を書いて代理人に依頼できます。委任状に決まった書式はありませんが、①委任の日付、②代理人の名前、③委任内容、④委任する人の住所・氏名・押印《おういん》は必ず入れます。遠隔地のため役所に申請に行けない場合は、郵送による交付も応じてくれます。

死亡に伴う手続きに必要な書類

※手数料の額は東京都渋谷区の場合（自治体によって異なる）。証明書には有効期限があるものがあるので注意する。

書類	手数料	内容	取得場所・留意点
住民票	300円	現在住んでいる人に関する記録。世帯全部のものと一部のものとの2種類がある。	住所地の市区町村役場の窓口
戸籍謄本	450円	戸籍原本（同一戸籍の全員）の内容をそのまま写したもの。	本籍地の市区町村役場の窓口
戸籍抄本	450円	戸籍原本の一部（戸籍内の一部の人のみ）を写したもの。	本籍地の市区町村役場の窓口
除籍謄本	750円	戸籍に記載されている人がいなくなったときに、その除籍を写したもの。	本籍地の市区町村役場の窓口
印鑑登録証明書	300円	通称、印鑑証明。市区町村に住民登録している人ができる印鑑証明。本人が登録している印（実印）の証明。	住所地の市区町村役場の窓口
死亡診断書		医師が発行するもので、死亡届とセットになっている。	原本は役所に提出するので、あらかじめコピーを多めに取っておく。
火葬許可証		死亡届・死亡診断書を役所に届け出たときに発行される。火葬後に火葬場が火葬済みの証印を押して返却される。	納骨時に墓地・霊園の管理者に提出する必要があるので、あらかじめコピーを取って保管しておく。

※2018年4月から、「法定相続情報証明制度」が税務申告で利用できるようになりました。
これまでの相続手続では、亡くなった方の戸除籍謄本などの束を各種窓口に何度も出し直す必要がありましたが、そうした手続きを簡略化できるのがこの制度です。戸籍謄本一式を提出するときに相続関係を一覧にした図（法定相続情報一覧図）をあわせて登記所に提出すると、「法定相続情報一覧図の写し」が無料で交付され、以後の手続きでは、この写しを戸籍謄本一式の代わりとして利用することができます。

14日以内

世帯主の変更

世帯主が死亡したら世帯主変更届を

世帯主とは、その世帯（住居および生計を共にする者の集団）の生計を維持している人です。世帯主が亡くなったら、残る世帯員が2人以上いる場合は、世帯主を変更する必要があります。残された世帯員が1名だけの場合や、親と15歳未満の子どもが残された場合などは新しい世帯主が明白なため、死亡届を出せば自動的に世帯主が変更されます。例えば、世帯主の父が死亡し、世帯員の母と15歳以上の子どもが1人残る場合は、世帯主となる者が明白でないため、世帯主変更届を出さなければなりません。

世帯主変更届（住民異動届）（➡P27）は、**世帯主の死亡後14日以内**に、故人の住民票のある市区町村役場に提出します。死亡届の提出と併せて行うとよいでしょう。亡くなった方は、死亡届の提出によって戸籍に「死亡」が記載され、住民票が削除されます。世帯主変更届が完了したら、念のため住民票の写しを取得し、確認しておきましょう。

ひとり親家庭になったら児童扶養手当の請求

夫か妻が死亡し、**ひとり親（父子・母子）家庭**になった場合は、一定の条件を満たせば**児童扶養手当**を受けることができます。対象は、0歳から18歳になった最初の3月31日までの子（中度以上の障害のある児童は20歳の誕生日の前日まで）がいる場合です。また、手当の支給を受ける扶養義務者（同居の親族）には所得制限があります。

児童扶養手当は、原則として申請した日の翌月分から支給されます。申請しないと支給されません。

ここが大切！

- 世帯主が死亡したら**世帯主変更届**を出す。
- **届出が不要なケース**もある。
- ひとり親家庭になったら**児童扶養手当の申請**を。

世帯主変更届の手続き

申請者	新世帯主または同一世帯の人、もしくは代理人
提出先	故人が住んでいた市区町村役場の窓口
必要なもの	●国民健康保険証（加入者のみ） ●マイナンバー（個人番号）カード、運転免許証等の本人確認資料 ●委任状（代理人の場合） ●印鑑　など
期限	世帯主の死亡後（世帯が変更した日から）14日以内

世帯主変更届（記入例）

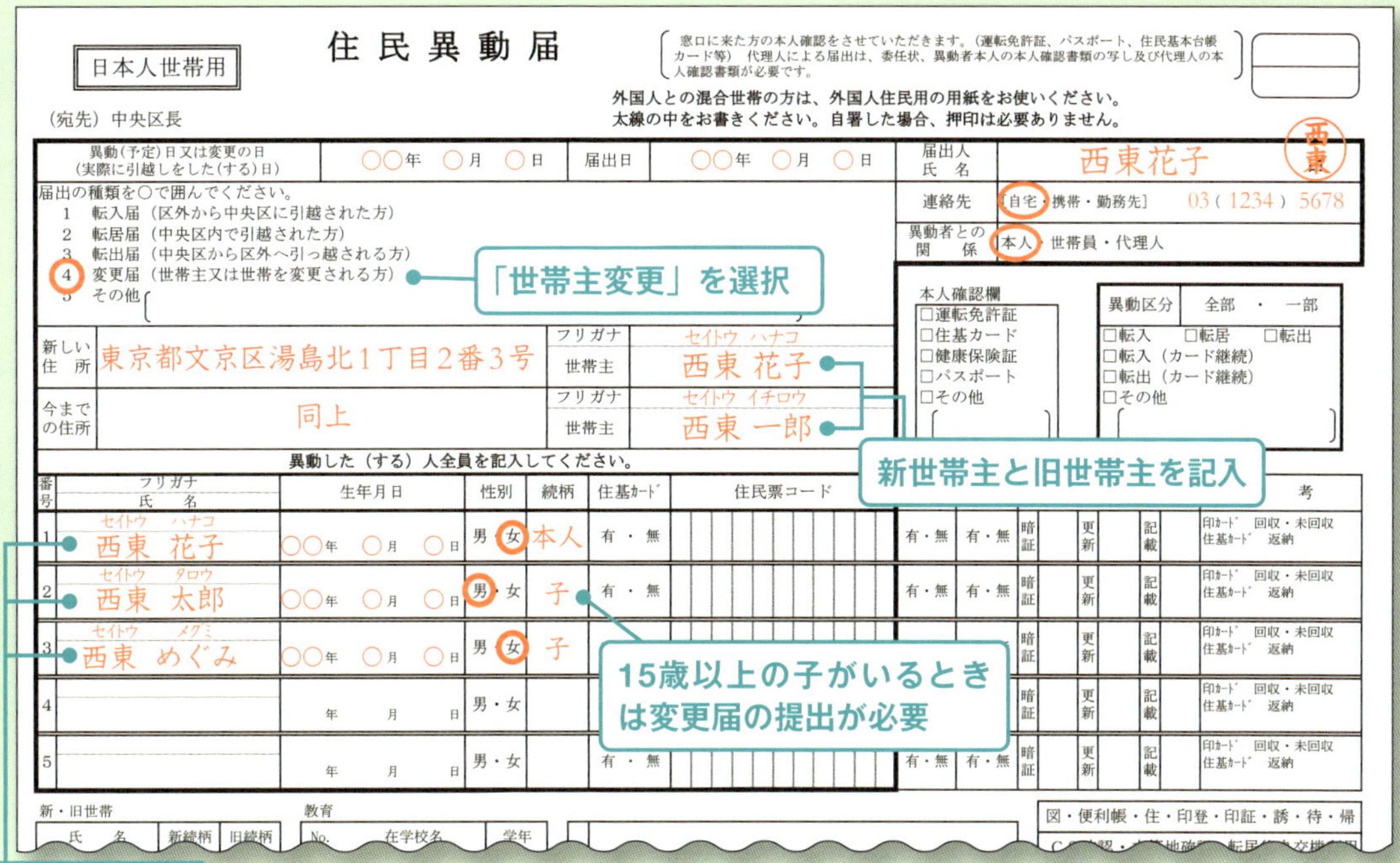
住民異動届

日本人世帯用

（宛先）中央区長

窓口に来た方の本人確認をさせていただきます。（運転免許証、パスポート、住民基本台帳カード等）代理人による届出は、委任状、異動者本人の本人確認書類の写し及び代理人の本人確認書類が必要です。

外国人との混合世帯の方は、外国人住民用の用紙をお使いください。
太線の中をお書きください。自署した場合、押印は必要ありません。

異動（予定）日又は変更の日（実際に引越しをした（する）日）	○○年 ○月 ○日	届出日	○○年 ○月 ○日
届出人 氏名	西東花子（印：西東）		
連絡先	自宅・携帯・勤務先 03（1234）5678		
異動者との関係	本人・世帯員・代理人		

届出の種類を○で囲んでください。
1 転入届（区外から中央区に引越された方）
2 転居届（中央区内で引越された方）
3 転出届（中央区から区外へ引っ越される方）
4 変更届（世帯主又は世帯を変更される方）
5 その他（ ）

「世帯主変更」を選択

本人確認欄
□運転免許証
□住基カード
□健康保険証
□パスポート
□その他

異動区分 全部・一部
□転入 □転居 □転出
□転入（カード継続）
□転出（カード継続）
□その他

新しい住所	東京都文京区湯島北1丁目2番3号	世帯主	西東《セイトウ》 花子《ハナコ》
今までの住所	同上	世帯主	西東《セイトウ》 一郎《イチロウ》

新世帯主と旧世帯主を記入

異動した（する）人全員を記入してください。

番号	氏名	生年月日	性別	続柄	住基カード	住民票コード						備考
1	西東《セイトウ》 花子《ハナコ》	○○年 ○月 ○日	男・女	本人	有・無		有・無	有・無	暗証	更新	記載	印カード 回収・未回収 住基カード 返納
2	西東《セイトウ》 太郎《タロウ》	○○年 ○月 ○日	男・女	子	有・無		有・無	有・無	暗証	更新	記載	印カード 回収・未回収 住基カード 返納
3	西東《セイトウ》 めぐみ《メグミ》	○○年 ○月 ○日	男・女	子					暗証	更新	記載	印カード 回収・未回収 住基カード 返納
4		年 月 日	男・女						暗証	更新	記載	印カード 回収・未回収 住基カード 返納
5		年 月 日	男・女		有・無		有・無	有・無	暗証	更新	記載	印カード 回収・未回収 住基カード 返納

15歳以上の子がいるときは変更届の提出が必要

新・旧世帯 氏名 新続柄 旧続柄　教育 No. 在学校名 学年

図・便利帳・住・印登・印証・誘・待・帰

世帯員を記入

※様式や記載内容は市区町村によって異なる。

世帯主変更届が必要なケース、不要なケース

	死亡前	父（夫）死亡後	
必要	世帯主：父 世帯員：子（兄） 世帯員：子（妹）	世帯主：兄 世帯員：妹	世帯主となる者が兄か妹か明白でないから
必要	世帯主：父 世帯員：母 世帯員：子（15歳以上）	世帯主：子 世帯員：母	15歳以上の子が世帯主となる場合もある
不要	世帯主：夫 世帯員：妻	世帯主：妻	世帯主となる者が明白
不要	世帯主：父 世帯員：母 世帯員：子（15歳未満）	世帯主：母 世帯員：子	15歳未満の子が世帯主とならないことが明白

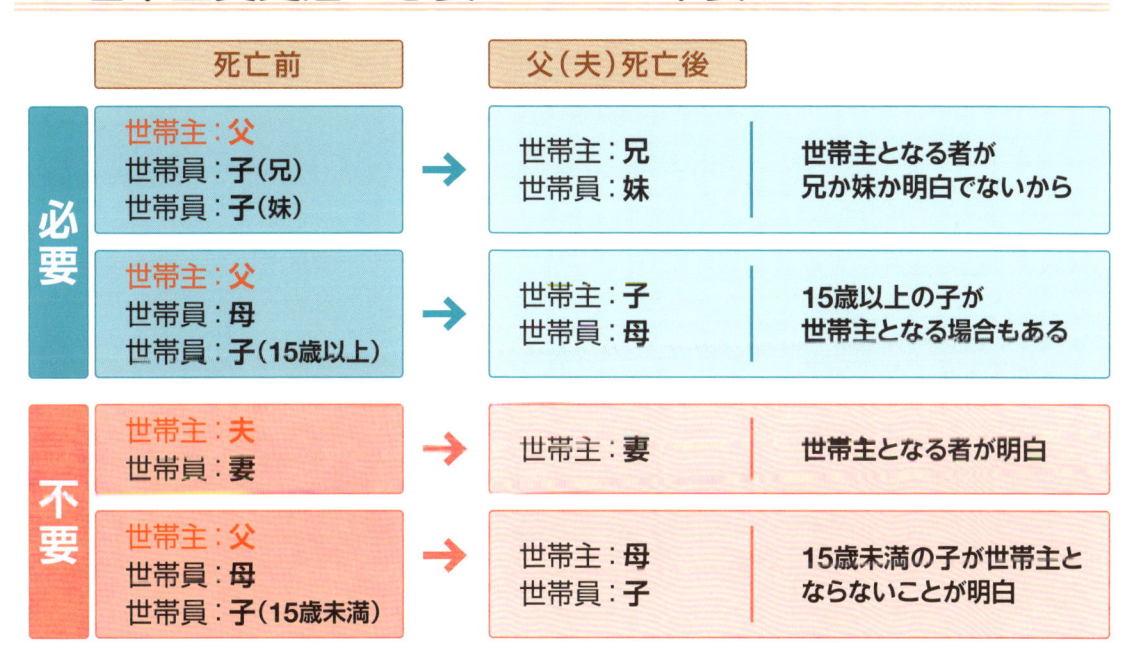

国保は14日以内

健康保険の資格喪失手続きと新規加入手続き

ここが大切！

- ✓ **国保加入者**が死亡したら、**14日以内に資格喪失届**を提出する。
- ✓ 被扶養者だった遺族は**国保への新規加入手続き**などを行う。

国民健康保険資格喪失届と保険証の返却を同時に

日本では誰でも、どこでも、いつでも保険医療を受けられる**国民皆《かい》保険制度**が確立し、誰もが何らかの健康保険に加入することが義務づけられ、誰が亡くなっても**健康保険証の返却が必要**です。

亡くなった方が**国民健康保険加入者**だった場合は、死亡した翌日から被保険者としての資格を失うため、**死亡後14日以内**に市区町村役場に**国民健康保険被保険者資格喪失届**（➡P29）を提出し、健康保険証を返却します。

国民健康保険は世帯単位で加入しているため、その故人の**扶養に入っていた家族全員も、扶養者が死亡した翌日からその健康保険証を使えなくなります**。そこで、故人の健康保険証の返却時に一緒に家族の健康保険証も返却します。そして、新たに**世帯主を変更した健康保険証**を発行してもらいます。世帯主の変更届（➡P26）と同時に行いましょう。

75歳以上の方が亡くなったら後期高齢者医療資格喪失に

一方、**75歳以上の人すべて**と一定の障害があると認められた65〜74歳の人は、**後期高齢者医療制度の対象**となり、後期高齢者医療被保険者証が交付されます。

後期高齢者医療制度の被保険者になると、国民健康保険や社会保険などから脱退することになります。国民健康保険加入者（年齢や所得によって1〜3割負担）だった被扶養者も75歳以上になれば後期高齢者医療制度に加入し、保険料（1割、2022年10月から1〜3割）を支払わなければなりません。

こうした後期高齢者が亡くなった場合も**後期高齢者医療資格喪失届**を**死亡後14日以内**に市区町村役場に提出し、併せて健康保険証も返却します。資格喪失届の書式は、管轄する市区町村によって異なります。窓口か自治体のホームページなどで入手しましょう。

会社員が亡くなった場合は国保への切り替えを

亡くなった方がまだ会社員か公務員として国民健康保険以外の健康保険（社会保険）に加入していた場合は、やはり死亡した翌日から被保険者としての資格を失うため、**健康保険・厚生年金保険被保険者資格喪失届**を**死亡後5日以内**に年金事務所に提出します。基本的には会社側が退職手続きなどの手続きと一緒に行ってくれるので、会社の担当者に確認しましょう。ちなみに死亡による退職日は、通常、死亡した日になります。

この場合も、扶養されていた家族の健康保険証は死亡の翌日から使用できなくなります。うっかりそのままにしておくと、医療機関に遺族がかかったときに医療費はすべて自己負担になってしまうので、葬儀後は速やかに**国民健康保険に加入する手続き**をしましょう。

国民健康保険への切り替え手続きは、社会保険の喪失日(故人の退職日の翌日)以降に、遺族が居住する市区町村役場の窓口で行います。手続きには、**社会保険の被保険者資格喪失証明書**または**雇用保険の離職票**など故人の退職日が確認できる書類と、手続きをする本人の身分証明書、印鑑が必要です(市区町村によって異なることもあるので手続き前に市区町村に確認すること)。

国民健康保険は自動的に加入することはありません。手続きが遅れたことで、前の健康保険が切れた時点まで遡って保険料を納めなければならなくなるので、必ず手続きをしましょう。

国民健康保険被保険者資格喪失届(記入例)

国民健康保険被保険者適用終了届

届出年月日 〇〇年 〇月 〇日

杉並区長宛

※太線の枠内を記入してください。

下記のとおり届け出ます。

世帯主	住所	杉並区 阿佐ヶ谷南1 丁目 1 番 1 号 方
	氏名	西東 一郎
	個人番号	
	電話	自宅 03-0000-0000 / 携帯・他 080-0000-0000

※世帯主以外の方は記入してください。

届出代理人	住所	丁目 番 号 方
	氏名	
	電話	

枝番	フリガナ 脱退する方の氏名	生年月日	返却できない理由	保険証回収	高齢受給者証	備考
	セイトウ イチロウ 西東 一郎	昭和 平成 令和 〇〇年 〇月 〇日	1 なくした 2 忘れた 3 その他( )	有・無 / 訂正 / 返封済	2割・3割 / 回収 / 有・無	個人番号 / 住所異動に伴う世帯構成変更 有・無
	セイトウ ハナコ 西東 花子	昭和 平成 令和 〇〇年 〇月 〇日	1 なくした 2 忘れた 3 その他( )	有・無 / 訂正 / 返封済	2割・3割 / 回収 / 有・無	個人番号 / 住所異動に伴う世帯構成変更 有・無
		昭和 平成 令和 年 月 日	1 なくした 2 忘れた 3 その他( )	有・無 / 訂正 / 返封済	2割・3割 / 回収 / 有・無	個人番号 / 住所異動に伴う世帯構成変更 有・無
		昭和 平成 令和 年 月 日	1 なくした 2 忘れた 3 その他( )	有・無 / 訂正 / 返封済	2割・3割 / 回収 / 有・無	個人番号 / 住所異動に伴う世帯構成変更 有・無

事由	1.転出 2.社保加入 3.生保開始 4.死亡 5.職権適用終了 6.他適用終了 7.組合加入 8.後期加入障害認定	
区分	全部・一部	事由発生年月日 . .
記号番号	15- -	適用終了年月日 . .
受付場所		受付 / 入力 / 点検
国保資格係 に連絡済		

誓約書

上記の理由により、被保険者証を適用終了届と共に返却できませんが、資格喪失後の治療については杉並区に負担をかけない事を誓約いたします。

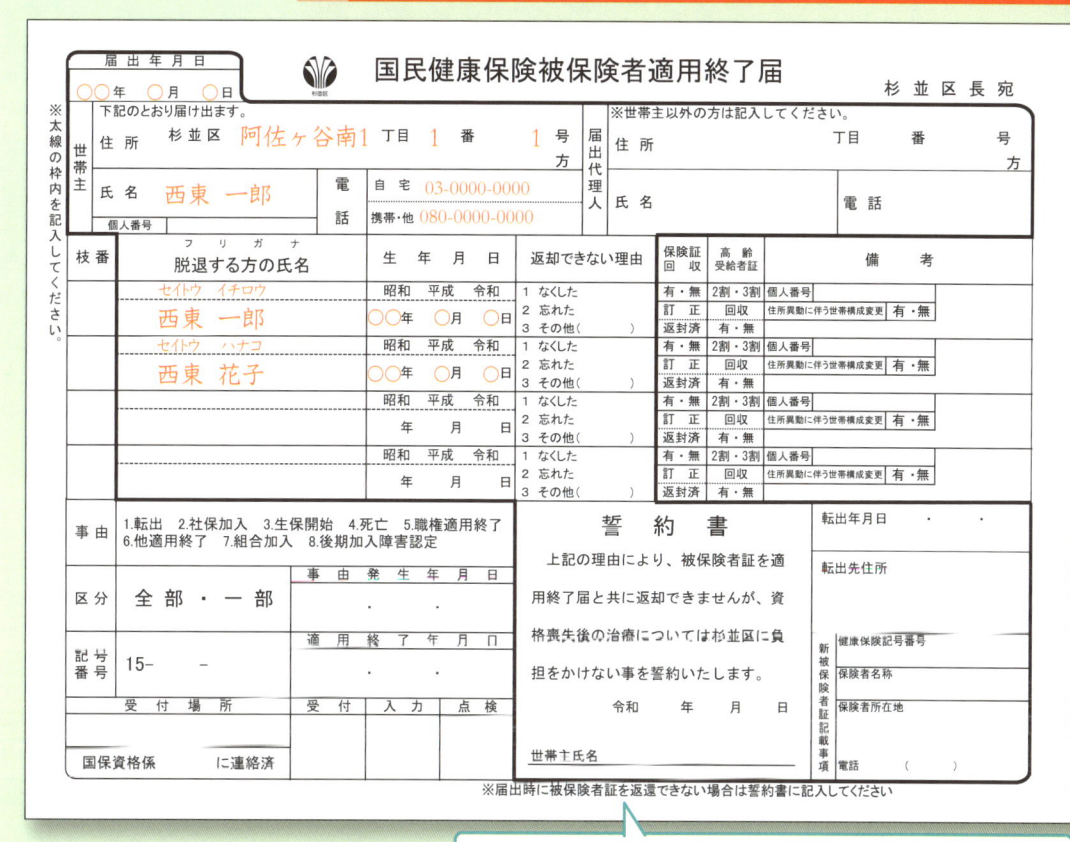

令和 年 月 日

世帯主氏名

転出年月日 . .

転出先住所

新被保険者証記載事項: 健康保険記号番号 / 保険者名称 / 保険者所在地 / 電話 ( )

※届出時に被保険者証を返還できない場合は誓約書に記入してください

※様式や記載内容は市区町村によって異なる。

書式は自治体によって異なる。市区町村の窓口で入手する。ホームページからダウンロードできるところもある

4か月以内

故人の準確定申告と納税

ここが大切！

✓故人に**申告すべき所得**があるときは、相続人が**準確定申告**を行う。

✓**医療費控除**は**年間10万円以上**が対象（例外あり）。

相続人は故人の準確定申告を行う

確定申告とは、**国や地方自治体に納める税金の申告手続き**のことです。通常、会社に所属して給与を得ている人や所得が少額の人などは確定申告をする必要はありませんが、会社に所属していても給与総額が多い人や給与所得以外に副収入がある人、個人事業主の使用人などで源泉徴収が行われていない人などは確定申告をする必要があります。

亡くなった方も、確定申告をする人と同様の立場にある場合は、**亡くなった方の1月1日から死亡日までの確定申告**をしなければなりませんが、本人はできないわけですから、その人の**遺族、つまり相続人が行う**ことになります。このように、亡くなった方の確定申告を**準確定申告**といいます。

例えば、父親が個人事業（自営業）を営んでいた、あるいは母親がアパートを所持して賃貸料を得ていたなどの状態で亡くなると、その相続人である娘や息子などが故人の準確定申告をしなければならなくなります。

また、**医療費控除**などによる還付を受けたいときにも申告書を提出する必要があります（➡P32）。

✻ 準確定申告が必要な人

1. 個人事業（自営業）を行っていた人
2. 給与所得で年間2000万円を超える収入があった人
3. 1つの会社から所得を得ていて、この所得以外に20万円超えの所得があった人
4. 同族会社の役員や親戚などで、給与のほかに貸付金の利子、家賃などを受け取っていた人
5. 不動産収入（アパートや土地などの賃貸借等）があった人
6. 不動産等の資産を売却した人
7. 生命保険や損害保険の一時金や満期金を受け取った人
8. 高額な医療費を支払っていて、確定申告をすることで所得税の還付を受けられる人（➡P38）

受けられる控除と申告に必要な書類

準確定申告が必要かどうかは、**故人が過去に確定申告をしていたかどうかを基準に**します。生前から故人が確定申告をしていなかった場合は準確定申告をする必要はありません。わからない場合は税務署や顧問税理士（いる場合は）に確認してみましょう。

必要となるのは給与や年金の**源泉徴収票**などです（事業所得・不動産所得がある場合にはその資料が必要）。給与の場合は会社に問い合わせて発行してもらいます。年金の場合は振り込み通知の郵便に記載された住所に問い合わせます。

なお、**死亡日までに支払ったもので控除を受けられるもの**は次のとおりです（領収証が必要なものは添付）。

❶医療費（→P32）
❷社会保険料
❸生命保険料
❹損害保険料
❺配偶者控除（該当者のみ）
❻扶養控除（該当者のみ）
（❺❻の適用の可否は、死亡日現在の扶養状況で判定される。）

準確定申告の**申告用紙（通常の確定申告書を使用）**は税務署でもらえます。以前は給与所得者や年金受給者は**申告書A様式**を、不動産事業や個人事業を行っていた人は**申告書B様式**を使用しましたが、2023年から区分がなくなり、様式が統一されました（→P33）。記入方法は、税務署配布の手引きなどを参照することができます。

申告の期限と申告をする人

準確定申告は、相続税の申告（→第4章）の前に行います。準確定申告の場合は、**相続人が相続の開始があったことを知った日の翌日から4か月以内**に所得金額に対する税額を算出して申告し、納税しなければなりません。この期限を過ぎてしまうと延滞税という罰則が発生するので注意しましょう。

申告の手続きと納税は法定相続人（→P84）**が行います**。相続人が2人以上いる場合は、相続人全員の名前を記入して申告します。具体的には、**確定申告書付表**（兼相続人の代表者指定届出書）に相続人等に関する事項を記入します。その場合は他の相続人の承諾が必要です。

あるいは、相続人個々が故人の準確定申告を提出することもできますが、その場合も個々が同じ内容の申告書と確定申告書付表を提出し、申告内容を他の相続人に通知します。相続人が確定していない場合は、予測される相続人のなかから代表者を決め、申告します。申告する場所は**故人の納税地の税務署**になります。

申告の計算期間と申告・納税期限

通常の確定申告の計算期間は1月1日から12月31日までですが、**準確定申告の計算期間は1月1日から本人が亡くなった日まで**となります。

例えば、5月10日に亡くなった場合は、故人が1月1日から5月10日までに得た所得を計算して、5月11日から9月10日まで（4か月以内）に申告・納税します（→P32図❶）。

一方、確定申告をしなければならない

方が、1月1日から3月15日（確定申告の期限）の間に前年の確定申告を提出しないで亡くなった場合は、相続人は故人の前年分と本年分（1月1日から亡くなった日まで）の所得を計算して、やはり亡くなった日の翌日から4か月以内に申告・納税します（↓下図②）。

医療費控除は年間10万円以上が対象

故人が闘病生活を送っていた場合などは、医療費が高額になることもあります。そこで、相続人が**準確定申告をする際に医療費控除**を受けることができます。

医療費控除は、故人と、その扶養家族（生計を共にしている親族）のために支払った医療費を含めて、**実際に支払った医療費の自己負担額が年間10万円以上の場合が対象**となります。また、所得控除後の合計金額が200万円に満たない場合は、医療費がその5％を超えた場合に医療費控除が受けられます。

なお、過去5年間は、医療費の控除をしていなかった場合にも要件を満たせば還付請求ができます。

医療費控除の対象となるのは、医師や歯科医師による診療・治療を受ける際の対価や医薬品の購入代金などです。ただし、健康保険や生命保険などから入院給付金などの保険金が支給される場合は、

その額を差し引いて計算しなければなりません。また、自動車事故などの場合に加害者より補填《ほてん》される金額も差し引いて計算します。

医療費控除を受けるには、支出を証明

✻ 準確定申告のスケジュール

①3月16日～12月31日までに亡くなった場合
（前年分の確定申告をすませて死亡）

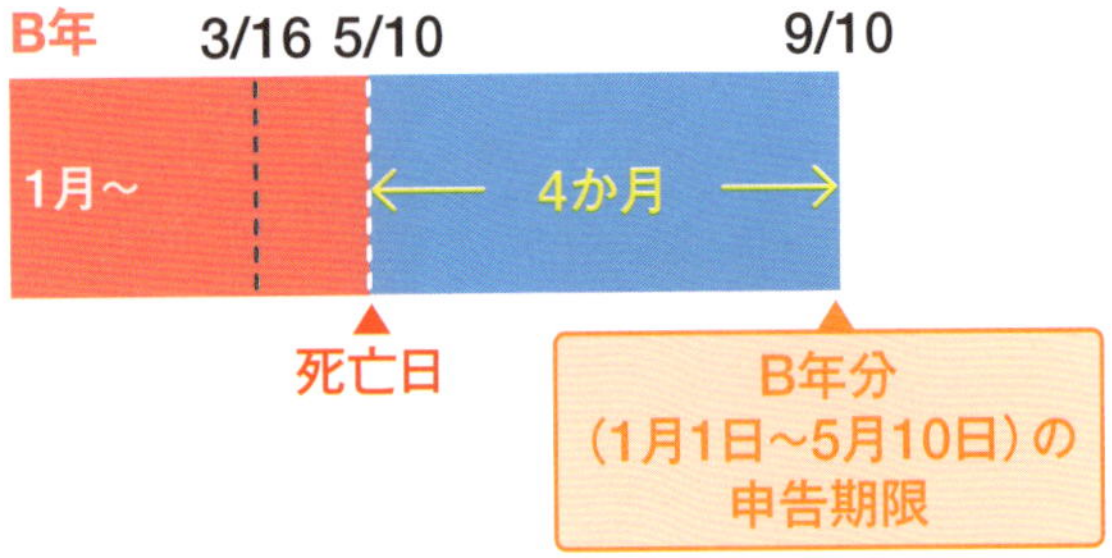

②1月1日～3月15日に亡くなった場合
（前年分の確定申告をしないまま死亡）

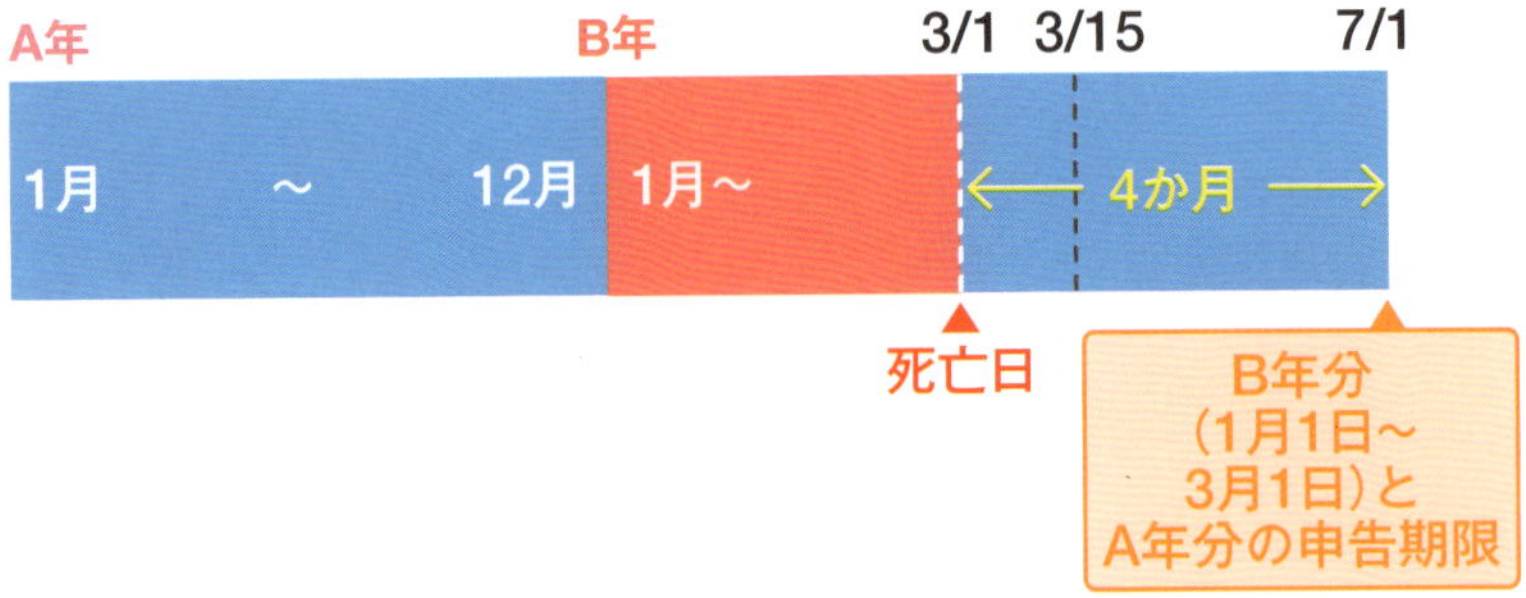

する領収証が必要です。散逸することのないように、まとめておきましょう。

なお、死亡後に支払った医療費は、遺族の確定申告で控除が受けられます。

所得税の支払いは相続人が負担する

準確定申告で**故人の所得税を相続人が納税**した場合は、**相続税の課税対象から減額**できます（**債務控除**）。

納税は相続分に応じた割合でそれぞれが負担します。ただし、相続人の間の所得の配分が複雑な場合は、税理士などの専門家に相談したほうがよいでしょう。

相続分が期限内に確定していない場合は、税額をそれぞれの相続人の法定相続分（民法で定められている、それぞれの法定相続人が相続する割合）に応じて割り振り、各自が納めます。

負担額は、相続財産から債務として控除されますが（債務控除）、申告によって還付された場合の還付金は「未収金」として相続財産になります。還付金があれば、たとえ少額であっても必ず財産リストに加えなければなりません。

準確定申告書の見出し部分（記入例）

「申告書」の前に「準確定」と手書きで書き足す

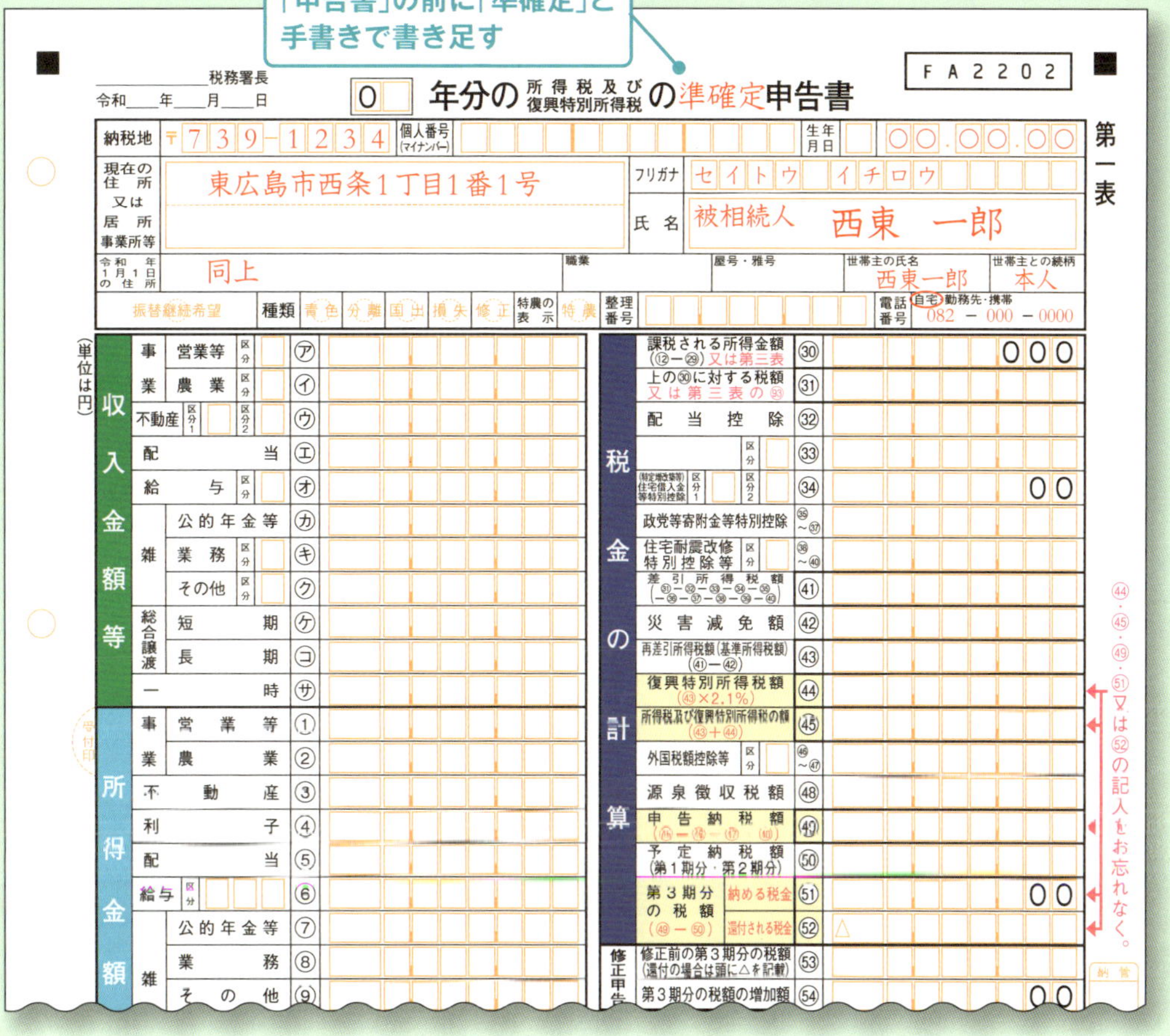

税務署長　令和　年　月　日　　〇 年分の所得税及び復興特別所得税の準確定申告書　FA2202　第一表

納税地 〒739-1234　個人番号（マイナンバー）　生年月日 〇〇.〇〇.〇〇

現在の住所又は居所事業所等：東広島市西条1丁目1番1号

フリガナ：セイトウ イチロウ　氏名：被相続人 西東 一郎

令和 年1月1日の住所：同上　職業　屋号・雅号　世帯主の氏名：西東一郎　世帯主との続柄：本人

振替継続希望　種類：青色 分離 国出 損失 修正　特農の表示　特農　整理番号　電話番号：自宅・勤務先・携帯 082 − 000 − 0000

（単位は円）

収入金額等：事業 営業等 ㋐、農業 ㋑、不動産 ㋒、配当 ㋓、給与 ㋔、雑 公的年金等 ㋕、業務 ㋖、その他 ㋗、総合譲渡 短期 ㋘、長期 ㋙、一時 ㋚

所得金額：事業 営業等 ①、農業 ②、不動産 ③、利子 ④、配当 ⑤、給与 ⑥、雑 公的年金等 ⑦、業務 ⑧、その他 ⑨

税金の計算：課税される所得金額（⑫−㉙）又は第三表 ㉚ 000、上の㉚に対する税額又は第三表の㊽ ㉛、配当控除 ㉜、㉝、（特定増改築等）住宅借入金等特別控除 ㉞ 00、政党等寄附金等特別控除 ㉟〜㊲、住宅耐震改修特別控除等 ㊳〜㊵、差引所得税額 ㊶、災害減免額 ㊷、再差引所得税額（基準所得税額）（㊶−㊷）㊸、復興特別所得税額（㊸×2.1%）㊹、所得税及び復興特別所得税の額（㊸＋㊹）㊺、外国税額控除等 ㊻〜㊼、源泉徴収税額 ㊽、申告納税額（㊺−㊻−㊼−㊽）㊾、予定納税額（第1期分・第2期分）㊿、第3期分の税額（㊾−㊿）納める税金 51 00、還付される税金 52 △

修正申告：修正前の第3期分の税額（還付の場合は頭に△を記載）53、第3期分の税額の増加額 54 00

㊹・㊺・㊾・51又は52の記入をお忘れなく。

2年以内

葬祭費・埋葬料の申請

ここが大切！

- 葬儀・埋葬の費用を申請できる。
- 葬儀を行った日から2年以内の申告制。
- 退職後3か月以内の死亡でも申請できる。

国民健康保険から葬祭費が支給される

葬儀を行うと**葬祭費（葬祭料）**や**埋葬料（埋葬費）**がかかります。遺族が支払った葬祭費・埋葬料の一部が国民健康保険や社会保険などから支給されます。ただし、これらは**申告制**で、期限までに申請しなければ支給されません。

国民健康保険の被保険者（自営業など）または**その扶養家族**が亡くなった場合は、**葬祭費**（名称は自治体によって異なる）の支給を自治体に申請できます。

また、**後期高齢者医療制度の加入者**（➡P28）が亡くなった場合も同様です。75歳以上の人はすべて後期高齢者医療制度に加入していますから、誰が亡くなっても葬祭費を申請できます。

支給される金額は、故人の住んでいた場所や加入していた制度によって異なりますが、国民健康保険加入者および後期高齢者保険加入者で3万～7万円程度が一般的です。

申請できるのは、喪主《もしゅ》など実際に葬儀を行った方で、期限は**死亡した日の翌日から2年以内**です。申請書は市区町村の窓口でもらえます（➡P36、37）。

会社員は健康保険から埋葬料が支給される

会社員など、**国民健康保険以外の健康保険**（健康保険組合、全国健康保険協会、共済組合など）の**被保険者**が亡くなった場合は**埋葬料**が支給されます（一律5万円）。あるいは、退職後3か月以内に亡くなった場合も埋葬料が支給されます。組合によっては埋葬料のほかに独自の付加給付がある場合もあります。

被保険者の家族（被扶養者）が亡くなった場合は、家族埋葬料が支給されます（一律5万円）。

労災保険から葬祭料を受け取る

国民健康保険以外の健康保険加入者が業務上の事故または通勤途中の事故などで亡くなった場合は、**労働者災害補償保険（労災保険）**から**葬祭料**や**遺族補償給付**などが支給されます。業務の途中で亡くなった場合は会社が葬儀を行う場合もあり、その場合は葬祭料は会社に対して支給されます。

国家公務員、地方公務員の場合は、**国家公務員災害補償法**により、**葬祭補償**という形で給付を受けることができます。労災に該当する場合は、速やかに勤務先に確認しましょう。

葬祭費・埋葬料を受け取る手続き

国民健康保険の被保険者またはその扶養家族が亡くなった場合

後期高齢者医療制度の加入者が亡くなった場合

↓

国民健康保険、後期高齢者医療制度から**葬祭費**が支給される

- 住所地の市区町村役場に申請
- 3～7万円程度

会社員等が亡くなった場合

↓

健康保険（社会保険）から**埋葬料**が支給される

- 勤務先の健康保険組合か協会けんぽに申請
- 一律5万円

会社員等の家族が（被扶養者）亡くなった場合

↓

扶養家族は健康保険から**家族埋葬料**が支給される

- 勤務先の健康保険組合か協会けんぽに申請
- 一律5万円

名称	葬祭費 （名称は自治体によって異なる）
受け取れる人	葬儀を行った人、喪主など
条件	被保険者または扶養家族が死亡したとき
支給額	市区町村によって差があり、3～7万円程度
窓口	住所地の市区町村役場
必要な書類	①国民健康保険葬祭費支給申請書 ②国民健康保険証 ③葬儀費用の領収証または会葬礼状 ④印鑑（喪主） ⑤受取人名義の預金通帳 ⑥亡くなった方のマイナンバー ※必要書類は申請先によって異なる。
期限	死亡した日の翌日から2年以内

名称	埋葬料	家族埋葬料
受け取れる人	亡くなった被保険者によって生計を維持されていた人（親族や遺族であることを問わない）	被保険者
条件	被保険者が死亡したとき	被扶養者が死亡したとき
支給額	一律5万円	
窓口	勤務先の健康保険組合、または協会けんぽ（全国健康保険協会）	
必要な書類	①健康保険埋葬料支給申請書 ②事業主の証明 これが受けられない場合は、埋葬許可証、火葬許可証、死亡診断書、死体検案書、検視調書（いずれもコピー）、亡くなった方の戸籍（除籍）謄本、住民票のうちから1つ ③被扶養者以外が埋葬料を申請する場合は、生計維持を確認できる書類（住民票、定期的仕送りの事実のわかる預貯金通帳のコピーなど） ④葬儀費用の領収証（埋葬費の場合）	
期限	死亡した日の翌日から2年以内	

国民健康保険葬祭費支給申請書（記入例）

書式は自治体によって異なる。窓口でもらえる。ホームページからダウンロードできるところもある

第３３号様式（第３２条関係）国民健康保険葬祭費支給申請書

被保険者証	記　　号	001	番　　号	1111	○○年　○月　○日
世帯主	住　　所	草津市青柳南1丁目1番1号			
	氏　　名	西東　花子			
死亡者	氏　　名	西東　一郎			
	生年月日	○○年　○月　○日			
死亡年月日		○○年　○月　○日			
葬祭年月日		○○年　○月　○日			
葬祭を行う者と死亡者との続柄		妻			
支給申請額		金　５０，０００円			
次の金融機関に振り込んでください。					
振込先	金融機関名	○○　銀行／信用金庫／信用組合／協同組合	○○　支店（店番 000		
	口座番号	普通（○印）／当座／貯蓄	1234567	フリガナ	セイトウ　ハナコ
				口座名義人	西東　花子

亡くなった被保険者の葬儀を執り行った喪主《もしゅ》を記入。亡くなった方と喪主が別世帯の場合は、申請者が喪主であることを証明するものを用意する（葬儀の領収書、会葬礼状など）

亡くなった方からみた喪主の関係を記入

喪主の口座を記入。喪主以外への振り込みの場合は委任状が必要になる

上記のとおり支給を受けたいので、申請します。

○○年　○月　○日

〒340-0000

住　所　草津市青柳南1丁目1番1号

申請者（喪主）　氏　名　西東 花子　（押印省略）

電　話　048（123）4567

草加市長　あて

※亡くなった人と喪主が別世帯の場合、申請者が喪主であることの確認がとれる資料を添付してください。

確認資料

☐　領収書　会葬礼状（いずれか一つ）　☐　委任状

後期高齢者医療葬祭費支給申請書(記入例)

書式は自治体によって異なる。窓口でもらえる。ホームページからダウンロードできるところもある

申請日を記入する

別記第１号様式（第５条関係）

受付番号

江　東　区　長　殿

	○	○	年		○	月		○	日

申請者（喪主）

〒	1	1	2	―	0	0	0	0	
住所	東京	☑都 □道 □府 □県		○○			□市 ☑区 □町 □村		
	○○								
姓	西東			名	花子				

電話　03　（　1234　）　5678

江東区後期高齢者医療被保険者葬祭費等支給申請書兼口座振替依頼書

下記のとおり申請します。

記

金額　￥　７０，０００　円

（内訳）葬祭費（東京都後期高齢者医療広域連合支給分）　５０，０００円
葬祭給付金（江東区支給分）　２０，０００円

被保険者番号		8	7	6	5	4	3	2	1
死亡者関係事項	死　亡　年　月　日		○○	年	○	月	○	日	
	死　亡　者　氏　名	西東　一郎		□T □S	○○年	○月	○日	生	
	死亡の原因（病名等）	心不全							
	葬祭執行日（告別式）		○	○	年	○	月	○	日
	続　柄	申請者の	☑夫	□妻	□父	□母	（　　）		

※　申請者名義以外の口座に振り込む場合は、裏面もご記入ください。

振込先金融機関	○○	銀行（○）／信用金庫／信用組合	○○		本店／支店（○）／出張所			
	金融機関コード	○	○	○	○	支店コード	○	○	○
振込口座	預金種類　☑普通　□当座（　　）		口座番号					
	名義人氏名（カタカナ）	セ	イ	ト	ウ		ハ	ナ	コ

※ 申請者以外の方がお届けに来られた場合は、ご記入ください。

（住所）　（電話）　（　　　）	
（氏名）	申請者との関係

喪主確認	資格喪失情報	受付者	受付場所
	（喪失日）令和　年　月　日		区　白　富　豊　小　亀　大　砂　南

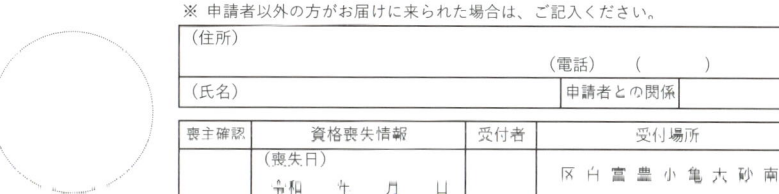

2年以内

高額療養費申請の手続き

自己負担が高額な場合に利用したい制度

高額療養費制度とは、国民健康保険、健康保険、後期高齢者医療制度（⬇P28）の加入者が病院や薬局の窓口で支払った**1か月（1日から月末まで）の医療費（自己負担額）が高額になった場合、一定の金額を超えた部分が払い戻される**制度です。ただし、健康保険が使えない治療や投薬を受けた場合や差額ベッド代、入院中の食事代等は対象外となります。

簡単に言えば、例えば、**70歳以上の人は、入院時で5万7600円、外来で1万8000円（同一月内）を超えて医療費を払う必要がない**制度です（一般所得者の場合⬇P39）。

一方、70歳未満の人の自己負担限度額は収入によって5つに区分されています（⬇P40下表）。

相続人が受給する高額療養費は故人の財産に

高額療養費は本来は本人が申請し、本人が受給するものですが、その**本人が亡くなった場合は相続人が申請し、相続人が受け取る**ことになります。つまり、相続人が代理人として申請し受給するため、それは亡くなった方の財産の一部と考えられ、**相続税の課税対象**となります（⬇第4章）。

高額療養費申請のお知らせが届いたら申請を

申請の手続きは、❶**医療費を支払ったあとに手続きをする**場合と、❷**支払う前に手続きをする**場合の2通りがあります。

❶の場合は、一時的に医療費の自己負担分3割（70歳未満の場合）を支払い、事後に高額療養費が払い戻されます。本人

ここが大切！

✔医療費が高額になったら**高額療養費制度で還付**を。

✔**自己負担限度額**をチェックする。

高額療養費申請の手続き

申請者	遺族
提出先	国民健康保険の場合は故人の住所地の市区町村役場、会社員の場合は健康保険組合または協会けんぽ
必要なもの	①高額療養費支給申請書 ②医療機関の領収証 ③市区町村役場が発行する非課税証明書等（低所得者の場合） ④請求者本人の確認書類（マイナンバーなど）　⑤預金通帳（市区町村は必要）　⑥故人との続柄のわかる戸籍謄本等　　など
期限	医療サービスを受けた翌月1日から2年以内

✻ 高額療養費の自己負担限度額（70歳以上の場合）

同一世帯で複数の方が同じ月に医療機関を受診した場合は自己負担額は世帯で合算できますが、70〜75歳未満の方と75歳以上の方とは合算できないので注意しましょう。

（2018年8月診療分からの計算）

被保険者の所得区分			自己負担限度額 外来（個人ごと）	自己負担限度額 外来＋入院（世帯）
❶ 現役並み所得者	現役並みⅢ（課税所得690万円以上で高齢受給者証の負担割合が3割の方）		252,600円＋（総医療費−842,000円）×1％ [多数該当：140,100円]	
	現役並みⅡ（課税所得380万円以上で高齢受給者証の負担割合が3割の方）		167,400円＋（総医療費−558,000円）×1％ [多数該当：93,000円]	
	現役並みⅠ（課税所得145万円以上で高齢受給者証の負担割合が3割の方）		80,100円＋（総医療費−267,000円）×1％ [多数該当：44,400円]	
❷ 一般所得者（①および③以外の方）			18,000円（年間上限144,000円）	57,600円 [多数該当：44,400円]
❸ 低所得者		Ⅱ（※1）	8,000円	24,600円
		Ⅰ（※2）		15,000円

※1　被保険者が市区町村民税の非課税者等である場合。

※2　被保険者とその扶養家族全ての方の収入から必要経費・控除額を除いた後の所得がない場合。

70歳以上の計算方法

例 ひとり暮らしのAさん（72歳）の場合（所得区分は❷の「一般」）

ある月の通院外来の医療費が合計2万円、入院医療費が6万円

1 通院の支給額を計算

20,000円（通院外来の医療費） − 18,000円（一般所得者個人の外来の自己負担限度額） ＝ 2,000円（通院の支給額） ……①

2 外来＋入院の支給額を計算

20,000円（通院外来の医療費） − 2,000円（①の高額療養費） ＝ 18,000円（通院の支給額） ……②

18,000円（②） ＋ 60,000円（入院医療費） ＝ 78,000円（外来＋入院の自己負担額） ……③

78,000円（③） − 57,600円（外来＋入院の自己負担限度額） ＝ 20,400円 ……④

3 支払われる高額療養費を合算

2,000円（①） ＋ 20,400円（④） ＝ 22,400円 …… 高額療養費として払い戻される

が亡くなり遺族が申請する場合は❶に該当します。❷の場合は、自己負担限度額分の支払いですませることができます。いずれも自己負担額は同じになります。

身近な方が亡くなったあとで、故人が自己負担した医療費が高額だった場合は、遺族（相続人）が高額療養費を申請し、受け取ります。

通常、同じ月内の医療費の一部負担金が限度額を超えた場合は、受診した月から約4か月後に、その対象となる世帯の世帯主宛に**高額療養費の申請のお知らせ**が自治体から届きます。その封書を発見したら、申請するようにします。診療を受けた月から5か月以上経っても申請のお知らせが届かない場合は、故人の居住の市区町村役場などの保険者に問い合わせてみましょう。

申請できるのは、世帯主、世帯主が死亡した場合は相続人（配偶者や子どもなど）、あるいは世帯主と住民票上同一の世帯の人となっています。相続人の場合は申請の際に死亡者との関係を証明できる戸籍の写しが必要となります。

申請の手続き方法（申請書の様式など）は、加入している保険者によって異なるため、保険証に記載されている保険者に問い合わせましょう。国民健康保険や後期高齢者医療制度の場合も、市区町村により申請書の様式などが異なるので、市区町村役場の担当窓口で確認しましょう（➡P41）。

申請期限は、**医療サービスを受けた翌月1日から2年以内**です。それを過ぎると申請ができなくなるので注意します。

払い戻し額の計算方法

高額療養費の計算方法は、健康保険加入者の年齢や所得によって異なります。まず、年齢で**70歳未満**（➡下図）と**70歳以上**（➡P39）とに分けられます。

ただし、**75歳以上**（一定の障害があると認められた65～74歳の人も含む）の方は国民健康保険や健康保険組合から脱退して**後期高齢者医療制度に移行**しているため、70歳以上75歳未満の方と合算することはできません。例えば、71歳の妻と76歳の夫の合算はできません。75歳以上同士のみで合算が可能となります。

高額療養費の自己負担限度額

70歳未満の場合

所得区分	自己負担限度額
①月額83万円以上	252,600円＋（総医療費－842,000円）×1％
②月額53万～79万円	167,400円＋（総医療費－558,000円）×1％
③月額28万～50万円	80,100円＋（総医療費－267,000円）×1％
④月額26万円以下	57,600円
⑤市区町村民税の非課税者または生活保護者	35,400円

後期高齢者医療高額療養費支給申請書（記入例）

75歳以上の方は後期高齢者制度により、後期高齢者医療高額療養費支給申請書を提出する

管轄する後期高齢者医療広域連合によって様式が異なる

マイナンバーの12桁を記入する

〇〇 年　〇月　〇日

後 期 高 齢 者 医 療 高 額 療 養 費 支 給 申 請 書

新規　・　口座変更　・　相続

被保険者番号	12345678	マイナンバー（個人番号）	123456789012
氏　　名	西東　一郎	生年月日	〇〇年〇月〇日

医療機関で他の医療助成制度による医療券又は受給者証を利用していますか。

該当するものに〇を付けてください。　利用している　・　利用していない

「利用している」に〇を付けた方のみ記入してください。
制度名・・・ ＿＿＿＿＿＿＿＿　窓口負担・・・　有　・　無

振込先	〇〇	銀行 / 信用金庫 / 信用組合 / 協同組合	〇〇	本店・支店 / 出張所 〔　　〕	預金種別	普通 / 当座 〔　　〕
			金融機関コード	支店コード		
口座番号 右詰めで記入してください	7654321					
口座名義人（カタカナ）	セイトウ　ハナコ					

原則、被保険者本人名義の口座を記入するが、相続人が申請する場合は申請者である相続人の口座を記入する。その場合は申請の際に死亡者との関係を証明できる戸籍の写しが必要となる

該当するものに〇を付けてください。該当するものがない場合は〔　〕内に記入してください。網掛けの中は記入不要です。

口座名義人は、カタカナで上段から左詰めで記入してください。濁点・半濁点は1字として、姓と名の間は1字空けてください。

東京都後期高齢者医療広域連合長　宛

上記のとおり、高額療養費の支給を申請します。

全ての高額療養費について、この申請書をもって請求し、上記口座に振り込むことを承諾します。

〇〇 年　〇月　〇日

申請者
（〒 113 － 0000 ）
住所　東京都文京区湯島北1丁目2番3号
氏名　西東 花子
連絡先電話番号　03（0000）0000

被保険者の住所・氏名・連絡先電話番号を記入する

速やかに

故人の個人事業の廃業・承継の手続き

ここが大切！

- まずは**個人事業者の死亡届**を**税務署**へ提出する。
- 青色申告を望む場合は、**青色申告承認申請書**を提出する。

まずは税務署に個人事業主の死亡の届出を

個人事業主が亡くなった場合は、葬儀後、事業を継続するか廃業するかを考える前に、速やかにしなければならないことがあります（⬇下図）。

さらに、やはり速やかに**個人事業者の死亡届出書**（⬇P43）を亡くなった個人事業主の管轄区域の税務署へ提出します。用紙は国税庁ホームページよりダウンロードすることができます。これに記入して税務署へ郵送します。あるいは、顧問税理士や会計士がいる場合は、その届出を委任することもできます。

事業用資産と個人資産には区別がない

個人事業主の場合、**事業用資産**と**個人資産**に区別がないことが多く、個人事業用として使用していた資産も負債も、その人個人の資産・負債となります。そして、規模の大小にかかわらず資産・負債が多岐にわたっていて、その価値を正しく評価・算定することは非常に難しく、また、相続に影響することもあるため、顧問税理士などの専門家に相談することが望ましいでしょう。

資産と負債については、それらをゼロにしないと廃業できないということはなく、取引先や銀行などに負債があれば返済の必要はありますが、廃業届を出したあとに引き続き返済をしていくことも可能です。また、事業用に使用していた不動産も所有し続けたり、あるいは売却したりすることもできます。

廃業に際して必要な届出は多数

資産評価を行うとともに、相続人が故

葬儀後、速やかに行うこと

- 顧客や取引先へ個人事業主の死亡を告知する。
- 取引先へ告知して、休業中の仕入れをストップするなどする。
- 個人事業主の死亡届出書を税務署へ提出する。
- 店舗を経営している場合は、貼り紙で休業などのお知らせをする。

- 商品やサービスの提供や納品の調整などをする。

個人事業者の死亡届出書(記入例)

この届出書は、課税事業者である個人事業主が死亡した場合に、その相続人が、被相続人の納税地を管轄する税務署に提出する

個人事業者の死亡届出書

収受印

○○年 ○月 ○日 文京 税務署長殿	届出者	(フリガナ)	
		住所又は居所	(〒112 − 0000) 東京都文京区湯島北3丁目4番5号 (電話番号 03 − 0000 − 0000)
		(フリガナ)	セイトウ タロウ
		氏名	西東 太郎 印
		個人番号	9 9 9 9 9 9 9 9 9 9 9 9

所轄の税務署名を記入

下記のとおり、事業者が死亡したので、消費税法第57条第1項第4号の規定により届出します。

死亡年月日		○○ 年 ○ 月 ○ 日		
死亡した事業者	納税地	東京都文京区湯島北1丁目2番3号		
	氏名	西東 一郎		
届出人と死亡した事業者との関係		子		
参考事項	事業承継の有無		有 ・ 無	
	事業承継者	住所又は居所	東京都文京区湯島北3丁目4番5号 (電話番号 03 −0000−0000)	
		氏名	西東 太郎	
税理士署名押印		印 (電話番号 − −)		

死亡した年月日を記載

事業承継の有無。廃業する場合は「無」に○をする

※税務署処理欄							
整理番号		部門番号					
届出年月日	年 月 日	入力処理	年 月 日	台帳整理	年 月 日		
番号確認		身元確認	□ 済 □ 未済	確認書類	個人番号カード/通知カード・運転免許証 その他 ( )		

注意 1. 裏面の記載要領等に留意の上、記載してください。
2. 税務署処理欄は、記載しないでください。

人の個人事業を引き継ぐか廃業するかどうかを、その事業の可能性や相続人の立場や環境などさまざまな事情を考慮して決定しなければなりません。

廃業を決定した場合は、管轄の税務署へ**個人事業の開業・廃業等届出書**（↓P45）を提出します（**事業廃止から1か月以内**）。個人事業者の死亡届出書と同様に、国税庁ホームページより届出用紙をダウンロードし、記入・捺印《なついん》して税務署へ郵送・提出します。

そのほか、故人の準確定申告（↓P30）、所得税青色申告の取りやめ届出書、消費税事業廃止届出書、給与支払い事務所等の廃止届出書、所得税の予定納税額の減額申請書、各種許認可の廃業届、従業員を雇用している場合は雇用保険、社会保険適用事務所の場合は社会保険の手続きなども必要です。

財産権を引き継ぐための3つの方法

一方、故人の個人事業を引き継ぐ場合、**経営権と財産権の承継が必要**です。経営権とは、社長としての心構えやその会社に対する思い入れなどが含まれます。財産権とは、事業用の資産、事業に関連する負債などがあります。

そして、財産権を引き継ぐ場合は、**①売買**、**②贈与**、**③相続**の3つの方法が考えられますが、**個人事業主が亡くなることで事業を承継する場合は、③相続という形での承継**になります。相続財産をどう分けるのかで相続人の間でもめるケースも多いので、専門家に相談するとよいでしょう。

まずは故人の準確定申告をすませる

個人事業では、**個人が所得税、消費税などの納税義務者**となります。つまり、事業承継前と同一の屋号を用い、同じような商品やサービスを提供していても、事業を引き継いだ人が税金を納めなければなりません。例えば、亡くなった父から子どもがその個人事業を引き継ぐと、その後はその事業所得については**新しい代表者が自分自身の所得として所得税の確定申告を行う**ことになります。

なお、相続による事業承継の場合には、

故人の個人事業を廃業する際に必要なおもな届出

届出内容	該当する人	期　限
個人事業者の死亡届出書	相続人など	速やかに
個人事業の廃業届出書	相続人など	事業廃止から1か月以内
所得税青色申告の取りやめ届出書	青色申告者だった場合	青色申告を取りやめようとする年の翌年3月15日まで
消費税事業廃止届出書	消費税の課税事業者	事業廃止後速やかに
給与支払い事務所等の廃止届出書	従業員を雇用していた場合	事業廃止から1か月以内

※このほか、各種許認可の廃業届や、従業員を雇用している場合は雇用保険、労働保険、社会保険適用事務所の場合は社会保険の手続きなども必要。

個人事業の開業・廃業等届出書(記入例)

事業の開始・廃止等の事実のあった日から1か月以内に提出

「開業」か「廃業」か、どちらかに○をする

所轄の税務署名を記入

自宅または事務所の住所を記入

職業や屋号を記入。屋号がない場合は空欄で

新たに開始した事業にかかわる所得を選ぶ

廃業の場合は、「全部」か「一部」に○をする

同時に提出する青色申告承認申請書があるなら「有」に○を。消費税については通常は「無」に○を

具体的な事業内容を記入

青色事業専従者や従業員に給与を支払う場合は記入

税務署受付印　　1 0 4 0

個人事業の(開業)・廃業等届出書

文京　税務署長

＿年＿月＿日提出

納税地	住所地・居所地・事業所等(該当するものを○で囲んでください。) (〒112－0000) 東京都文京区湯島北3丁目4番5号 (TEL 03-0000-0000)
上記以外の住所地・事業所等	納税地以外に住所地・事業所等がある場合は記載します。 (〒　－　) (TEL　－　－　)
フリガナ	セイトウ　タロウ
氏名	西東 太郎 (印:西東) ／ 生年月日 ○○年 ○月 ○日生
個人番号	9 9 9 9 9 9 9 9 9 9 9 9
職業	レストラン経営 ／ 屋号(フリガナ ムサシノ) 武蔵野

個人事業の開廃業等について次のとおり届けます。

届出の区分(該当する文字を○で囲んでください。)	(開業)(事業の引継ぎを受けた場合は、受けた先の住所・氏名を記載します。) 住所 東京都文京区湯島北1丁目2番3号　氏名 西東一郎 事務所・事業所の(新設・増設・移転・廃止) 廃業(事由) (譲渡)による場合は、引き継いだ(譲渡した)先の住所・氏名を記載します。) 住所　氏名
所得の種類	山林所得・(事業(農業)所得)〔廃業の場合……全部・一部(　)〕
開業・廃業等日	開業や廃業、事務所・事業所の新増設等のあった日　○○年 ○月 ○日
事業所等を新増設、移転、廃止した場合	新増設、移転後の所在地　(電話) 移転・廃止前の所在地
廃業の事由が法人の設立に伴うものである場合	設立法人名　代表者名 法人納税地　設立登記　平成
開業・廃業に伴う届出書の提出の有無	「青色申告承認申請書」又は「青色申告の取りやめ届出書」　(有)・無 消費税に関する「課税事業者選択届出書」又は「事業廃止届出書」　有・(無)
事業の概要(できるだけ具体的に記載します。)	飲食物の調理、提供、接客

給与等の支払の状況	区分	従事員数	給与の定め方	税額の有無	その他参考事項
	専従者	1人		(有)・無	
	使用人			有・無	
				有・無	
	計				

源泉所得税の納期の特例の承認に関する申請書の提出の有無	(有)・無	給与支払を開始する年月日	○○年 ○月 ○日

関与税理士
(TEL　－　－　)

税務署整理欄	整理番号	関係部門連絡	A	B	C	番号確認	身元確認
	0						□済 □未済
	源泉用紙交付	通信日付印の年月日	確認印	確認書類 個人番号カード／通知カード・運転免許証 その他(　)			
		年 月 日					

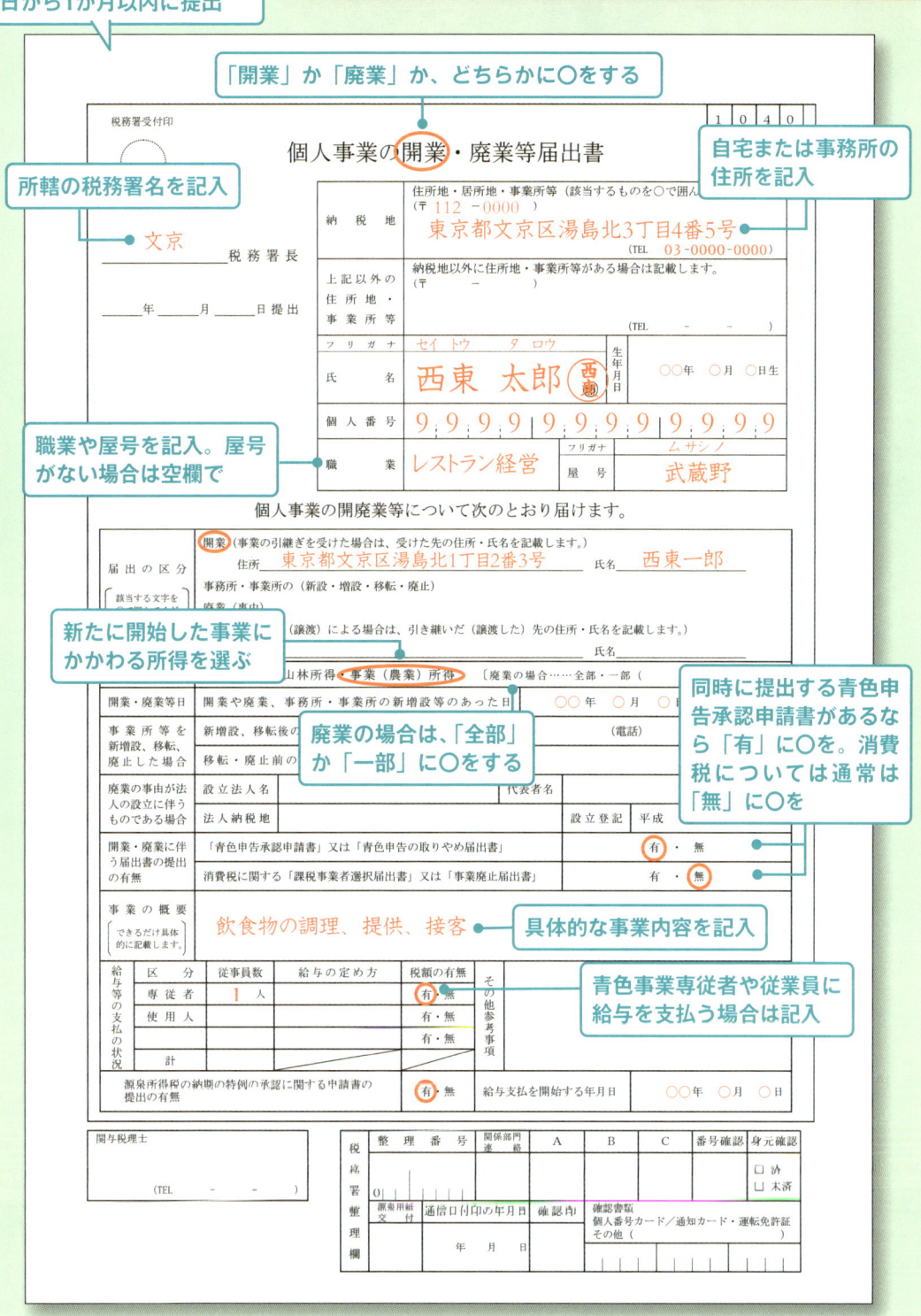

故人の所得税の確定申告（**準確定申告** ➡P30）と同様、前経営者である**故人の所得税の確定申告を相続を知った日の翌日から4か月以内**に承継者が行わなければなりません。

青色申告の場合に必要な各種届出

亡くなった個人事業主が**青色申告により確定申告**をしていた場合は、以下のような届出書を税務署に提出します。

まず、廃業の場合と同様に**個人事業者の死亡届出書**（➡P43）を速やかに提出し、事業の承継を決定したら、以下のような手順で手続きを行います。

❶個人事業の廃業届出書（被相続人の死亡後1か月以内）（➡P45）

死亡した人の納税地の所轄税務署に提出します。

❷個人事業の開業届出書（事業の開始となった日から1か月以内）（➡P45）

事業を承継した相続人の納税地の税務署に提出します。

❸所得税の青色申告承認申請書（➡P47）

事業承継者も自動的に青色申告者となるということはないので、改めて承継した相続人が青色申告をするために、**準確定申告の提出期限（4か月以内）と青色申告の承認があったものとみなされる日とのいずれか早い日までに提出**します。

❹青色事業専従者給与に関する届出書

相続人が、亡くなった経営者の青色事業専従者に給与を支払う場合や、新しく専従者が必要になった場合には、**相続開始日または専従者がいることとなった日から2か月以内に提出**します。

❺その他

事業承継者が相続により給与の支払いが生じることになった場合は、「**給与支払事務所等の開設届出書**」を提出します。この場合、給与の支払いを受ける人数が10人未満で源泉所得税の納付を半年ごとにする場合は「**源泉所得税の納期の特例の承認に関する届出書**」を提出する必要があります。

また、亡くなった事業主が**消費税の申告もしていた場合**は、さらにいくつかの届出が必要となるので、税務署や専門家に確認しましょう。

+1 Memo 白色申告よりもメリットが多い青色申告

事業主が行う確定申告には青色申告と白色申告があります。白色申告は、開業するに当たって税務署長に承認申請する必要もなく、簡単な帳簿付けで確定申告ができるので、個人事業を始めて間もない人や、所得が少ない人が選択する傾向にあります。

青色申告の場合は、事前に税務署へ申請書を出すことで、さまざまな特典を得ることができます（途中で白色から青色に変更できる）。

まず、帳簿の付け方によって10万円控除か65万円控除かを選択できます。これが青色申告特別控除です。また、家族の給与を経費として落とせる青色事業専従者給与や赤字を3年間繰り越せる純損失の繰り越し控除もあります。

さらに、自宅をオフィスにすると家賃や電気代の一部も経費にできたり、30万円未満の減価償却資産を一括経費にできたりと、多くのメリットがあります。

所得税の青色申告承認申請書（記入例）

税務署受付印

1	0	9	0

所得税の青色申告承認申請書

＿＿＿＿税務署長

＿＿年＿＿月＿＿日提出

提出期限は要確認

納税地	住所地・居所地・事業所等（該当するものを○で囲んでください。） （〒112－0000） 東京都文京区湯島北1丁目2番3号 （TEL 03－0000－0000）
上記以外の住所地・事業所等	納税地以外に住所地・事業所等がある場合は記載します。 （〒　－　） （TEL　－　）
フリガナ	セイトウ　タロウ
氏名	西東　太郎　印
生年月日	○○年　○月　○日生
職業	会社員
フリガナ	
屋号	

事業を引き継ぐ人の住所、氏名など

小売店の場合は屋号や具体的な職業を

＿＿年分以後の所得税の申告は、青色申告書に…

1　事業所又は所得の基因となる資産の名称及びその所在地（事業所又は資産の異なるごとに記載します。）

名称　○○アパート　所在地　東京都文京区湯島北3丁目4番5号

名称＿＿＿＿　所在地＿＿＿＿

2　所得の種類（該当する事項を○で囲んでください。）

事業所得　・（不動産所得）・　山林所得

通常は「無」に○をする

3　いままでに青色申告承認の取消しを受けたこと又は取りやめをしたことの有無

(1)　有（取消し・取りやめ）＿＿年＿＿月＿＿日　(2)（無）

4　本年1月16日以後新たに業務を開始した場合、その開始した年月日　○○年○月○日

5　相続による事業承継の有無

(1)（有）相続開始年月日　○○年○月○日　被相続人の氏名　西東一郎　(2)　無

6　その他参考事項

(1)　簿記方式（青色申告のための簿記の方法のうち、該当するものを○で囲んでください。）

（複式簿記）・簡易簿記・その他（　）

帳簿の方法や備え付ける帳簿を選ぶ

(2)　備付帳簿名（青色申告のため備付ける帳簿名を○で囲んでください。）

（現金出納帳）・売掛帳・買掛帳・経費帳・（固定資産台帳）・預金出納帳・手形記入帳
債権債務記入帳・（総勘定元帳）・仕訳帳・入金伝票・出金伝票・振替伝票・現金式簡易帳簿・その他

(3)　その他

関与税理士

（TEL　－　－　）

税務署整理欄	整理番号	関係部門連絡	A	B	C	D	E

通信日付印の年月日	確認印
年　月　日	

必要に応じて

婚姻前の姓に戻したいとき

配偶者が亡くなったら旧姓に戻せる

夫婦のどちらか一方が亡くなったとき、遺された配偶者が旧姓に戻したいと考える人もいるでしょう。このように、**婚姻前の氏《うじ》（姓）に戻す**ことを法律では「**復《ふく》氏《し》**」といいます。このとき、家庭裁判所の許可や、死亡した配偶者の親族に同意を得る必要はありません。

つまり、配偶者が死亡したときに、婚姻中の姓のままでいるか、あるいは旧姓に戻るかは、**本人の意思で自由に決めることができます**。

ただし、旧姓に戻ったとしても、亡くなった配偶者との親族関係はそのままで、**義理の親子関係や扶養の義務、姻族としての関係は継続**します。

旧姓に戻したい場合は、本籍地あるいは住所地の市区町村役場に**復氏届**（⬇P49）を提出します。死亡届が受理されれば、いつでも提出することができます。復氏届を提出すると、亡くなった配偶者の戸籍から抜け、結婚前の戸籍に戻ることになります。

事情があって結婚前の戸籍に戻りたくない場合は、**分籍届**を提出して、自分が筆頭者となって新しい戸籍をつくることもできます。

復氏届の**提出期限は原則としてありません**が、**亡くなった配偶者が外国人であった場合の復氏届**は、**亡くなった日の翌日から3か月以内**に行わなければなりません。この期限を過ぎてしまうと、新たに家庭裁判所の許可が必要となります。

子どもも自分と同じ旧姓に戻したいとき

亡くなった配偶者との間に子どもがいる場合は、**復氏届で旧姓に戻るのはあくまで本人だけ**で、子どもの姓や戸籍はそのままになります。つまり、自分と子どもの戸籍が別々になってしまいます。

そのため、**子どもの姓も自分と同じにし（旧姓にして）、自分と同じ戸籍に入れる場合**は、まず家庭裁判所に「**子の氏の変更許可申立書**」を提出しなければなりません。そして、許可審判を受けたあとに**入籍届**を提出すれば、子どもを自分の戸籍に移すことができ、同じ姓を名乗ることができます。

なお、この場合も子どもと元配偶者の親族との姻族関係は継続しており、元配偶者の両親（子どもの祖父母）が死亡した場合は、子どもはその**法定相続人**となります。また、**代襲《だいしゅう》相続人**となることもあります（⬇P86）。

ここが大切！

- ✔**復氏届**は**死亡届**提出後ならいつでも可。
- ✔子は復氏届では旧姓に戻れない。**子の氏の変更許可申立書**が必要。

復氏届（記入例）

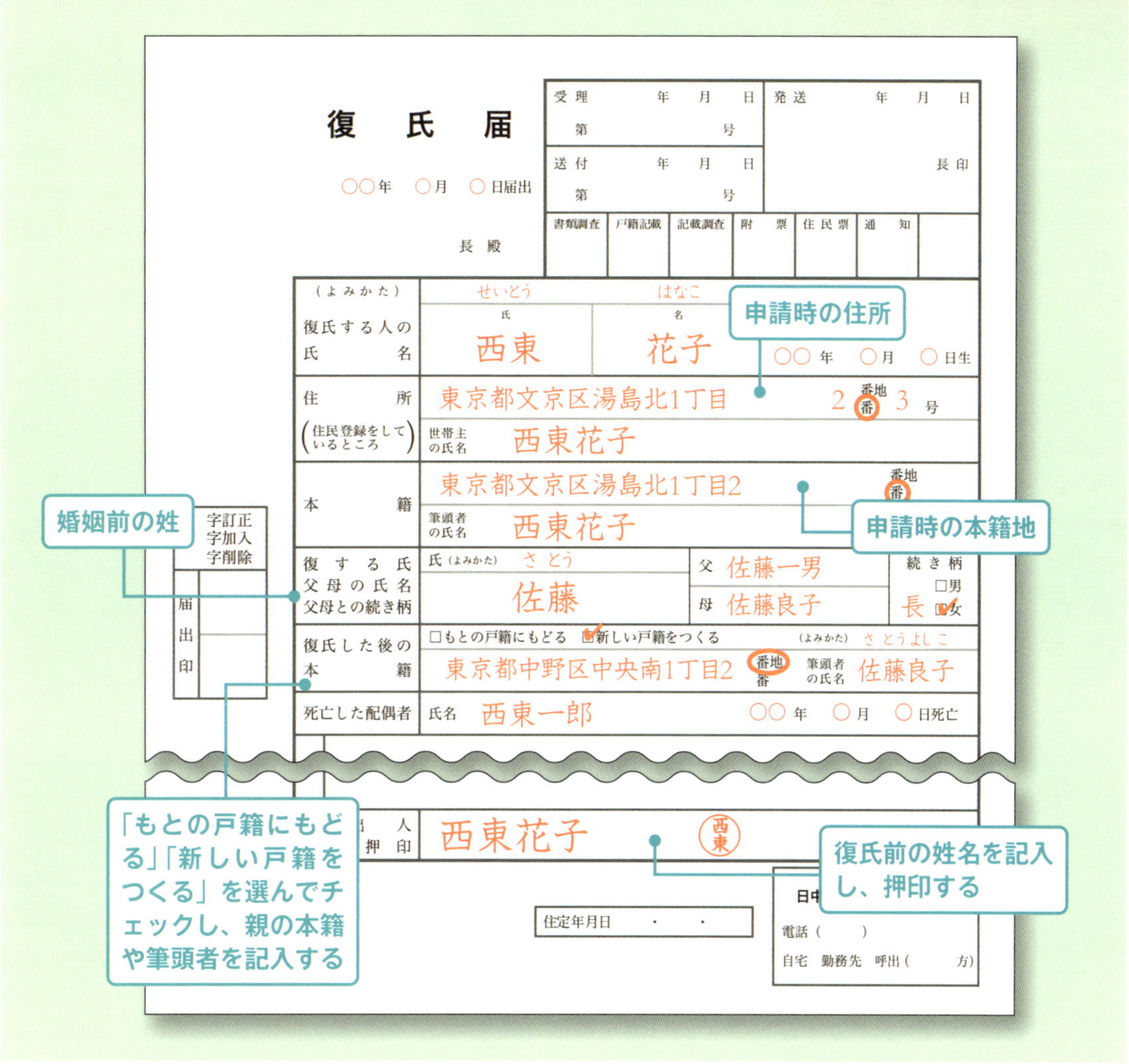

子の氏の変更許可申立書の手続き

申請者	子ども本人 （15歳未満の場合は子の法定代理人）
提出先	子どもの住所地の家庭裁判所
必要なもの	①子の氏の変更許可申立書 ②申立人（子）の戸籍謄本《とうほん》、父・母の戸籍謄本 ③収入印紙800円　など ※審理のために追加書類が必要になることもある。
期限	なし。必要に応じて

復氏届の手続き

申請者	故人の配偶者本人
提出先	本人の本籍地または住所地の市区町村役場
必要なもの	①復氏届 ②戸籍謄本（本籍地に届け出るときは不要）、結婚前の戸籍に戻るときは婚姻前の戸籍謄本 ③印鑑
期限	なし。必要に応じて

必要に応じて

姻族関係を終了したいとき

亡くなった配偶者の親族と縁を切りたいとき

姻族（配偶者の血族）関係とは、結婚することで発生する配偶者の父母やきょうだいなどとの関係です。姻族関係は、離婚すると自動的に消滅しますが、配偶者が亡くなった場合は、**復氏届**（➡P48）**を出して旧姓に戻ったとしても、姻族関係はそのまま**継続されます。

そこで、亡くなった配偶者の父母やきょうだいといった**親族と縁を切りたい場合は、姻族関係終了届**（➡P51）**を届出人の本籍地か住所地等の市区町村役場に提出**します。配偶者の死亡届が受理されたあとなら、いつでも提出できます。

この届出には亡くなった**配偶者の親族の同意は必要ありません**。また、この届出ができるのは遺された配偶者のみです。

家庭裁判所への申し立ても不要で、この届出だけで手続きは完了し、届出日から姻族関係は終了します。

ただし、姻族関係が終了しても、戸籍はそのままの状態となるので、旧姓に戻したい場合や戸籍も配偶者の戸籍から別にしたいときは、**復氏届**を提出します。

扶養義務がなくなっても相続権はそのまま

姻族関係終了届によって姻族関係が終了したら、配偶者の父母やきょうだいなどの**扶養義務もなくなります**。

また、姻族関係が終了しても、**亡くなった配偶者の遺産を相続することができます**。もし届出する前に遺産を相続していたとしても、それを返却する必要はありません。

子どもがいる場合は、配偶者の姻族関係は終了しても、子どもと亡くなった配偶者の姻族関係には変わりありません。

ここが大切！

- **姻族関係終了届**は、**本人の意思だけ**で提出できる。
- 姻族の**扶養義務**がなくなる。
- 子どもと姻族の関係はそのまま。

姻族関係終了届の手続き

申請者	故人の配偶者本人
提出先	届出人の本籍地 または住所地の市区町村役場
必要なもの	①姻族関係終了届 ②戸籍謄本《とうほん》 （故人の死亡事項が記載されている除籍謄本） ③印鑑　など ※審理のために追加書類が必要になることもある。
期限	なし。必要に応じて

姻族関係終了届（記入例）

復氏届によって旧姓に戻ったあとに提出する姻族関係終了届の例

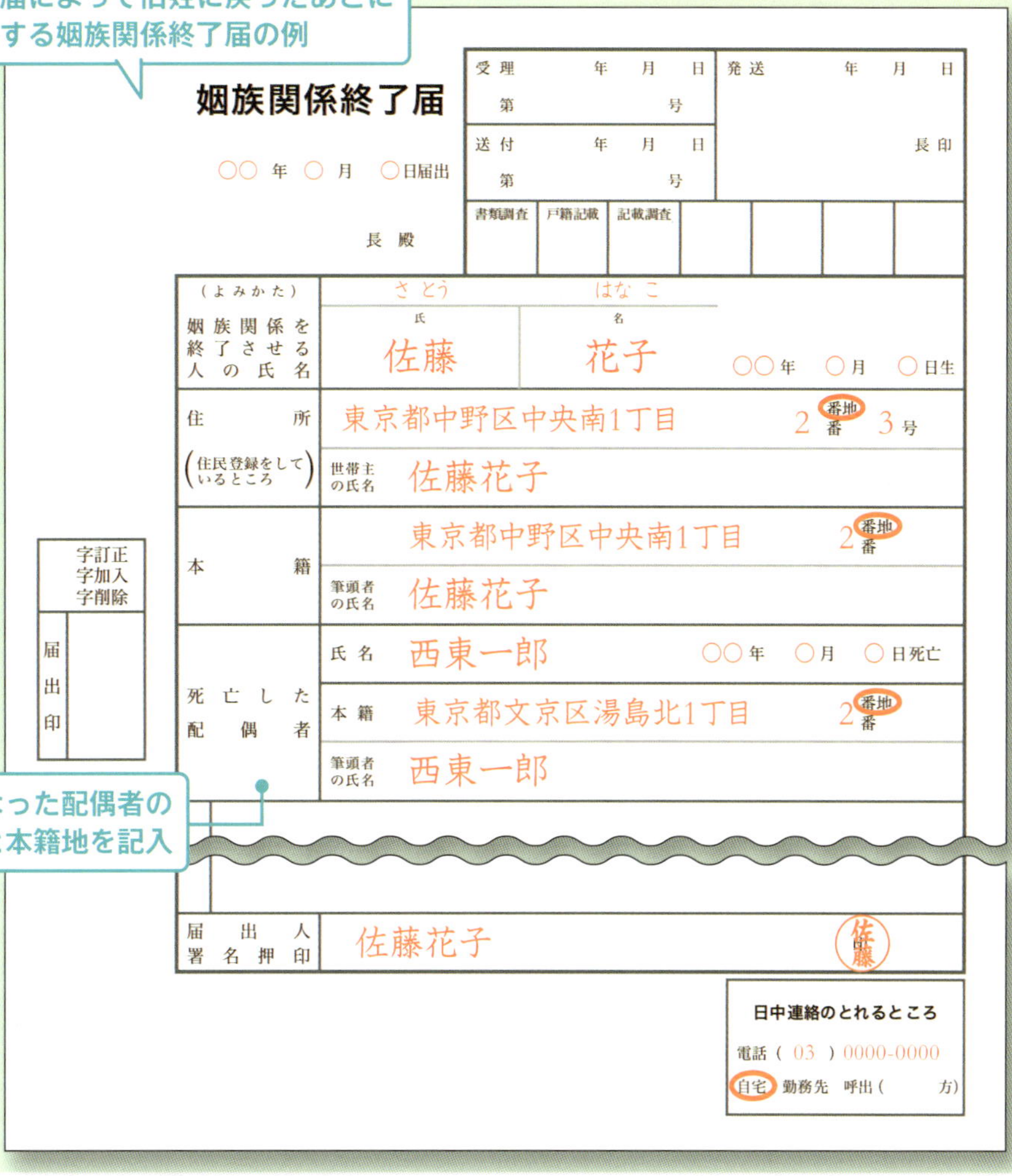
姻族関係終了届

○○ 年 ○ 月 ○日届出

長 殿

受理 年 月 日 第 号	発送 年 月 日
送付 年 月 日 第 号	長印
書類調査 戸籍記載 記載調査	

（よみかた） 姻族関係を終了させる人の氏名	さとう はなこ 氏 佐藤 名 花子	○○年 ○月 ○日生
住所（住民登録をしているところ）	東京都中野区中央南1丁目 2 番地 番 3 号	
	世帯主の氏名 佐藤花子	
本籍	東京都中野区中央南1丁目 2 番地 番	
	筆頭者の氏名 佐藤花子	
死亡した配偶者	氏名 西東一郎	○○年 ○月 ○日死亡
	本籍 東京都文京区湯島北1丁目 2 番地 番	
	筆頭者の氏名 西東一郎	
届出人署名押印	佐藤花子	佐藤

字訂正 字加入 字削除

届出印

日中連絡のとれるところ
電話（ 03 ）0000-0000
自宅 勤務先 呼出（ 方）

亡くなった配偶者の名前と本籍地を記入

+1 Memo 姻族関係終了届で扶養義務から解放

「扶養」とは、幼い子どもや高齢者、病気や障害のある人、自活能力がない人たちの生活全般を援助することです。また、「扶養義務」には、夫婦間の協力・扶助義務（民法第752条）や未成熟な子を親が監護・教育する義務（同820条）のほかに、一般の親族間の扶養、例えば年老いた親の扶養や兄弟姉妹間の扶養といった自活能力のない親族の扶養（同877条）があります。この民法844条には、「直系血族及び兄弟姉妹は、互いに扶養をする義務がある」と規定されています。

しかし、配偶者が亡くなったとき、さまざまな事情からこの扶養義務から解放されたいと考える配偶者もいます。例えば、なさぬ仲の義父母の老後の世話、働かない夫の兄弟の生活の面倒などを負わされることは避けたいと思うのは理解できます。そこで奥の手として活用されるのが姻族関係終了届というわけです。

必要に応じて

お墓を承継するには

お墓の承継者と承継の手続き

お墓の持ち主（**永代《えいたい》使用権**を取得した人）が亡くなったときは、誰かがこれを引き継ぎます。民法では、**お墓は相続財産ではなく、祭祀《さいし》財産**として区別されています。つまり、「お墓を相続する」とは言わず、「**お墓を承継する**」と言います。祭祀財産の場合、**祭祀主宰者**（お墓などの祭祀財産を管理したり、葬儀を務める人）**が承継**します。

祭祀主宰者になれる人、つまりお墓の承継者は、第一に、これまでの主宰者（亡くなったお墓の持ち主）が指定した人になります。なお、法律上では親族に限られているわけではありません。この承継人の指定は、遺言書でも、口頭でもできます。

第二に、遺言書《ゆいごんしょ》などで指定がされていなかったときで、慣習によってお墓の承継人が決まります。一般的には長男・長女または配偶者が承継するケースが多いようですが、それ以外の人が承継者になるときは、協議で決する慣習があれば、家族や親族同士で話し合って決めます。

第三は、承継人の指定もなく、話し合いでも決まらないときで、家族の申し立てにより家庭裁判所が調停または審判で決めることになります。

お墓の承継に関する手続きは各霊園・墓地によって異なりますが、一般的には左図のようになります。

なお、お墓の承継人は、檀家《だんか》としての立場も引き継ぐので、お布施や寄付金が必要になることもあります。

承継者がいない場合親族以外でも承継できる

祭祀財産は、家族や親族でなくても誰

ここが大切！

- お墓は**祭祀財産**。**祭祀主宰者**が承継する。
- お墓の承継は、**霊園や墓地の管理事務所**に申請する。
- 承継者がいない場合、**永代供養墓**にするケースも。

+1 Memo お墓に入れるかどうか早めに確認を

先祖代々のお墓には、基本的には誰でも入れますが、永代使用権を持つ人の承諾が必要です。また、個々の墓地・霊園が定めた管理規則によって埋葬される者が親族に限ると規定されていることがあるので確認が必要です。あるいは、すでにお骨が満杯で新たにお骨を入れるスペースがないときもあります。その場合は昔のお骨を合祀《ごうし》して新たなスペースをつくることも可能です。四十九日までにお墓の確認をしておきましょう。

でも受け継ぐことができます。例えば、「信頼できる友人にお墓を引き継いでもらいたい」という方もいるかもしれません。この場合、墓地・霊園の使用規則の範囲内で認められれば問題ありません。ただし、公営墓地のように「承継者は6親等以内の血族、配偶者、3親等以内の姻族」などと定められている場合が多いので確認が必要です。

永代供養墓と「墓じまい」を考える

近年は、子どもや孫にお墓のことで金銭的にも精神的にも負担をかけさせたくないからと、自分の世代でお墓の問題を解決しておきたいと考える人が増えています。自分に子どもがいないから先祖のお墓の解決をするのは自分しかいないという人や、子どもが1人しかいない、あるいは子どもが遠方に住んでいるから子どもにお墓の管理のことで無理をさせたくないという人もいるでしょう。

そこで多くの人が考えるのが**永代供養墓**です。永代供養とは、子々孫々まで先祖を供養することですが、現在は、お墓などの管理や供養を墓地・霊園に任せることを指すようになっています。寺院や霊園が提供する永代供養墓は、**承継人がいなくても寺院や霊園が存続する限り供養・管理をしてくれます。**費用は、契約時に支払う永代供養費のみというのが一般的です。

また、親の死を機会に、「**墓じまい**」を考える人も増えています。「墓じまい」の具体策は、大きく、「**お墓の引っ越し**（**改葬**→P54）」と「**お墓を閉じる**」に分けられます。後者の場合は、お墓のあった寺院で合葬《がっそう》（複数の人のお骨や骨壺を合同で墓に埋葬する）にし、永代供養してもらう方法や散骨する方法などが考えられます。最近では、「墓じまい」をサービスとして提供する業者も増えています。お墓（墓石）を解体・処分し、お墓の中の遺骨の引っ越し先（永代供養など）を探し、その手配までしてくれるところもあります。

自分の今あるのはご先祖様があるからです。そう考えれば、ご先祖を祀《まつ》ったお墓をないがしろにはできません。ご先祖様にも、そして自分とその子孫にもよりよいお墓のあり方を考えたいものです。

お墓の承継に関する一般的な手続き

1 霊園・墓地の管理事務所などで用意されている所定の申請書（承継使用申請書）に必要事項を記入する

↓

2 申請者の戸籍謄本《とうほん》や印鑑登録証明書などを添えて各霊園・墓地に申請する

承継による名義変更には手数料が必要となる（公営墓地の場合は数百〜3,000円程度、民営墓地の場合は5,000〜1万円程度）

※霊園・墓地によっては、承継の届出期限を過ぎてしまった場合、使用権を取り消すところもあるので注意が必要。

※お墓の承継人は、檀家《だんか》としての立場も引き継ぐので、お布施や寄付金が必要になることもある。

必要に応じて

お墓の引っ越しをするとき

ここが大切！

- ✓ **改葬**の前に新しいお墓の手配をする。
- ✓ 改葬の事情を**菩提寺にきちんと説明**する。
- ✓ **改葬許可申請書**を手配する。

お墓の引っ越しの理由はさまざま

お墓や遺骨を移動して供養したいと考える人が増えています。**お墓の場所や遺骨を新しいお墓に移すこと**を**改葬**といいます。つまり、お墓の引っ越しです。

その理由は、郷里にあるお墓が遠くてお参りできない、お墓の近くに維持管理する人がいなくなった、お墓の場所が山の上にあり、水やお花を持って上がるのが大変になった、父方・母方のお墓を1つにして両家墓《りょうけぼ》にしたい（お墓の管理も楽になる）、お墓の老朽化など、さまざまです。特に多いのが親の実家近くにあるお墓を子の家の近くに移すというケースです。

改葬には、❶遺骨だけを移す、❷遺骨と墓石を移す、❸骨壺などの中から分骨する、などの方法があります。

改葬の手続きと新しい墓の開眼供養・納骨

改葬に当たっては、**改葬の事情を寺院や霊園にきちんと説明**し、理解を求める必要があります。特にお墓のある寺院にとっては、改葬は「檀家《だんか》が離れる」ことになるため、快く思わないこともあります。説明のときには、今までの感謝の気持ちも伝えるようにしましょう。

改葬に際しての手続きは以下のようになります。改葬の申請人は、墓地の使用者（お墓の使用権利を持っている人）または墓地の使用者から委任を受けた人となります。申請人の印鑑は実印である必要はありません。

❶新しい墓地を確保し、新しい墓を建て、永代使用料と管理料を納め、**永代使用許可証（受入証明書）**（➡P55）を発行してもらう。

+1 Memo 檀家をやめるときに菩提寺に離檀料を払う必要は?

長い付き合いのある菩提寺《ぼだいじ》（先祖代々の墓を供養してくれる寺院）からお墓を移動させるとき、よく起きるトラブルが菩提寺から離檀料《りだんりょう》を請求されることです。

しかし、永代使用料や管理料を支払っているのですから、本来は払う必要はありません。

改葬にかかる費用は、既存のお墓の墓石を撤去して、そこを更地《さらち》にする費用と、新しいお墓の購入・建立の費用だけです。

受入証明書(記入例)

受　入　証　明　書

改葬申請人氏名　西東　太郎

受入場所

所　　在　神奈川県横浜市神奈川区神大寺北1丁目1番

名　　称　神大寺霊園

1　公営墓地　　②宗教法人墓地　　3　共同墓地

4　個人墓地　　5　その他（　　　　　　　　　）

いずれか該当に○印をし、その他については、詳しく記入して下さい。

別紙改葬許可申請書に記載されている遺骨（体）を、当所に受け入れることを証明します。

○○年　○月　○日

証明者　住　所　神奈川県横浜市神奈川区神大寺北1丁目1番

氏　名　神谷 祥円　㊞

役　職　住職

電　話　045-000-0000

改葬先の墓地または納骨堂の住所、名称を記入

改葬先の墓地または納骨堂の管理者等の署名をもらう。押印も

✻ 改葬の手続きの流れ

❶新しい墓地を確保する

新しい墓を建て、使用料と管理料を納め、永代使用許可証（受入証明書）（➡P55）を発行してもらう。

❷既存のお墓の菩提寺に承諾を得る

今までの感謝の気持ちも伝えよう。離檀料《りだんりょう》は払う必要はない。

❸改葬許可申請書に記入する

既存のお墓がある市区町村役場で改葬許可申請書をもらい、それに必要事項を記入する（➡P57）。既存のお墓の菩提寺や霊園の管理者、改葬先の墓地管理者の署名・押印も必要。

❹改葬許可申請書の提出、改葬許可証の交付

改葬先で発行してもらった永代使用許可証（受入証明書）を既存のお墓のある市区町村役場に提出し、役場から改葬許可証を交付してもらう。

❺閉眼法要

既存のお墓で閉眼供養（御魂抜き法要）をして、遺骨を取り出す。

❻既存のお墓の撤去

既存のお墓の解体・撤去工事をして、更地に戻す。

❼改葬許可証の提出

改葬先の墓地管理者に❹の改葬許可証と永代使用許可証（受入証明書）を提出し、納骨の日時を決める。

❽開眼供養、納骨

納骨の日、新しいお墓で開眼供養を行い、納骨する。

+1 Memo　お墓を閉じるときは閉眼供養をし、新しくお墓を建てたときは開眼供養をする

お墓を改葬するときや、新しく造り直すとき、既存のお墓を撤去する前に行わなければいけないのが閉眼供養です。御魂抜きともいいます。墓石から魂を抜いて、ただの石に戻す儀式です。

その逆で、新しいお墓が完成したら、まず開眼供養（開眼式）を行います。御魂《みたま》入れ、入魂式ともいいます。僧侶の読経《どきょう》によってお墓に魂を入れてもらう儀式です。お墓は建てただけではただの石にすぎず、この儀式をして初めて礼拝の対象になるのです。僧侶にはお布施とお車代を包みます。

②既存のお墓がある寺院や霊園から改葬の承諾を得る。

③既存のお墓がある市区町村役場で**改葬許可申請書**（⬇P57）をもらい、それに必要事項を記入する。既存のお墓の菩提《ぼだい》寺や霊園の管理者、改葬先の墓地管理者の署名・押印《おういん》も必要。

④③の改葬許可申請書と、改葬先で発行してもらった永代使用許可証（受入証明書）（⬇P55）を既存のお墓のある市区町村役場に提出し、役場から改葬許可証を交付してもらう。

⑤既存のお墓で閉眼《へいがん》供養（御魂《みたま》抜き法要）をして、遺骨を取り出す。

⑥既存のお墓の解体・撤去工事をして、更地《さらち》に戻す。

⑦改葬先の墓地管理者に④の改葬許可証と永代使用許可証（受入証明書）を提出し、納骨の日時を決める。

⑧納骨の日、新しいお墓で開眼《かいがん》供養を行い、納骨する。

改葬許可申請書（記入例）

今回改葬する死亡者すべての氏名・本籍等を記入する。不明な場合は「不詳」、途中までわかる場合は「以下不詳」と記入する

自治体によって書式は異なる

改　葬　許　可　申　請　書

東京都台東区長　殿　　　　　　　　　　第　　　　　号

死亡者の氏名	性別	死亡者の本籍	死亡者の住所	死亡年月日	火葬または埋葬の年月日	申請者との続柄
西東　一郎	男・女	東京都文京区湯島北1丁目2番	東京都文京区湯島北1丁目2番3号	○○年 ○月 ○日	○○年 ○月 ○日	父
西東　花子	男・女	同上	同上	○○年 ○月 ○日	○○年 ○月 ○日	母
不詳	男・女	不詳	不詳	不詳 年　月　日	不詳 年　月　日	不詳
	男・女			年　月　日	年　月　日	
	男・女			年　月　日	年　月　日	

現在埋葬されているお墓の住所を記入

埋葬の場所	東京都台東区　東谷中1丁目1番1号	申請者	住所	神奈川県横浜市神奈川区神大寺南1丁目2番
改葬の場所	神奈川県横浜市神奈川区神大寺北1丁目1番		氏名	西東太郎　㊞
改葬の理由	①　墓地新設のため　　2　墓地合併のため		電話	045-000-0000　墓地使用者との関係　本人

改葬先の住所を記入

○○年　○月　○日　　改葬許可について墓地の使用者及び管理者連署のうえ申請します。

上記のとおり埋葬・埋蔵・収蔵していることを証明します。

○○年　○月　○日

埋葬元の墓地管理者
住所　東京都台東区東谷中1丁目1番1号
氏名　台東寺　住職　谷中善雲　㊞

上記の遺骨の受入れについて、支障がないことを証明します。

○○年　○月　○日

改葬先の墓地管理者
住所　神奈川県横浜市神奈川区神大寺北1丁目1番
氏名　神大寺霊園　住職　神谷祥円　㊞

墓地使用者の同意欄

上記の改葬を認めます。

年　月　日

住所
氏名　㊞

改葬先のお寺や霊園の管理者から日付・住所・名称および代表者氏名を記入してもらう。押印も必要

現在埋葬されている墓地のお寺や霊園の管理者から日付・住所・名称および代表者氏名を記入してもらう。押印も必要

申請者が現在遺骨を埋葬しているお墓の使用者でない場合は、墓地使用者に改葬を同意してもらい、署名・押印してもらう

COLUMN

相続やさまざまな手続きで必ず出てくる
「親族の範囲」って何?

遺産相続や健康保険、年金、成年後見制度など、さまざまな手続き・承継の際に必ず出てくるのが「親族の範囲」という言葉です。法律上、「親族」とは、配偶者、6親等以内の血族および3親等以内の姻族のすべてを指します。言葉だけではわかりにくいので、下図を参照してください。

親等……親族のなかでの関係の深さを示すもの。父母と子どもは1親等。配偶者との間には親等はない。

血族……血のつながりのある親族。ただし、配偶者は例外として含まれる。

姻族……配偶者の血族。婚姻（届出を出して結婚すること）によって配偶者の血族が姻族となる。

尊属《そんぞく》……自分より前の世代に属する血族。父母、祖父母、曾《そう》祖父母、伯父（叔父）、伯母（叔母）など。直系尊属は父母、祖父母など直接上につながっている血族で、傍系《ぼうけい》尊属は伯父（叔父）、伯母（叔母）など、自分と祖先は同じだが上下にはつながらない関係。

卑属《ひぞく》……自分よりあとの世代に属する血族。子孫。子、甥《おい》・姪《めい》、孫、曾孫《そうそん》（ひ孫）など。直系卑属は子、孫、曾孫など。傍系卑属は甥・姪など。

親族図

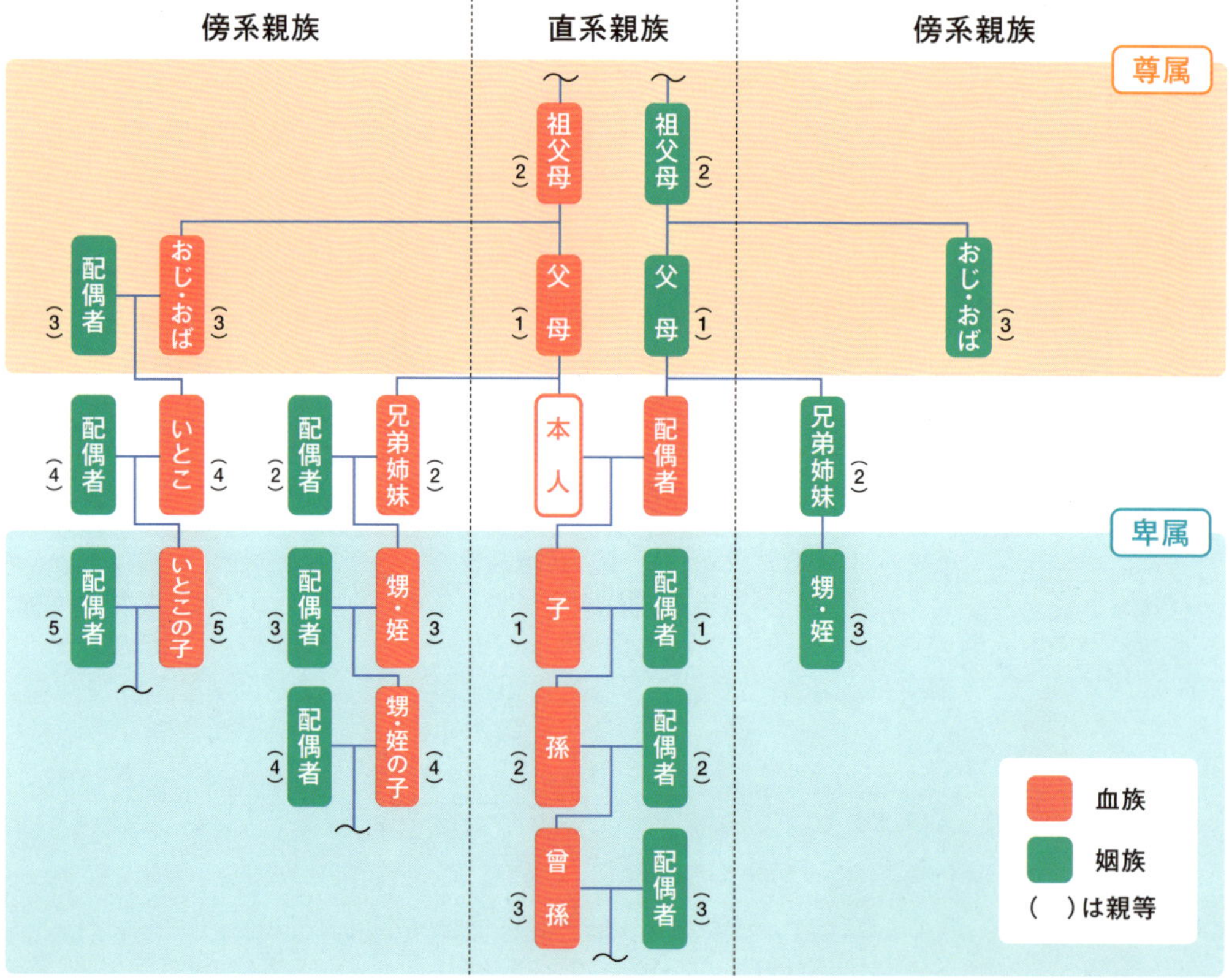

第2章

公的年金の手続き

身近な人が亡くなった後の年金関係の手続き

生前

遺言、エンディングノート、成年後見制度の利用　など

P162～
P173
P188

身近な人（被相続人）の死亡

相続開始

3か月以内

葬儀・法要

P12～13

- 臨終の連絡
- 通夜、葬儀・告別式
- 初七日
- 四十九日
- 納骨

届出・手続き

- 死亡届
- 火葬許可申請書・火葬許可証
- 世帯主変更
- 健康保険の資格喪失手続きと新規加入手続き
- 年金関係の手続き
- 公共料金等の手続き
- 故人の個人事業の廃業・承継の手続き
- 遺言調査（捜索）・遺言書の検認
- 相続人（戸籍）調査
- 相続財産（遺産）調査
- 相続放棄・限定承認

年金を受けている方が亡くなったとき

- 年金受給権者死亡届
  - 国民年金……14日以内
  - 厚生（共済）年金……10日以内

P64

- 未支給年金・保険給付の請求

P64

- 5年以内 ← 遺族年金の請求

P68

国民年金のみに加入中の方が亡くなったとき

遺族の条件により

- 遺族基礎年金
- 寡婦年金
- 死亡一時金

のいずれかを受給できる

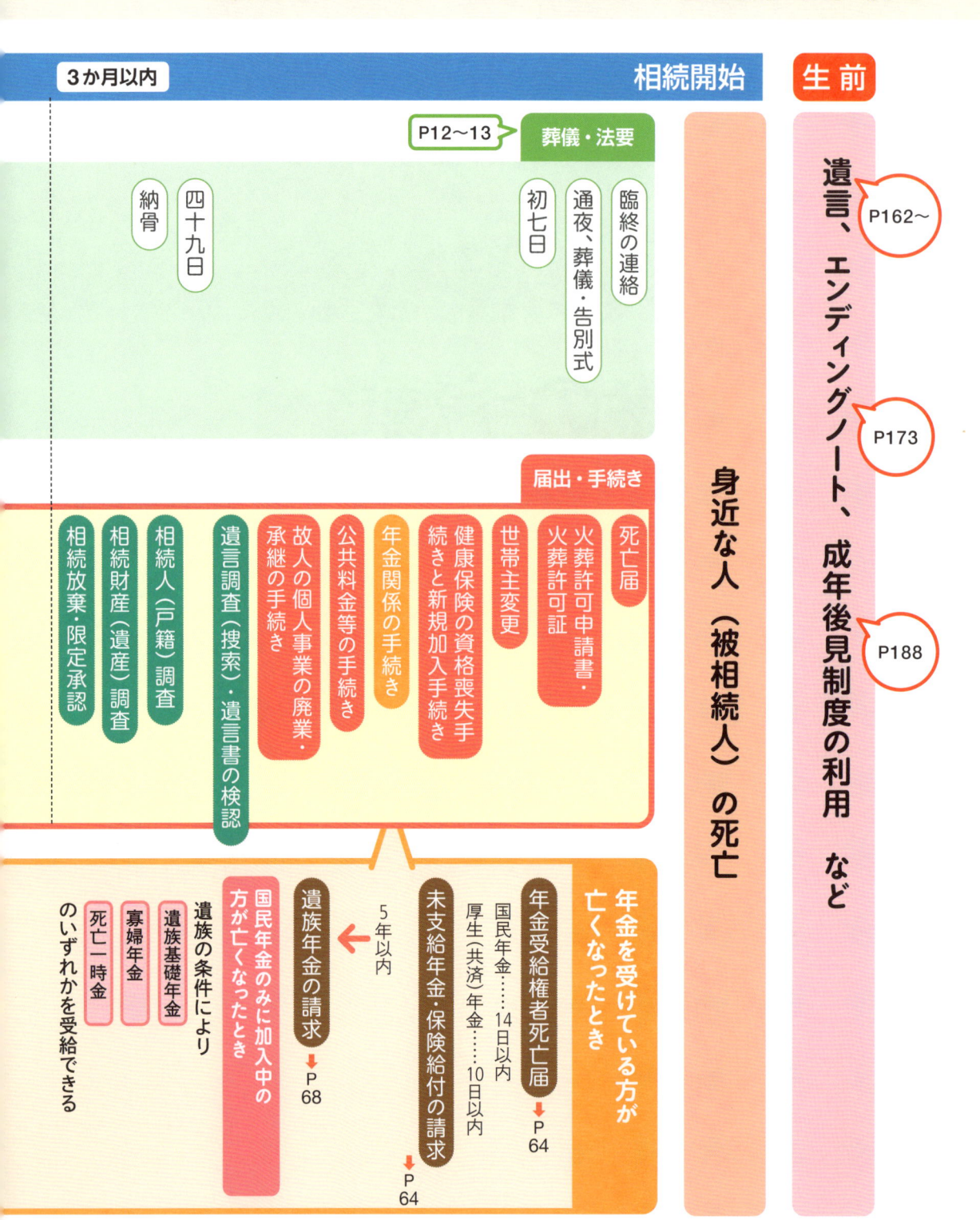

4か月以内

準確定申告・納税
P30

遺産分割協議
P110

払い戻し、解約、名義変更
P21～24

死亡保険金の受け取り
P128

10か月以内

遺留分侵害額請求
P90

1年以内

一周忌

葬祭費・埋葬料の申請
P34

高額療養費の申請
P38

2～5年以内

三回忌

厚生（共済）年金に加入中の方が亡くなったとき

遺族厚生（共済）年金を受給できる

（ただし受給対象には条件あり）

公的年金の基本と遺族が受け取れる年金

ここが大切！

✓**国民年金**は**すべての国民**が加入する。

✓**国民年金**と**厚生年金**の**2階建て**。

✓亡くなったら遺族が**遺族年金**を受け取れる。

公的年金の種類と被保険者の種類

公的年金とは、社会保障の観点から国が行う制度で、あらかじめ保険料を国に納めることで、必要なときに（原則として65歳から）給付を受けることができる社会保険です。

日本の公的年金制度には3種類あり、日本国内に住所のあるすべての人に加入が義務づけられています。その1つが**国民皆《かい》年金**といわれる**国民年金**です。これは、20歳以上60歳未満の人すべてが加入します。2つ目が**厚生年金**で、会社員が加入します。公務員や私立学校教職員などは厚生年金の代わりに**共済年金**に加入します。

このように、**会社員や公務員は国民年金と厚生（共済）年金の2つの年金制度に同時に加入している**ことになります。

つまり、会社員や公務員にとっては国民年金と厚生（共済）年金による「**2階建て年金**」となっているのです。

自営業者や、学生、無職の人、農業従事者などの**国民年金のみに加入している人（第1号被保険者）**は、毎月定額の保険料を納めます。

厚生年金保険（共済年金保険）の適用を受けている事業所や学校などに勤務する**会社員や公務員は厚生年金や共済年金に加入し（第2号被保険者）**、毎月定率の保険料を会社と折半で負担し、自動的に国民年金にも加入します。その保険料は毎月の給料から天引きされます。

第2号被保険者に扶養されている専業主婦などの配偶者で20歳以上60歳未満の人（第3号被保険者）は、配偶者が加入する厚生年金制度などで保険料を負担しているため、個人としては保険料を負担する必要はありません。

年金を受け取れる条件と受け取れる年金の種類

では、どのようなときに公的年金の年金給付を受け取ることができるのでしょうか。

原則として、65歳から年金を受け取ることができます。しかも**公的年金の受給資格期間を満たしている人**でなければなりません。

受給資格期間とは、年金を受け取る資格を得るために必要とされる年金保険料を納付しなければならない期間のことです。この受給資格期間が、保険料を納めた期間と保険料の免除を受けた期間などの期間が合わせて**原則25年（300月）以上あること**が必要です。

公的年金制度とは

●年金制度のしくみ

1階部分が20歳以上60歳未満の国民すべてが加入する国民年金。会社員や公務員は、国民年金（1階部分）に加えて、2階部分の厚生年金や共済年金等に加入します。

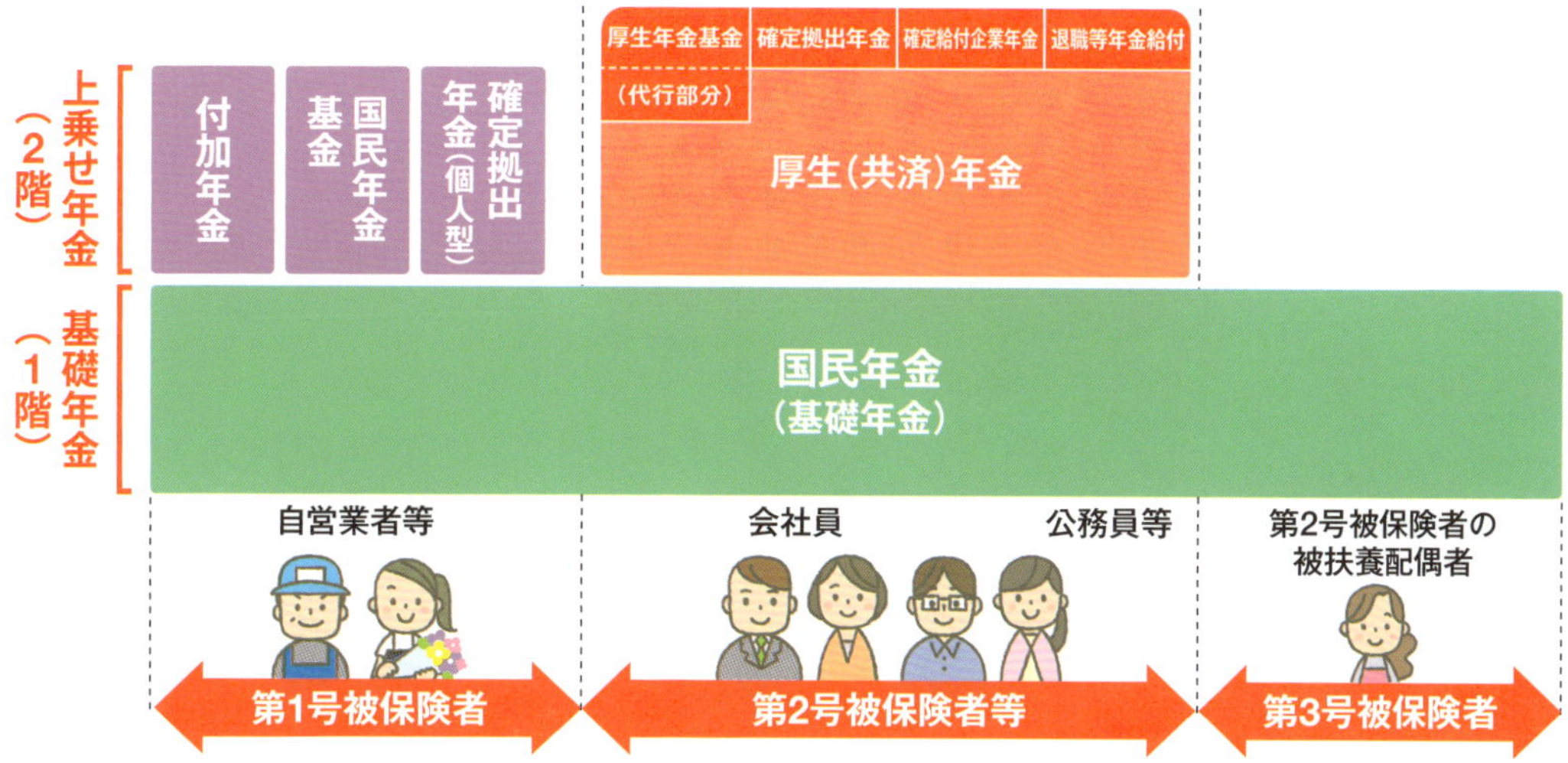

●支給される年金の種類

	基礎年金（国民年金）	厚生（共済）年金
原則65歳から	老齢基礎年金	老齢厚生（共済）年金
障害の状態にある期間	障害基礎年金	障害厚生（共済）年金
被保険者が亡くなったら	**遺族基礎年金** 老齢基礎年金の額と同額 遺族基礎年金は、保険料納付期間にかかわらず、老齢基礎年金の満額を受け取ることができる。	**遺族厚生（共済）年金** 亡くなった方の老齢厚生（共済）年金の4分の3の額 加入期間が300か月（25年）未満の場合は、300か月として計算する。

支給される年金は、老齢基礎年金・老齢厚生年金、障害基礎年金・障害厚生年金、遺族基礎年金・遺族厚生年金の3つのタイプですが、**被保険者が亡くなったときに、その人に生計を維持されていた子や配偶者に支給されるのが遺族基礎年金・遺族厚生年金**となります。

年金制度には細かい条件があり、複雑です。詳しく知りたい場合は、最寄りの年金事務所や年金ダイヤルで相談しましょう。

一般的な年金相談に関する問い合わせは

ねんきんダイヤル

ナビダイヤル ☎0570−05−1165

050で始まる電話でかける場合 ☎03−6700−1165

国民年金は14日以内 厚生年金は10日以内

年金の受給停止と未支給年金請求の手続き

まずは年金の受給停止を期限内に行う

故人が国民年金や厚生（共済）年金を受給していた場合（原則として65歳以上）は、まず**受給停止の手続き**を行います。手続きをしないで遺族が故人の年金を受け取ってしまうと、あとでそのぶんを返還するよう**過払い分の請求**が来てしまいます。**受給停止手続きの期限**は、**国民年金は死亡後14日以内、厚生（共済）年金は死亡後10日以内**です。忘れないように気をつけましょう。

年金は年6回、偶数月の15日に前2か月分が支払われるため、死亡後に振り込まれた年金でも、死亡月のぶんの年金は、生計を共にしていた遺族が受け取ることができます。

受給停止の手続きは、**年金受給権者死亡届**（⬇P65）によって行われます。

ただし、日本年金機構に住民票コードもしくはマイナンバーを登録している人は原則としてこの届出は不要です。住民票コードやマイナンバーは、届出によって住民基本台帳ネットワークなどから住所変更等の情報を取得できるため、死亡届の提出も不要となりました。

年金受給権者死亡届は、故人の年金証書、死亡診断書などの書類とともに、年金事務所あるいは年金相談センターに提出します。年金受給権者死亡届の用紙は日本年金機構のホームページからもダウンロードできます。

故人が障害基礎年金だけを受けていた場合の年金受給権者死亡届は、市区町村役場の窓口に提出となります。

年金の未払いがある場合は未支給年金の請求を

年金の受給停止（年金受給権者死亡届）

ここが大切！

- 年金受給者が死亡したら**年金受給停止**の手続きを。
- 国民年金は**死亡後14日以内**、厚生年金は**死亡後10日以内**。
- **未支給年金**の請求も忘れずに。

+1 Memo 故意でなくても年金の過払いは返還義務あり

年金受給者が死亡したのに、受給停止の届出をせず、遺族が不当に故人の年金を受け取っていたというケースがあります。このように故意に受け取っていた場合はもちろん過払いの年金は返還しなければなりません。

そうした悪質なものではなく、死亡届を出し忘れたなどのミスで過払いが発覚する例も多いようです。このような過払いの返還義務は、戸籍上の配偶者、子、父母、孫、兄弟姉妹の順で負うことになっています。

年金受給権者死亡届(記入例)

故人が複数の年金を受けていた場合はすべての年金コードを記入する。基礎年金番号は、年金証書、基礎年金番号通知書、年金手帳などに記載されている

様式第515号

受付登録コード

1	8	5	0	1

入力処理コード

7	4	5	0

国民年金・厚生年金保険・船員保険・共済年金・年金生活者支援給付金
受給権者死亡届(報告書)

死亡した受給権者	❶ 基礎年金番号および年金コード	基礎年金番号 9999999999	年金コード(複数請求する場合は右の欄に記入)
	❷ 生年月日	明治・大正・(昭和)・平成・令和 ○○年○○月○○日	
	㋐ (フリガナ)	(氏) セイトウ	(名) イチロウ
	氏名	(氏) 西東	(名) 一郎
	❸ 死亡した年月日	昭和・平成・令和 ○○年○○月○○日	

届出者	❺ (フリガナ)	(氏) セイトウ	(名) ハナコ	❻ 続柄
	氏名	(氏) 西東	(名) 花子	妻
	※❼ 未支給 有・無	❽ 郵便番号 112-0000	㋑ 電話番号 03-0000-0000	
	❾ (フリガナ)	※住所コード	ブンキョウ ユシマキタ	
	住所		文京 市・(区)・町村 湯島北1−2−3	送信

亡くなった方からみた続《つづき》柄《がら》を記入

平日の日中に連絡が取れる番号を記入。携帯電話番号など

◎ 未支給の年金・給付金を請求できない方は、死亡届(報告書)のみご記入ください。

◎ 死亡届のみを提出される方の添付書類
1. 死亡した受給権者の死亡の事実を明らかにすることができる書類
(個人番号(マイナンバー)が収録されている方については不要です)
・住民票除票
・戸籍抄本
・死亡診断書(コピー可)　　などのうち、いずれかの書類

2. 死亡した受給権者の年金証書
年金証書を添付できない方は、その事由について以下の事由欄にご記入ください。
(事由)

(ア)、廃棄しました。　(　年　月　日)
イ、見つかりませんでした。今後見つけた場合は必ず廃棄します。
ウ、その他 (　)

㋕ 備考	

年金証書を添付できない場合は、その理由を選んで○をつける。「ウ」を選んだらその具体的な理由も記入

市区町村受付年月日

実施機関等受付年月日

令和　年　月　日 提出

年金事務所記入欄	
※遺族給付同時請求	有(　)・無
※未支給請求	有・無

4

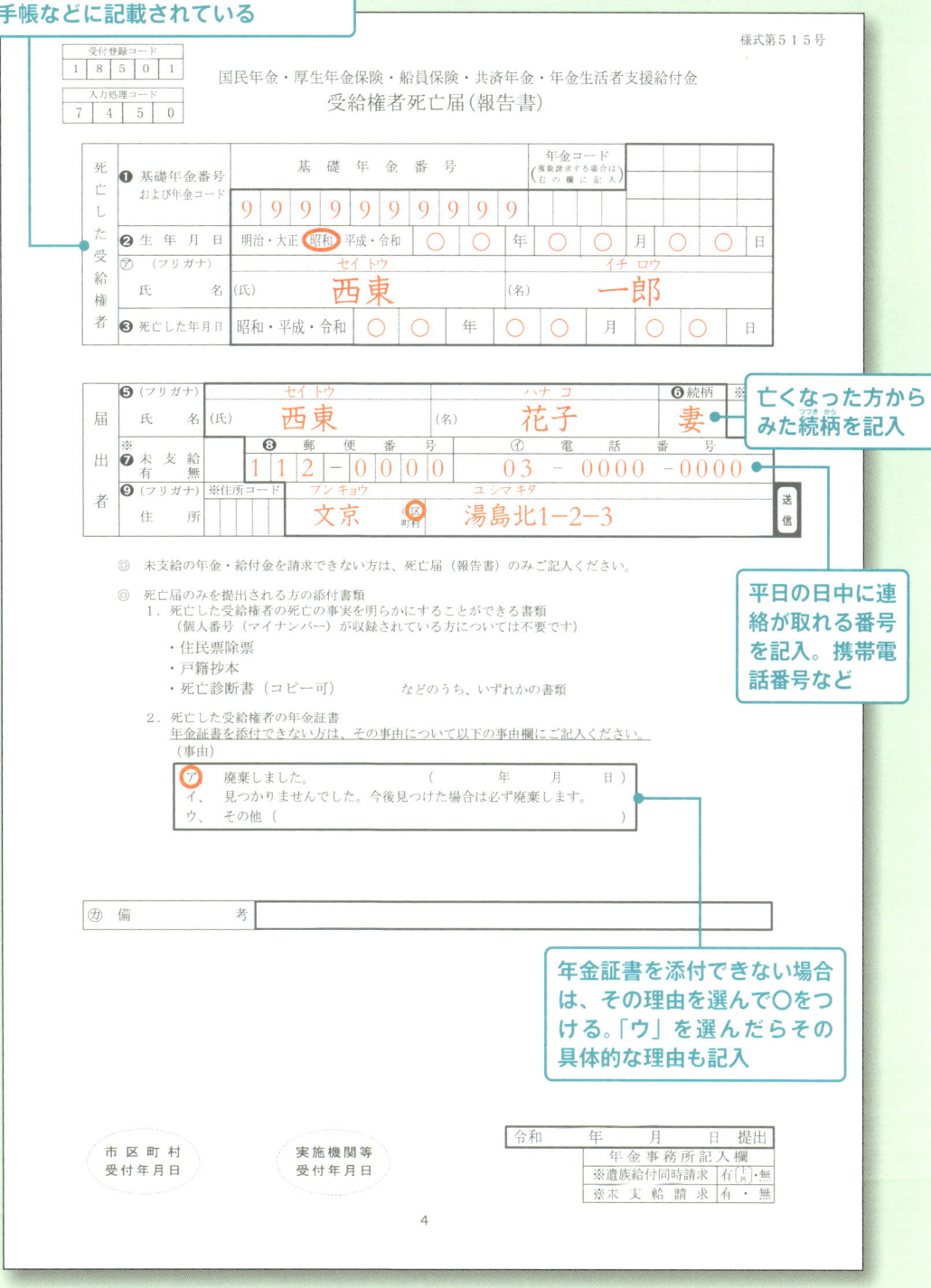

の手続きと同時に行いたいのが**未支給年金請求**の手続きです。

年金は2か月に1回の偶数月に支払われ、また後払いであることから、死亡時点で受け取っていない年金（未払い分）がある場合があります。例えば、4月に支払われる年金は、2月分、3月分の年金です。4月に亡くなった場合、この方の年金を受け取る権利は4月分まであることになり、4月分は6月に支払われることになっているため、死亡している本人に支払いようがないことになります。そこで、4月分の未払い年金（未支給年金）の請求手続きをします。

また、亡くなった方が年金の受給資格期間を満たしていたにもかかわらず、年金を受給していなかった場合にも未支給年金は支払われるので、年金事務所などに確認してみることが必要です。

未支給年金を請求できる方は、故人と生計を共にしていた方で、その優先順位は❶配偶者（受給権者と事実上婚姻関係にあった者も含む）、❷子、❸父母、❹孫、❺祖父母、❻兄弟姉妹、❼それ以外の3親等（甥《おい》・姪《めい》、叔父・叔母など）の順です。また、未支給年金を受け取れる順位も同様です。

同じ順位の人が2人以上いる場合は、1人が行った請求は全員のために全額を請求したもの、1人に対して支給された年金は全員に対して支給したものとみなされます。つまり、**同順位者が2人以上いる場合は、そのうちの1人が代表して請求し、受け取った未支給年金はその複数人で等分に分けます**。

未支給分の年金を受け取るための手続きには、**未支給年金・未支払給付金請求書**（⬇P67）の提出が必要です。この届出用紙は、年金受給権者死亡届（⬇P65）の用紙とセットになっているため、2つの手続きを同時に行うことができます。

手続きの期限および場所は年金受給停止の手続きと同様ですが、同手続きに必要な書類に加えて、故人の住民票（除票）と請求者の世帯全員の住民票など、提出書類は多くなります。下記の一覧で確認してください。

この手続きが終了すれば、数か月後に請求者に通知があり、請求者の指定口座に振り込まれます。

未支給年金、未支払給付金請求の手続き

申請者	年金を受けていた方が亡くなった当時、その方と生計を同じくしていた①配偶者、②子、③父母、④孫、⑤祖父母、⑥兄弟姉妹、⑦その他①〜⑥以外の3親等内の親族
提出先	年金事務所
必要なもの	①故人の年金証書 ②戸籍謄本または法定相続人一覧図写し ③除票と請求人の世帯全員の住民票 ④受け取りを希望する金融機関の通帳（キャッシュカード等でも可。ネット銀行については受け取りできない銀行もあるので注意） ⑤別居のときは生計同一についての別紙様式
期限	故人の年金支払日の翌月の初日から5年以内

未支給年金・未支払給付金請求書（記入例）

故人が複数の年金を受けていた場合はすべての年金コードを記入する。基礎年金番号は、年金証書、基礎年金番号通知書、年金手帳などに記載されている

…年金・厚生年金保険・船員保険・共済年金・年金生活者支援給付金
未支給年金・未支払給付金請求書

二次元コード

様式第５１４号

【…職員記入欄】
死亡した方が年金生活者支援給付金を受給されていた場合は右欄に☑ □

◎「記入上の注意」などをよく読んで…
◎基礎年金番号・年金コードが不明…
◎「※」印欄は、記入しないでくださ…
…さい。
…事務所の窓口でご相談ください。

死亡した方（死亡した受給権者）

❶ 基礎年金番号および年金コード	基礎年金番号										年金コード（複数請求する場合は右の欄に記入）		
	9	9	9	9	9	9	9	9	9	9			
❷ 生年月日	明治・大正・昭和・平成・令和	○	○	年	○	○	月	○	○	日			
㋐（フリガナ）	セイ トウ					イチ ロウ							
氏名	（氏）西東					（名）一郎							
❸ 死亡した年月日	昭和・平成・令和	○	○	年	○	○	月	○	○	日			

◆ 死亡した方が厚生年金保険・船員保険・統合共済の年金以外に共済組合等で支給する共済年金も受給していた場合、あわせて共済の未支給年金（未済の給付）の請求を希望しますか。※共済年金と国民（基礎）年金のみ受けていた方は、別途共済組合等に請求が必要です。　はい（○）・いいえ

請求される方（請求者）

❺（フリガナ）	セイ トウ	ハナ コ	❻ 続柄
氏名	（氏）西東	（名）花子	妻
※続柄			

亡くなった方からみた続柄を記入

❽ 郵便番号	㋑ 電話番号
112－0000	03 －0000 －0000

❾（フリガナ）	※住所コード	ブンキョウ	ユ シマ キタ
住所		文京 市・区（○）・町村	湯島北1−2−3

個人番号　←請求される方の個人番号（マイナンバー）をご記入ください。

㋒ 年金受取機関
① 金融機関（ゆうちょ銀行を除く）（○）
2. ゆうちょ銀行（郵便局）
□ 公金受取口座として登録済の口座を指定

※1または2に○をつけ、希望する年金の受取口座を必ずご記入ください。
※また、指定する口座が公金受取口座として登録済の場合は、左欄に☑してください。
（公金受取口座については、2ページをご参照ください。）

受取機関がゆうちょ銀行の場合は「2」に○をつける

（フリガナ）	セイ トウ　ハナ コ
口座名義人氏名	西東 花子

年金送金先

	金融機関コード	支店コード	（フリガナ）		（フリガナ）		預金種別	口座番号（左詰めで記入）
金融機関	※	※	湯島	銀行（○）・金庫・信組・農協・信連・信漁連・漁協	上野	本店・支店（○）・出張所・本所・支所	①普通（○）・2.当座	1234567

ゆうちょ銀行　貯金通帳の口座番号
記号（左詰めで記入）　－　番号（右詰めで記入）

金融機関またはゆうちょ銀行の証明欄 ※
請求者の氏名フリガナと口座名義人氏名フリガナが同じであることをご確認ください。
※貯蓄預金口座または貯蓄貯金口座への振込みはできません。
※通帳等の写し（金融機関名、支店名、口座名義人氏名フリガナ、口座番号の面）を添付する場合または公金受取口座を指定する場合、証明は不要です。

㋓ 受給権者の死亡当時、受給権者と生計を同じくしていた次のような方がいましたか。

配偶者	子	父母	孫	祖父母	兄弟姉妹	その他3親等内の親族
いる（○）・いない	いる（○）・いない	いる・いない（○）	いる・いない（○）	いる・いない（○）	いる・いない（○）	いる・いない（○）

亡くなった当時、生計を同じくしていた方の有無について、該当するほうに○を付ける

㋔ 死亡した方が三共済（JR、JT、NTT）・農林共済年金に関する共済年金を受けていた場合にご記入ください。
死亡者からみて、あなたは相続人ですか。
（相続人の場合には、続柄についてもご記入ください。）　はい ・ いいえ（続柄　　　）

㋕ 備考

㋖ 別世帯となっていることについての理由書（請求される方が、別世帯の配偶者または子の場合）
次の理由により、住民票上、世帯が別となっているが、受給権者の死亡当時、その者と生計を同じくしていたことを申立します。
（該当の理由に○印をつけてください。）
請求者氏名
理由
1．受給権者の死亡当時、同じ住所に二世帯で住んでいたため。
（請求者が配偶者または子である場合であって、住民票上、世帯が別であったが、住所が同じであったとき。）
2．受給権者の死亡当時は、同じ世帯であったが、世帯主の死亡により、世帯主が変更されたため。

死亡した受給権者と請求者の住所が住民票上異なっていたが、生計を同じくしていた場合は「別居していたことについての理由書」などが必要となります。用紙が必要な方は、「ねんきんダイヤル」またはお近くの年金事務所などにお問い合わせください。
…する添付書類一覧表」をご覧ください。

請求者が配偶者または子の場合であって、住民票上世帯を別にしているが、住所が住民票上同一であるときに記入

実施機関等受付年月日

令和　年　月　日 提出

年金事務所記入欄	
※遺族給付同時請求	有・無
※死亡届の添付	有・無

3

5年以内

遺族年金を請求する

故人に扶養されていた遺族がもらえる遺族年金

亡くなった方が国民年金あるいは厚生（共済）年金に加入しているとき、遺族に支給されるのが**遺族年金**です。遺族年金は、遺された家族のために金銭的な補助をする公的年金制度の1つです。

つまり、「扶養されていた遺された家族が路頭に迷わないようにするため」のもので、遺族年金をもらえる遺族とは、**故人に生計を維持されていた人**が前提となります。

遺族年金制度はかなり複雑です。年金加入者が亡くなったときは、**年金事務所や年金相談センターなどに自分はどんな遺族年金を受け取れるのかを問い合わせる**とよいでしょう（⬇P63）。

受け取れる遺族年金は、亡くなった方が、その当時にどの年金に加入していたかによって決まります。例えば、国民年金に加入している自営業者が亡くなった場合は**遺族基礎年金**と**寡婦年金**または**死亡一時金**が支給され、厚生年金に加入し

ここが大切！

- ✔故人に生計を維持されていた人が遺族年金をもらえる。
- ✔遺族基礎年金は子のある配偶者がもらえる。
- ✔遺族年金は1人1年金。

遺族年金の種類

死亡者	遺族年金を受け取る対象者	給付遺族年金の種類
自営業	18歳未満の子のある配偶者	遺族基礎年金
自営業	18歳未満の子のない配偶者	寡婦年金（妻のみ受給可）または死亡一時金
会社員＋公務員	18歳未満の子のある配偶者	遺族基礎年金 遺族厚生年金
会社員＋公務員	18歳未満の子のない妻（妻が40歳未満）	遺族厚生年金
会社員＋公務員	18歳未満の子のない妻（40～64歳）	遺族厚生年金 中高齢寡婦加算

※「子」は、18歳未満は18歳到達年度の末日までにあるか、または20歳未満の障害者であること、かつ結婚していないこと。

※遺族共済年金は、公務員をはじめとした共済組合や退職共済年金等の受給者等であった人が2015年９月30日以前に亡くなって受給権が発生しているものなので、現在は新規受給者はまれ。

ている会社員だった場合は遺族基礎年金と**遺族厚生年金**、公務員だった場合は遺族基礎年金と**遺族共済年金**が支給されます（⬇P68表）。

遺族が遺族年金を受け取る場合、まず亡くなった方が保険料の納付済期間など、特定の納付要件を満たしていることが必要です。故人の要件は左表のとおりです。

遺族基礎年金における亡くなった方の要件

下記 1 ～ 3 のいずれかに当てはまることが必要です。

1. 国民年金の被保険者である間に死亡したとき
2. 国民年金の被保険者であった60歳以上65歳未満の方で、日本国内に住所を有していた方が死亡したとき
3. 保険料納付済期間、保険料免除期間および合算対象期間を合算した期間が25年以上ある方が死亡したとき
4. 老齢基礎年金の受給権者が死亡したとき

※①②の場合は、死亡日を含む月の前々月までの被保険者期間に、国民年金の保険料納付済み期間および免除期間、厚生年金保険の被保険者期間、共済組合の組合員期間の合計が3分の2以上あることが必要（死亡日が2026年3月末日までのときは、死亡した方が65歳未満なら死亡日を含む月の前々月までの直近1年間に保険料の未納がなければよい）。

遺族厚生年金における亡くなった方の要件

下記 1 ～ 4 のいずれかに当てはまることが必要です。

1. 厚生年金保険の被保険者である間に死亡したとき
2. 厚生年金保険の被保険者期間に初診日※がある病気やけがが原因で、初診日から5年以内に死亡したとき
3. 1級・2級の障害厚生（共済）年金を受け取っている方が、死亡したとき
4. 保険料納付済期間、保険料免除期間および合算対象期間を合算した期間が25年以上ある方が死亡したとき
5. 老齢厚生年金の受給権者が死亡したとき

※初診日とは、障害の原因となった病気やけが（以下「傷病」）について、初めて医師または歯科医師（以下「医師等」）の診療を受けた日をいう。同一傷病で医師等を変えた場合でも、初めて医師等の診療を受けた日が初診日となる。

遺族年金を受け取る遺族の要件とは

「**生計維持**」とは、❶故人の収入によって生活をしていること（**生計同一要件**）、❷遺族自身の収入が将来にわたって850万円未満（所得が655・5万円未満）であること（収入あるいは所得要件）です。❶の場合、例えば単身赴任家庭や仕送りによってひとり暮らしをしている大学生なども生計同一の要件を満たしています。

生計同一要件、収入あるいは所得要件のほかに、遺族基礎年金、遺族厚生（共済）年金において以下のような遺族の要件があります。

●遺族基礎年金の場合

亡くなった方によって生計を維持されていた「**子のある配偶者**」**または**「**子**」（この場合の「子」はいずれも18歳到達年度の末日（3月31日）を経過していない子、あるいは20歳未満で障害年金の障害等級1級または2級の子に限る）が条件です。

つまり、**配偶者に「子」があること**が

受給の条件となり、**父子家庭も対象**となります。

●遺族厚生（共済）年金の場合

亡くなった方によって生計を維持されていた**配偶者または子**（遺族基礎年金の場合の「子」と同様）、**父母、孫**（「子」と同じ制限あり）、**祖父母の順位が高い方**に支給されます。つまり、遺族基礎年金とは異なり、**18歳未満の子のいない配偶者も受給**できます。

そして、被保険者（会社員や公務員）の死亡時に18歳未満の子のいない配偶者が30歳以上であれば、原則として終身で遺族厚生（共済）年金を受け取ることができます。子のいない妻が**30歳未満**の場合は、遺族厚生年金を受け取ることができるのは**5年間**となります。

また、子のいない夫の場合は、妻が亡くなったときに**55歳以上**であれば受給できます。

●老齢年金を受給している場合

原則として**65歳以上になると老齢年金**を受けます（**老齢厚生年金は60歳から**支給されるが、全額ではない）。

給付される公的年金には老齢、障害、遺族（死亡）の3種類があり（⬇P63）、**同時に受給できるのは同じ種類の年金だけ**というのが原則です。つまり、自分が「老齢」厚生年金を受給していたら、配偶者の死亡による「遺族」厚生年金を受け取ることはできません。

例えば、妻が過去に厚生年金に加入していて、60歳以降に特別支給の老齢厚生年金を受給していた場合、夫が亡くなってその遺族厚生年金と自分自身の老齢厚生年金の両方を受け取ることはできないのです。そこで、**自分で有利なほうを選択する**ことになります。

一方、**65歳になると老齢基礎年金の支給が始まります。**「老齢」基礎年金と「遺族」厚生年金は、例外として併せて受給できます（⬇P76）。

遺族基礎年金の支給額

遺族基礎年金と遺族厚生（共済）年金**の支給額は、物価や賃金などの変動に応じて毎年見直し**が行われています。

遺族基礎年金の額は、保険料納付済み期間の月数や保険料免除期間の月数にかかわらず、2023年4月からは、**子のある配偶者が受け取る場合は【年額81万6000円＋子の加算額】**になります。「子の加算額」とは、第1子・第2子が1人当たり23万4800円で、第3子以降は各7万8300円となっています。

子が遺族基礎年金を受け取る場合は、**【年額81万6000円＋2人目以降の子の加算額】**となり、子1人だけの場合は加算額はありません。子が2人以上のときは、子が受け取る年金額を子どもの数で除した額が1人当たりの年金額になります。

年金支給額については、ここで説明した金額はあくまで目安ですので、詳細は厚生労働省または日本年金機構のホームページで確認しましょう。

子がいない妻がもらえる寡婦年金

亡くなった方が国民年金だけに加入していて、その配偶者に18歳未満の子がいない場合は、**遺族基礎年金**を受け取ることができません（⬇P70）。しかし、その代わりに国民年金の独自給付として**寡**《か》

✻ 遺族基礎年金の年金額（2023年4月～）

「配偶者と子が受給権者」の場合

配偶者に支給する遺族基礎年金の額（年額）

＝ 基礎年金額　816,000円 ＋ 子の人数に応じた加算額

※1956年4月2日以降生まれ

配偶者が遺族基礎年金を受けるためには
➡ 遺族基礎年金を受けることができる子と生計を同じくしていることが必要

子のある配偶者に支給される額

子の数	基本額	加算額	合　計
1人のとき	816,000円	234,800円	1,050,800円
2人のとき	816,000円	234,800円 ×2	1,285,600円
3人のとき	816,000円	234,800円 ×2 ＋78,300円	1,363,900円

※支給される基本額は、昭和31年4月1日以前に生まれた人は年額813,000円。

※加算額は、第1子、第2子は各234,800円、第3子以降は各78,300円。

子が受け取るときの支給額

子の数	基本額	加算額	合　計
1人のとき	816,000円	－	816,000円
2人のとき	816,000円	234,800円	1,050,800円
3人のとき	816,000円	234,800円 ＋78,300円	1,129,100円

※3人目以降の加算額は1人につき78,300円。子が2人以上のときは、受け取る年金額を子どもの数で等分に分ける。

婦《ふ》年金と**死亡一時金**があります。いずれも**国民年金のみの給付制度**で、厚生（共済）年金保険にはありません。

寡婦年金は、故人（国民年金加入者、第1号被保険者）の死亡当時に**妻が60～64歳で、10年以上故人と婚姻関係にあり、故人に生計を維持されていたとき**に受け取ることができます。また、故人の保険料納付期間と保険料免除期間が合わせて10年以上なければなりません。故人が老齢基礎年金や障害基礎年金を受けたことがないことも寡婦年金を受給できる条件となっています。

妻が他の年金を受け取っている場合は、どちらかを選択することになります。後述する**死亡一時金**も受け取ることができる場合も、どちらかの選択となります。

寡婦年金の金額は、夫の死亡日前日までの第1号被保険者期間から、老齢基礎年金の計算方法により算出した額の4分の3になります。

優先順位の高い遺族がもらえる死亡一時金

死亡一時金は、亡くなった方が**国民年金だけに加入して**いて、**保険料を納めた月数が36月（3年）以上**ある場合、その**故人と生計を同じくしていた遺族**が受け取れます。

また、故人が老齢基礎年金、障害基礎年金を受けたことがない、死亡一時金の請求者が遺族基礎年金を受給していないことが条件です。

受け取る遺族は、**❶配偶者、❷子、❸父母、❹孫、❺祖父母、❻兄弟姉妹のなかで優先順位が高い人**となります。

寡婦年金と死亡一時金、いずれの要件にも該当する場合は、**どちらか一方を選択**します。

そこで、寡婦年金と死亡一時金のどちらを選ぶと得かを考えると、継続して受け取れる寡婦年金のほうが、1回だけの支給となる死亡一時金よりも得な場合が多いようです。

ただし、妻が65歳から受給する老齢基礎年金を60歳から繰り上げ受給する場合は寡婦年金を受け取れないため、繰り上げた老齢基礎年金の額が寡婦年金より多い場合は、死亡一時金を受け取ったほうが得です。

また、妻が60歳前に再婚する場合は、再婚すると寡婦年金がもらえなくなるので、死亡一時金をその前に受給しておくという考え方もあります。

寡婦年金および死亡一時金の請求手続きは住所地の市区町村役場か最寄りの年金事務所、年金相談センターとなるので、

死亡一時金の額

保険料納付月数	金　額
36月以上180月未満	120,000円
180月以上240月未満	145,000円
240月以上300月未満	170,000円
300月以上360月未満	220,000円
360月以上420月未満	270,000円
420月以上	320,000円

※死亡した月の前月までに付加保険料納付済み期間が36月以上ある場合は、上記の金額に8,500円が加算される。

手続きの前に相談してみましょう。

なお、**寡婦年金の請求手続きは死亡後5年、死亡一時金の請求手続きは死亡後2年を経過すると時効**になり、請求できなくなります。

遺族厚生年金の支給額

遺族厚生年金の支給額は、遺族基礎年金のように単純なしくみではなく、亡くなった厚生年金加入者の**平均標準報酬月額**によって異なります。平均標準報酬月額とは、簡単に言えば今までもらっていた給料の平均です。

もらえる遺族厚生年金は、大ざっぱに計算すると、亡くなった方が受け取るはずだった**年金額の4分の3**が受給できると考えてよいでしょう。計算方法は短期要件、長期要件によって異なるので、年金事務所や年金相談センターで確認してください。

子のない妻には中高齢寡婦加算を追加

中高齢寡婦《かふ》加算とは、厚生年金の被保険者であった夫が亡くなった場合に強い味方となる制度で、中高齢の時期に夫に先立たれた妻に対して、年金が加算されます。寡婦とは、夫と死別して再婚しないでいる女性のことです。

夫が死亡すると、妻には国民年金から**遺族基礎年金**が、厚生（共済）年金から**遺族厚生（共済）年金**が支給されます。

ただし、遺族基礎年金の受給要件は「18歳未満の子のある配偶者」または「18歳未満の子」に限られているため、**18歳未満の子がいない妻は遺族基礎年金を受け取ることができません**。また、**子どもがいても、その子どもが18歳到達年度末を迎えると遺族基礎年金は打ち切り**となる決まりです。

そこで、18歳未満の子がいない妻や、子どもがいても子どもが18歳到達年度末を迎えると遺族基礎年金は打ち切りとなる妻に、遺族年金として給付するのが**中高齢寡婦加算**です。具体的にその妻の要件は、❶夫の死亡当時に40歳以上65歳未満で子（18歳未満または20歳未満で1・2級の障害をもつ子）がいない場合、❷夫の死亡当時に40歳未満だったが、40歳

✻ 中高齢寡婦加算が行われるケース

❶ 夫の死亡時に妻が40歳以上65歳未満（18歳未満の子がいない）

❷ 夫の死亡時に妻が40歳未満。ただし、妻が40歳になったときに18歳未満の子がいる

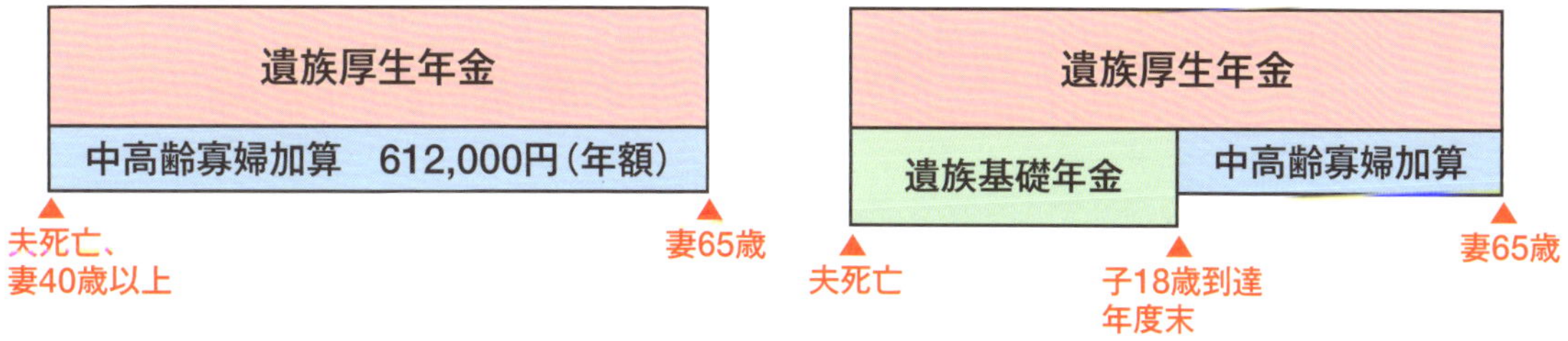

に達した当時に子（18歳未満または20歳未満で1・2級の障害をもつ子）がいるために遺族基礎年金を受けていた場合です。

このようなときに、中高齢寡婦加算を遺族厚生年金と併せて受給することができます。中高齢寡婦加算は、**遺族厚生年金の手続きを行っていれば、自動的に手続きされます**。

中高齢寡婦加算は妻が65歳になると打ち切られますが、代わりに**経過的寡婦加算**が遺族厚生年金に加算されるようになります。後者は65歳から生涯もらうことができます。ただし、1956年（昭和31年）4月2日以降生まれの妻には経過的寡婦加算は付きません。

遺族年金の請求手続きの時効は5年

遺族基礎年金と遺族厚生（共済）年金の**請求手続きの期限（時効）は死亡日から5年以内**です。請求期間内に速やかに手続きをしましょう。

請求先は、死亡した方が国民年金のみの加入者の場合は、死亡した方の住所地の市区町村役場の年金窓口になります。それ以外の場合は、最寄りの年金事務所または年金相談センターとなります。年金受給権者死亡届（⬇P65）を提出する際に、併せて遺族年金の請求を行ってもかまいません。

必要な書類は、年金請求書（年金事務所や年金相談センターでもらえる）、亡くなった方と請求する方の基礎年金番号通知書または年金手帳や厚生年金保険被保険者証、亡くなった方が年金を受給中だった場合は年金証書、戸籍謄本（除籍謄本）、亡くなった方と請求する方が生計を同じくしていたことがわかる書類（住民票や所得証明書、課税証明書、非課税証明書など）、死亡診断書などです。多くの書類が必要となるので、年金窓口で事前に確認をして準備しましょう。

請求の手続きを終えると、約1か月後に**年金証書、年金決定通知書、「年金を受給される皆様へ」**というパンフレットが日本年金機構から届きます。

さらに約1、2か月後に年金の振り込みが始まります（**偶数月に2か月分の振り込み**）。

遺族基礎年金の支給が停止されるとき

遺族年金が支給されている遺族の条件が変更になり、**支給される条件に合致しなくなった場合は、受給権が消滅し、支給停止**になることもあります。受給権が消滅する要件は、次のとおりです。

❶死亡したとき。
❷婚姻したとき（事実婚を含む）。
❸直系血族および直系姻族以外の方の養子となったとき。
❹離縁によって死亡した方との親族関係がなくなったとき。
❺子・孫である場合は、18歳になった年度の3月31日に達したとき（障害の状態にある場合には20歳になったとき）、または18歳になった年度の3月31日後20歳未満で障害等級1級・2級の障害の状態に該当しなくなったとき。
❻父母・孫・祖父母である場合は、死亡した方の死亡当時胎児であった子が生まれたとき。

以上に該当した場合は、年金事務所や年金相談センターへの届出が必要です。

✻ もらえる遺族年金の例

ケース	年金額
CASE1 子（18歳未満）のある配偶者が受け取る場合	遺族厚生年金（報酬比例の年金額× $\frac{3}{4}$ ） ＋遺族基礎年金
CASE2 子が受け取る場合	遺族厚生年金（報酬比例の年金額× $\frac{3}{4}$ ） ＋遺族基礎年金 ＋2人目以降の子の加算額
CASE3 子のない妻 （夫の死亡時30歳以上40歳未満）が 受け取る場合	遺族厚生年金（報酬比例の年金額× $\frac{3}{4}$ ）
CASE4 子のない中高齢 （40歳以上～65歳未満）の 妻が受け取る場合	遺族厚生年金（報酬比例の年金額× $\frac{3}{4}$ ） ＋中高齢の加算

CASE1

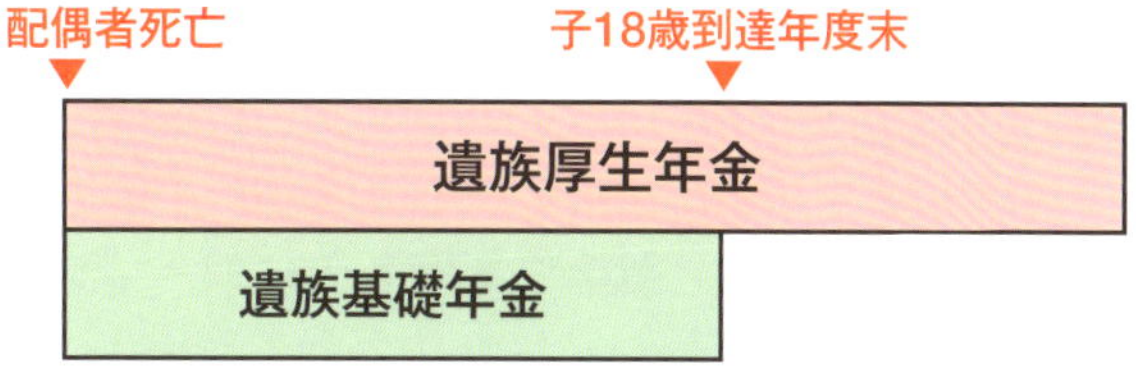

※遺族厚生年金は子のある妻または子のある55歳以上の夫が受給できる。

CASE2

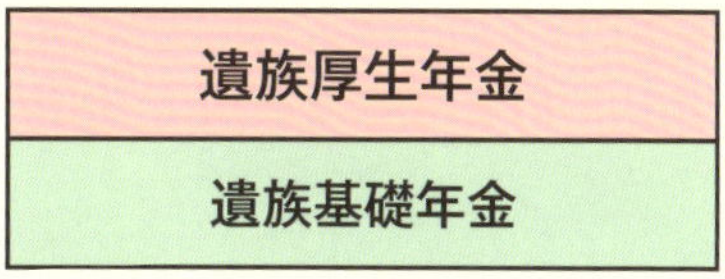

CASE3

CASE4

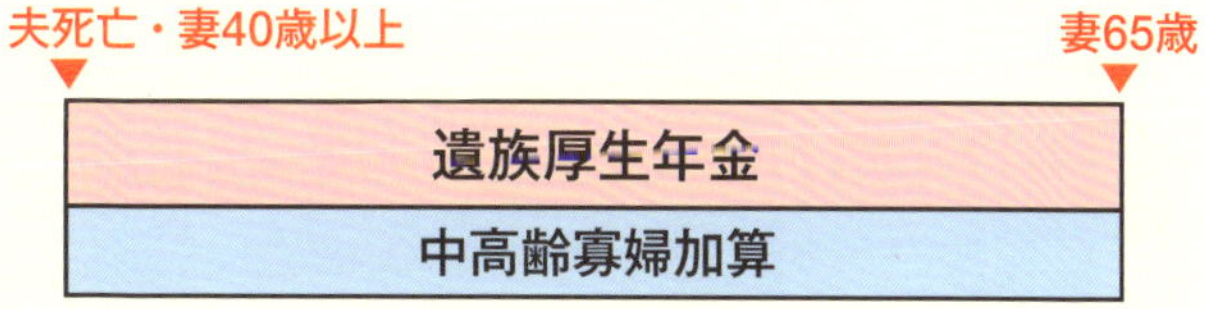

老齢基礎年金と遺族年金の併給はできる？

公的年金は、国民年金、厚生年金保険、共済組合等から2つ以上の年金を受けられるようになったとき、どれか1つの年金を選択するという1人1年金が原則です。

しかし、国民年金は全国民に共通して基礎年金が支払われ、それに上乗せして厚生年金や共済年金が支払われるため、老齢基礎年金と遺族厚生年金、遺族基礎年金と遺族厚生年金という組み合わせも可能です。ただし、65歳未満の併給はできません。

CASE1

老齢基礎年金を受け取っている妻
老齢基礎年金と老齢厚生年金を受け取っていた夫が亡くなったとき

妻

老齢基礎年金

→

夫が死亡後、妻に支給される年金

遺族厚生年金

老齢基礎年金

CASE2

夫、妻ともに老齢基礎年金、老齢厚生年金を受け取っていて、夫が亡くなった場合

自分自身が納めた保険料を年金額に反映させるため、65歳以上で遺族厚生年金と老齢厚生年金を受け取る権利がある方は、老齢厚生年金は全額支給となり、遺族厚生年金は老齢厚生年金に相当する額が支給停止されます。

複数の遺族厚生年金の支給を受けている方については、それぞれの年金額に応じて年金額が支給停止されます。

妻

老齢厚生年金

老齢基礎年金

↓

夫死亡後、遺族厚生年金の受給権が発生

老齢厚生年金

老齢基礎年金

＋

遺族厚生年金（受給）

遺族厚生年金（支給停止）

※老齢厚生年金に相当する額が支給停止

遺族年金の給付要件

遺族基礎年金

給付される条件 被保険者または老齢基礎年金の資格期間を満たした者が死亡したとき。ただし、死亡者の保険料納付済み期間（保険料免除期間を含む）が加入期間の3分の2以上あること。支給対象者は、年850万円以上の収入がないこと。

給付対象になる遺族 18歳未満の子のある配偶者、もしくはその子自身（子が1・2級障害者の場合は20歳未満まで対象）で、亡くなった人によって生計を維持されていた者。

給付額 816,000円＋子の加算額（第1、2子1人につき234,800円。第3子以降1人につき＋78,300円。妻がおらず、子だけが受け取る場合は第2子以降のみ加算がある）

支給期間 子が18歳になる年の年度末まで。

死亡一時金

給付される条件 遺族基礎年金を受給できる者がいない場合で、亡くなった本人の国民年金の納付期間が一定以上（36月以上）あること。その人が老齢基礎年金・障害基礎年金を受けないまま亡くなったときに給付される。

給付対象になる遺族 亡くなった方によって生計を維持されていた遺族（配偶者、子、父母、孫、祖父母、兄弟姉妹の順で最も上位の人）に支給される。遺族が遺族基礎年金の支給を受けられるときは支給されない。寡婦年金を受けられる場合は、どちらか一方を選択する。

給付額 保険料を納めた月数に応じて120,000円～320,000円。

支給期間 一時金（まとめて1回だけ給付）

遺族厚生年金

給付される条件 厚生年金保険の被保険者、または老齢厚生年金の資格期間を満たした者が死亡したとき。ただし、死亡者の保険料納付済み期間（保険料免除期間を含む）が25年以上必要。支給対象者は、年850万円以上の収入がないこと。

給付対象になる遺族 亡くなった人によって生計を維持されていた「子のある妻または子のある55歳以上の夫」「子」「子のない妻」「子のない55歳以上の夫」「55歳以上の父母」「18歳未満の孫」「55歳以上の祖父母」の順で最も上位の者が対象。

給付額 死亡者が受け取る予定だった厚生年金のおおむね4分の3の額。

支給期間 子のある妻、夫の死亡時に30歳以上の子のない妻は生涯受給できる。夫の死亡時に30歳未満の子のない妻は、夫が死亡した日の翌月から5年間。子、孫は死亡した日の翌月から18歳になる年の年度末まで。夫、父母、祖父母は被保険者が死亡時点で55歳であることが条件で、60歳から生涯受給できる。

寡婦年金

給付される条件 亡くなった夫の国民年金の保険料納付期間（免除期間を含む）が合計10年以上あること。また、亡くなった夫が障害基礎年金の受給権者であった場合や老齢基礎年金を受けたことがある場合は支給されない。妻が繰り上げ支給の老齢基礎年金を受けている場合も支給されない。支給対象者は、年850万円以上の収入がないこと。

給付対象になる遺族 亡くなった夫と継続して10年以上婚姻関係にあった65歳未満の妻。

給付額 夫が65歳以降に受け取るはずだった老齢基礎年金の4分の3の額。

支給期間 妻が60歳から65歳になるまでの間。

COLUMN

国民年金の未納が招く悲劇

納付が困難なときは「免除」の手続きを

公的年金は、老後に備えるだけでなく、死亡についても保障するものです。年金には老齢年金、障害年金、そして遺族年金があります。老齢年金は自分の老後を支えるもので、障害年金は自分が決められた障害状態になったときに受け取れるものです。例えば、交通事故で大けがをして、普通に働けなくなるなどしたときに障害年金が必要となります。

一方、遺族年金は、自分が死亡したときに、妻あるいは夫、子などの遺族に支払われます。つまり、残された遺族にとって遺族年金は大切な収入となります。しかし、死亡という事実だけで無条件に遺族年金は支払われません。簡単に言えば、保険料の滞納期間が長い人には支払われないのです。本来加入すべき期間のうち、3分の1以上の滞納があると、遺族年金は支給されません。また、受給理由が発生する1年以内に未納が1回でもあると受給権がなくなってしまいます。

まずは払うべき保険料を払う、もしくは生活が苦しくてどうしても払えない場合は免除等の手続きをすることで、遺族年金を受け取る権利を守ることができます。「免除」されれば、受給額自体は減らされますが、受給権はそのまま生かされます。年金の免除には、収入などの状況に応じて全額免除、4分の1免除、2分の1免除、4分の3免除の4種類があります。

免除を受けたい場合は、役所に行って速やかに手続きをしましょう。未納のまま2年が経過してしまうと、追納（あとから納付すること）することができなくなってしまいます。一方、免除申請をしていれば、過去10年間に遡って追納することが可能です。つまり、生活にゆとりができたときに追納すれば、年金額を減らされずにすみます。

「将来、年金をもらえるかわからないのだから未納でいい」と安易に考えず、自分の配偶者や子ども、親などの家族のことを考えることも大切です。また、自分の配偶者がきちんと保険料を納付しているかどうかを一度確認してみることも必要でしょう。

第3章

遺産相続の手続き

身近な人が亡くなった後の相続関係の手続き

生前

遺言、エンディングノート、成年後見制度の利用　など

P162～
P173
P188

身近な人（被相続人）の死亡

相続開始

3か月以内

葬儀・法要

P12～13

- 臨終の連絡
- 通夜、葬儀・告別式
- 初七日
- 四十九日
- 納骨

（葬儀の手順はP12に詳しく）

届出・手続き

- 死亡届 → P14
- 火葬許可申請書・火葬許可証 → P16
- 世帯主変更 → P26
- 健康保険の資格喪失手続きと新規加入手続き → P28
- 年金関係の手続き → 第2章
- 公共料金等の手続き → P21～24
- 故人の個人事業の廃業・承継の手続き → P42
- 遺言調査（捜索）・遺言書の検認 → P98
- 相続人（戸籍）調査 → P102
- 相続財産（遺産）調査 → P104
- 相続放棄・限定承認 → P106

マイナス財産が多いときは、相続をすべて放棄できる。あるいは一部だけ相続することもできる

税金関係の手続き

相続財産にはプラスのもの、マイナスのものがある

遺言書がある場合は、裁判所の検認が必要なこともあるので、すぐに開封しないで！

戸籍謄本などで、どのような相続人がいるかを調べる

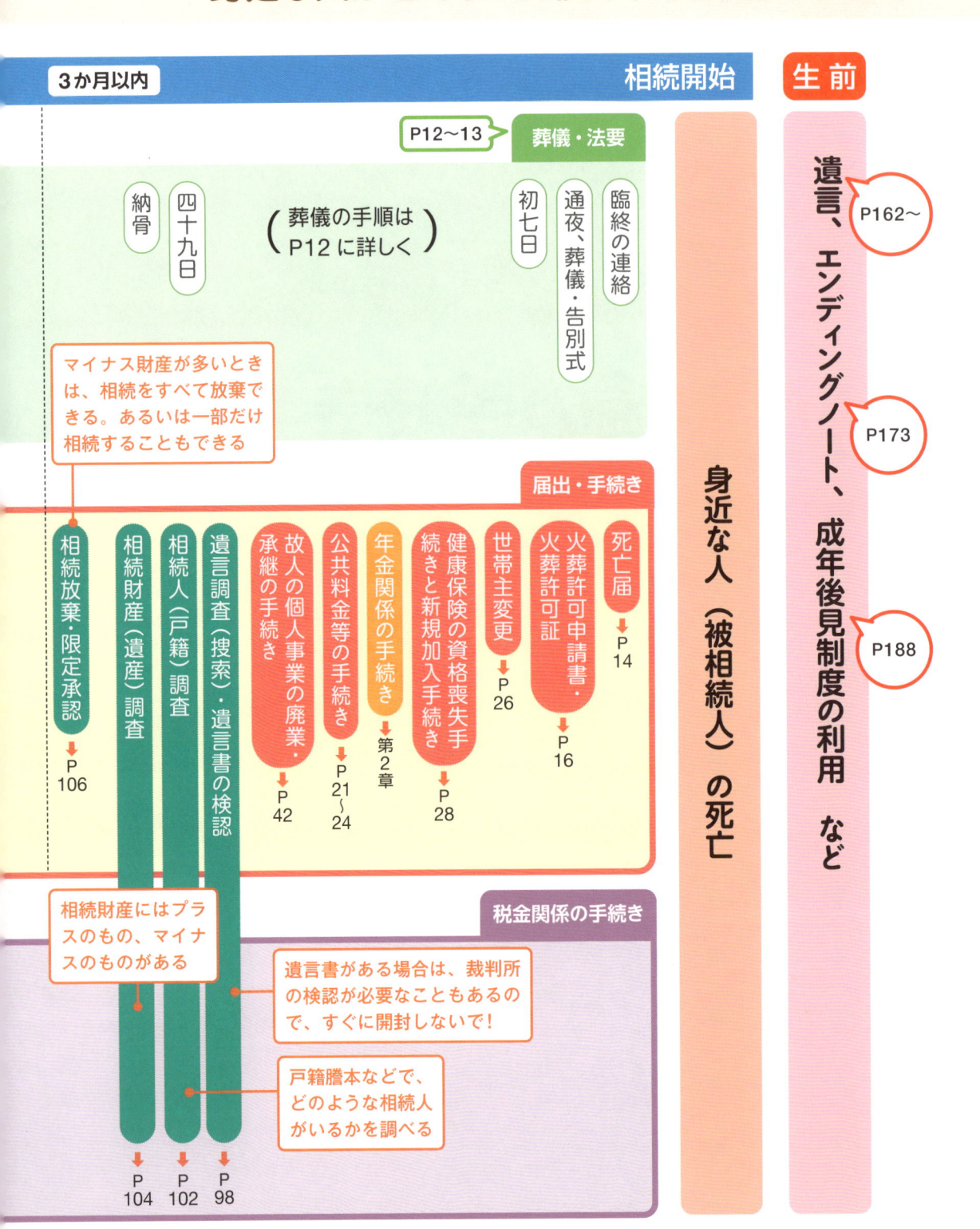

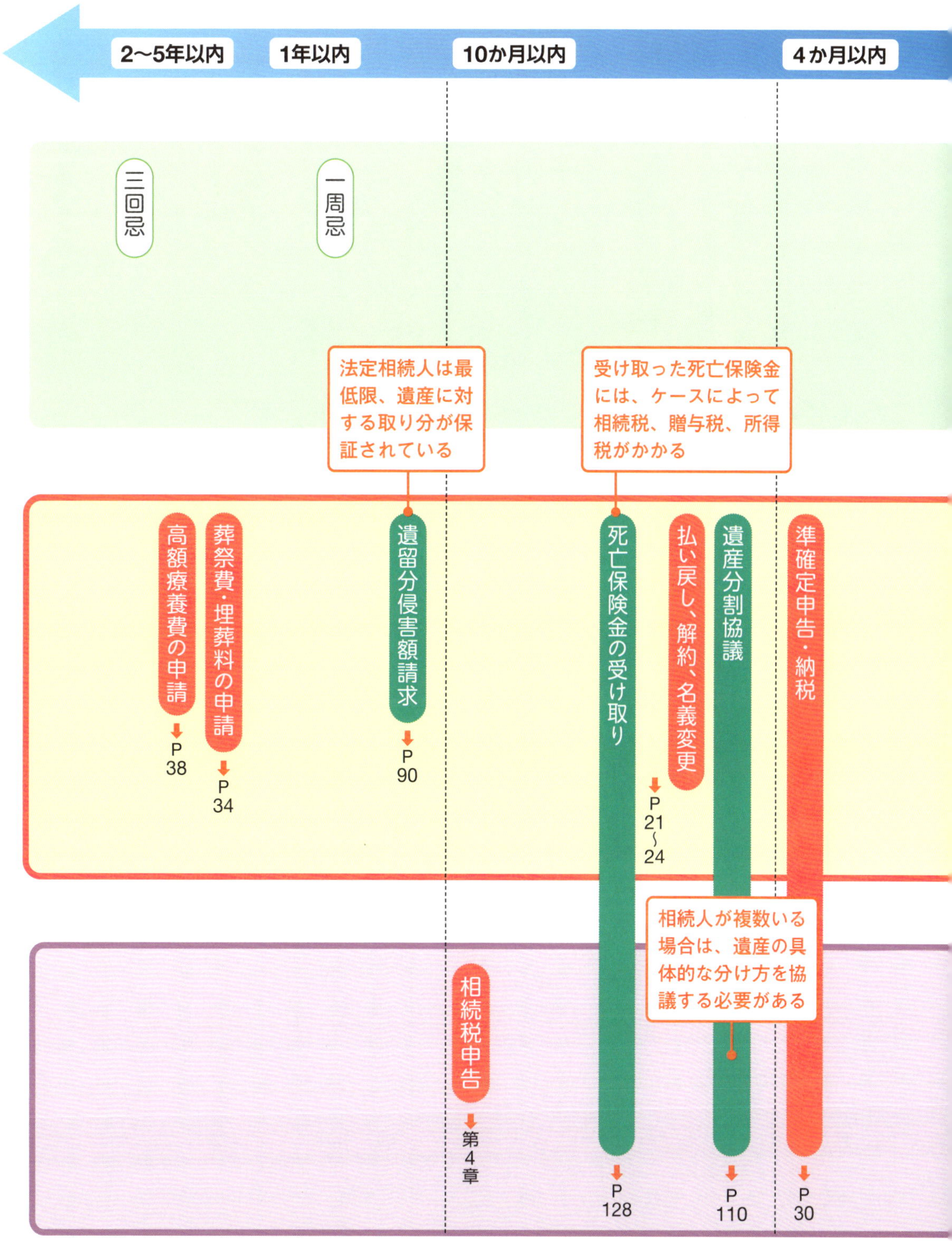
4か月以内
10か月以内
1年以内
2〜5年以内
一周忌
三回忌
準確定申告・納税
P30
遺産分割協議
P110
相続人が複数いる場合は、遺産の具体的な分け方を協議する必要がある
払い戻し、解約、名義変更
P21〜24
死亡保険金の受け取り
P128
受け取った死亡保険金には、ケースによって相続税、贈与税、所得税がかかる
相続税申告
第4章
遺留分侵害額請求
P90
法定相続人は最低限、遺産に対する取り分が保証されている
葬祭費・埋葬料の申請
P34
高額療養費の申請
P38

相続の基本①

相続は人が亡くなって発生する

ここが大切！

- ✓**意思に関係なく相続は発生**する。
- ✓**遺言で誰にでも**財産を与えられる。
- ✓**死ぬ前**に財産を**自由に処分**できる。

相続の発生とともに財産上の権利義務も発生

人が亡くなると、その人が所有していた財産が家族などに引き継がれます。これが**相続**です。

財産を所有していた人が**被相続人**、財産を受け継ぐ人が**相続人**です。相続は、相続人や被相続人の意思とは関係なく、自動的に開始されます。被相続人がその時期を決めたり、相続人を選んだりすることはできません。

財産には家や土地、預貯金といった**プラスの財産**だけでなく、借金などの**マイナスの財産**もあります（⬇P104）。相続が発生すると、これらの**財産上の権利義務**が、人が亡くなった瞬間に相続人に移転することになるのです。

この財産の移転に伴って発生する可能性があるのが**相続税**です（⬇第4章）。

自分の意思で財産を処分する方法

被相続人は自分の意思で財産を自由に処分することもできます。例えば、**遺言**《ゆいごん》によって誰にでも財産を与えることができます。これを**遺贈**《いぞう》と呼びます。遺贈も遺言者が死亡したときに発生し、遺言によって財産の全部または一部を、一般的には相続人以外の者（相続人にも遺贈できる）に贈与できます（⬇P92）。この場合も相続税が発生します。

また、自分の意思で財産を処分する方法として**贈与**（**生前贈与**⬇P174）もあります。これは、財産をあげる人が生きている間に行うもので、自分の死後に相続人の間でトラブルが発生することを避けたい場合や、税金対策の面からも検討される方法です。贈与においては贈与税が発生しますが、２０１５年の税制改正により相続税の税率が高くなったため（⬇P144）、生前贈与によって相続税を減らすことを考える人が増えています。

+1 Memo

失踪と認定死亡も相続が開始される

ある人が生死不明の場合は、家庭裁判所に失《しっ》踪《そう》宣告の審判を申し立て、死亡の効果を発生させる制度があります。認められれば、失踪した人の財産を相続することができます。

災害などによって死亡が確実とみなされ、遺体が見つからない場合は、その取り調べに当たった役所（海上保安庁や警察署長など）によって認定死亡とされ、相続が開始されます。

相続の開始と財産の移転

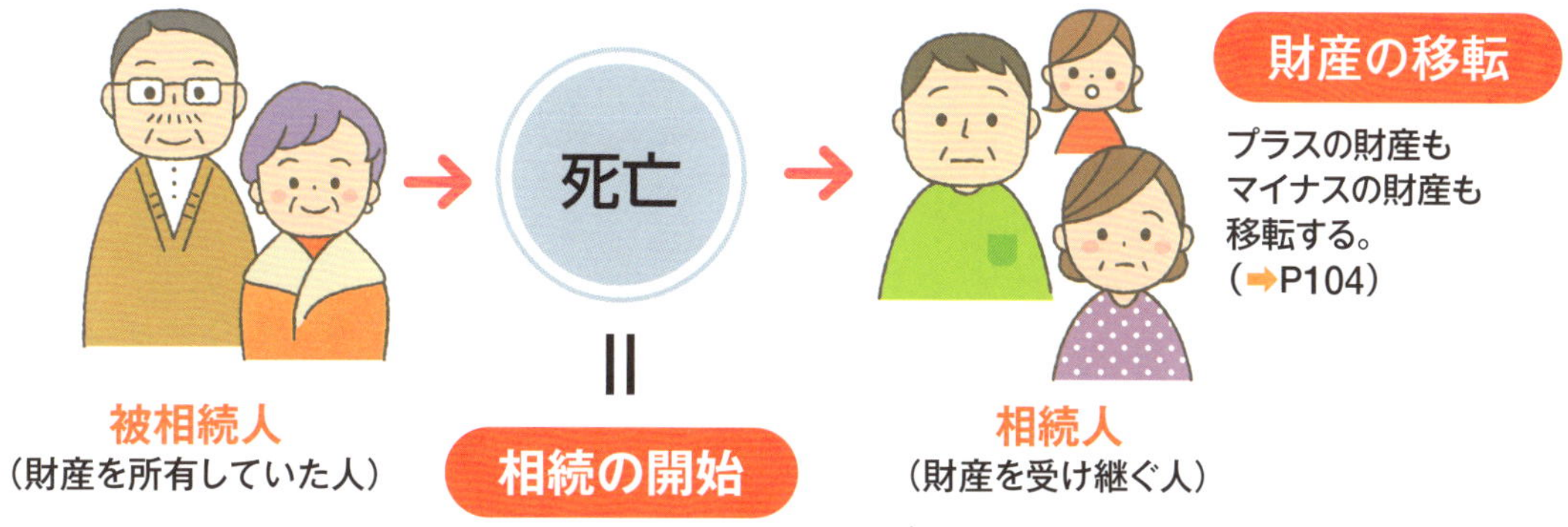

相続、遺贈、贈与の違い

	相　続	遺　贈	贈　与
内　容	人の死亡を原因として、財産が一定の親族（法定相続人）に移転すること。  当事者の意思によらない。	一般的に遺言によって財産を他人に無償で与えること。  財産をあげるほうの一方的な意思表示（遺言）により生じる。	契約に基づいて財産を相手方に無償で与えること。  契約の一種で、書面で行った場合は原則として撤回できない。
財産をもらう人の範囲	一定の親族関係にある人	誰でも	誰でも
財産移転の時期	被相続人の死亡時	遺贈者の死亡時	随時
課税される税金の種類	相続税 税が高くなった	相続税	贈与税 税が低くなった

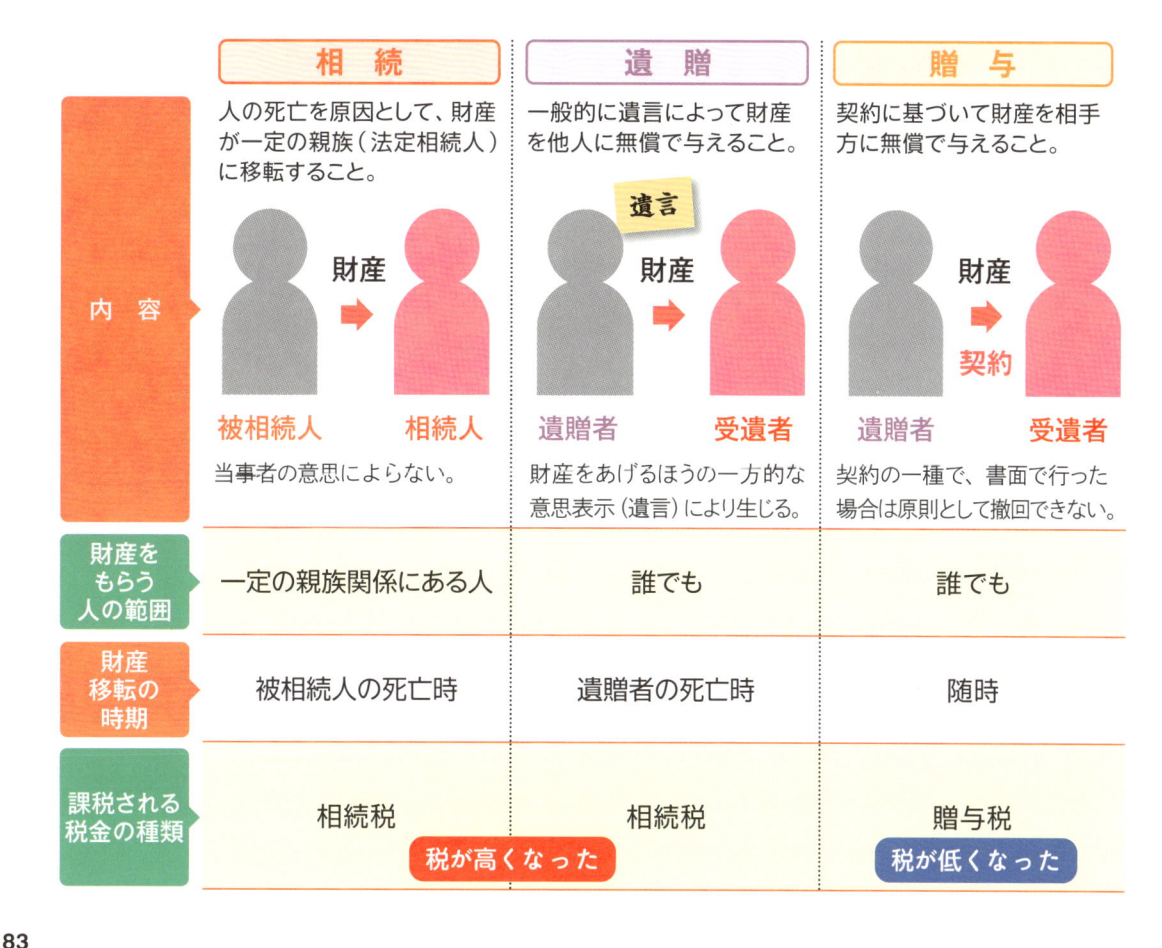

相続の基本②

相続人になれる人

配偶者相続人と血族相続人

相続が発生したとき、誰が相続人となるのかは**民法**で決められています。これを**法定相続人**といいます。

相続人の優先順位は、**遺言書《ゆいごんしょ》**があればそれが最優先されますが（➡P90）、遺言書がない場合は**法定相続人として第1順位、第2順位、第3順位の順で相続**します（➡左図）。

第1順位の法定相続人は**子、孫、曾孫《そうそん》（ひ孫）**で、子が亡くなっている場合は孫、子も孫もなくなっている場合は曾孫が相続人となります。**第2順位**の法定相続人は**父母、祖父母**で、父母の両方が亡くなっているときは祖父母が相続人となります。**第3順位**の法定相続人は**兄弟姉妹**で、兄弟姉妹が亡くなっている場合はその**甥《おい》や姪《めい》**となります。

そして、**配偶者（亡くなった方から見て妻または夫）がいる場合は常に法定相続人**となります。

例えば、第1順位である子がいると、妻あるいは夫と子が法定相続人となり、第1順位の子以下がいない場合は第2順位である父母が法定相続人となります。子も父母も、父母より上の祖父母もいないときは、第3順位の兄弟姉妹が法定相続人となります。

すなわち、**違う順位の法定相続人は、同時に法定相続人にはなり得ません**。例えば、第1順位の子がいれば、両親や兄弟姉妹は法定相続人にはなれません。

子は、実子や養子、嫡出子《ちゃくしゅつし》（法律上の夫婦の子）、非嫡出子（婚姻関係にない男女の子）の区別なく相続人になります。ただし、非嫡出子は、母親の相続については当然相続人となりますが、父親の相続については**認知された子**でなければ相続人になれません。

相続が発生したときに**胎児**がいた場合は、胎児はすでに生まれたものとみなされ、相続権があります。無事に生まれてくればその子と母親とが相続人になります。ただし、死産の場合は最初からいなかったものとみなされ、相続権はなくなります。つまり、胎児が生まれてみないと、相続人が誰かが確定しないことになります。胎児が生まれた場合の**遺産分割協議**（➡P110）は代理人を立てなければなりませんが、母親は代理人となることはできません。

自分の意思で財産を処分する方法

婚姻届を出していない**内縁関係（事実婚）**の妻や夫は法定相続人になれません。

ここが大切！

- ✓**相続人**になれる人は**民法**で決められている。
- ✓**配偶者が最優先**で相続。
- ✓**内縁関係**は相続人になれない。

また、義理の子（嫁や婿《むこ》）や義理の親（舅《しゅうと》や姑《しゅうとめ》）にも相続権はありません。

一方、法定相続人の資格があっても、不正な行為をしたり、またはしようとしていた場合には、相続人の資格を失います（**相続欠格**↓P87）。相続欠格者は、遺贈《いぞう》（↓P92）を受けることもできません。ただし、欠格者の子は**代襲《だいしゅう》相続**（↓P86）をすることができます。

さらに、被相続人に虐待などを行ったり著しい非行があったなどの場合、被相続人が生前に家庭裁判所に相続人の資格を取り上げる申し立てをすることが認められています（**相続人の廃除**↓P87）。

廃除の対象は**遺留分《いりゅうぶん》**（↓P90）を有する推定相続人に限られます。この場合も廃除された者の**直系卑属《ひぞく》**（兄弟姉妹の場合は、その子）は代襲相続ができます。

相続人の範囲と順位

先順位の相続人が１人もいないか、あるいは全員が相続を放棄した場合に初めて次の順位の人が繰り上がり、相続権を得ます。

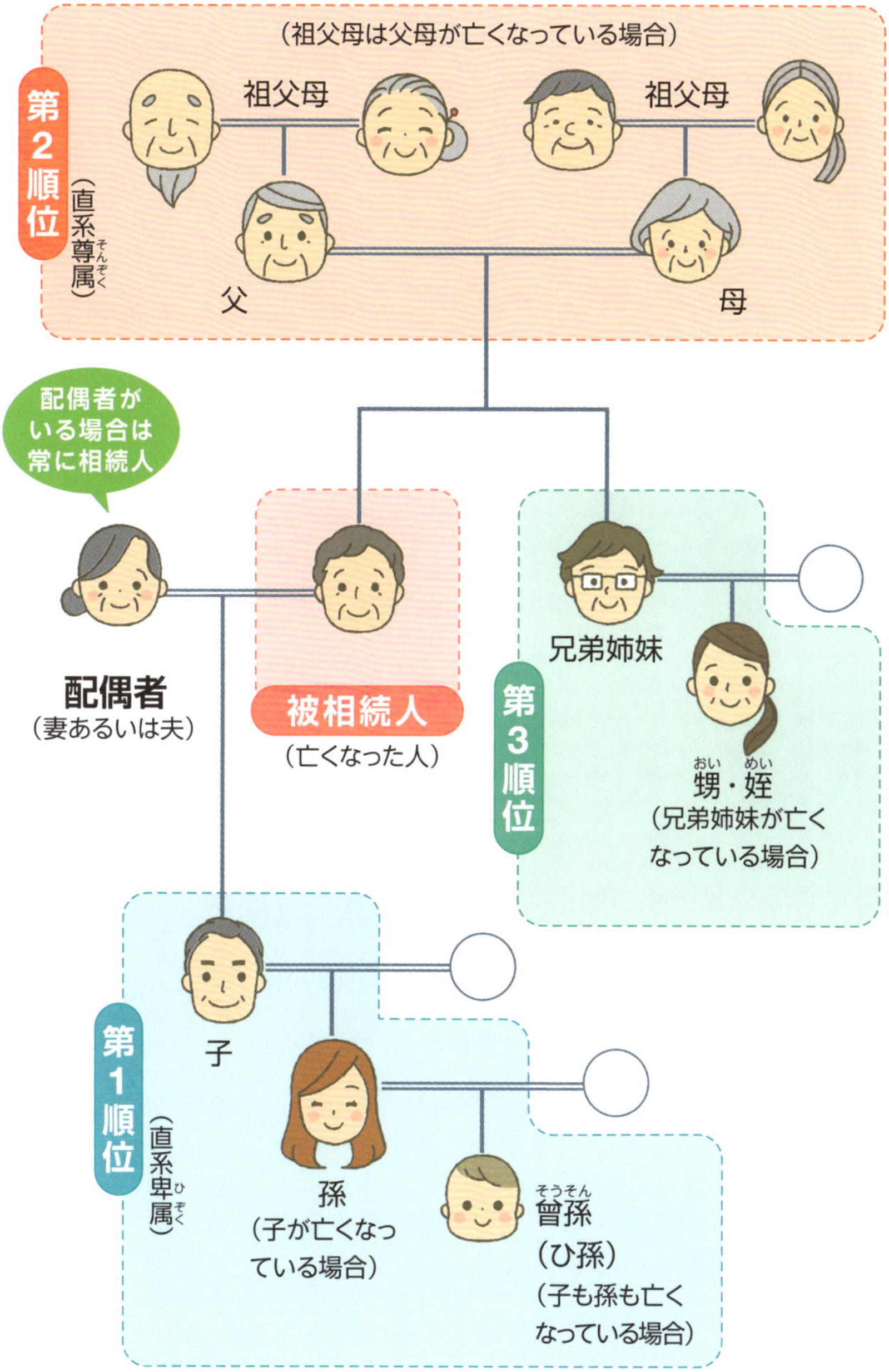

尊　属：父母と同列以上にある血族。祖父母、父母、伯父伯母《おじおば》、叔父叔母《おじおば》など。
直系尊属：父母、祖父母、曾《そう》祖父母など。
卑　属：子と同列以下にある血族。子、孫、甥《おい》、姪《めい》など。
直系卑属：子、孫、曾孫《そうそん》（ひ孫）、玄孫《げんそん》（やしゃご）など。

代襲相続が発生するとき

ここが大切！

- 親より先に子が亡くなったとき、孫が代わって相続することを**代襲相続**という。
- 被相続人の**兄弟姉妹の子**も**代襲**できる。

代襲相続できるのは直系卑属と兄弟姉妹だけ

民法では、相続財産は親から子へ、子から孫へと直系の子孫（**直系卑属《ひぞく》**）に受け継がれることを基本として定めています（**第1順位**➡P85）。しかし、親より先に子が亡くなった場合は、親の財産を子に遺すことができなくなります。

そこで、被相続人が亡くなる前に、相続人となるはずだった子が死亡したり、一定の理由で子が相続権を失ったとき（**相続欠格**や**相続人の廃除**など➡P87）は、その人の子、つまり**孫が子に代わって相続できる**ことになっています。このような制度を**代襲《だいしゅう》相続**といい、代襲相続する人を**代襲相続人**といいます。

代襲相続は、**被相続人の孫および被相続人の兄弟姉妹の子**に限られます。被相続人の孫が死亡等によって相続権がなくなっていた場合は、さらにその子の曾孫《そうそん》（ひ孫）に代襲されます（**再代襲**）。このように、直系卑属ならば何代でも代襲できます。

一方、亡くなった人の兄弟姉妹が相続する場合、その兄弟姉妹が亡くなっていた場合はその子（甥《おい》・姪《めい》）が相続する代襲制度もあります。しかし、兄弟姉妹の子が死亡していた場合は、再代襲することはできません。

なお、直系尊属（父母、祖父母など）と配偶者には、代襲相続は認められていません。したがって、被相続人より先に死亡した妻の連れ子も代襲相続はできません。

代襲相続が起きるのはどんなとき？

代襲相続は、以下の3つのケースで起こります。

+1 Memo

養子は実子と同じ親族だが直系卑属にならない場合も

養子は、「縁組の日から養親《ようしん》の嫡出子《ちゃくしゅつし》の身分を取得する」と民法で規定されています。つまり、実子と同じ親族と解釈されます。

養子の父が被相続人の祖父より先に亡くなった場合、養子の父の実子（養子縁組後に生まれる）は祖父の財産を代襲できます。一方、すでに子のある人が養子となった場合は、養子の子と養親との間に親族関係は成立しないため、直系卑属とはならず、代襲相続できません。

❶相続開始以前の相続人の死亡

被相続人が亡くなり相続が開始する以前に、本来血族として相続人になるはずだった人が死亡していたとき。同時死亡も含みます。同時死亡とは、例えば同じ事故で父と子が死亡した場合や、同じ日に父が山で、子が海で死亡して死亡の前後がわからない場合などが該当します。

❷相続欠格

法定相続人の資格があっても、故意に被相続人あるいは先《せん》順位の相続人を殺すなどして刑に処せられた人など、不正な行為をしたり、またはしようとしていた場合には、相続人の資格を失います（相続欠格）。その場合、代襲相続が発生します。

❸相続人の廃除

被相続人に虐待などを行ったり、著しい非行があったなどの場合、被相続人が生前に家庭裁判所に相続人の資格を取り上げる申し立てをすることが認められています（相続人の廃除）。廃除の対象は**遺留分**《いりゅうぶん》（➡P90）を有する推定相続人に限られます。この場合も廃除された者の**直系卑属**《ひぞく》は代襲相続することができます。

✱被相続人の子が亡くなっていた場合の代襲相続の代表的なケース

直系卑属が代襲する例

すでに死亡した長女の相続権を、長女の子が代襲する

➡相続人は、配偶者、長男、次男、孫A、孫Bの５人

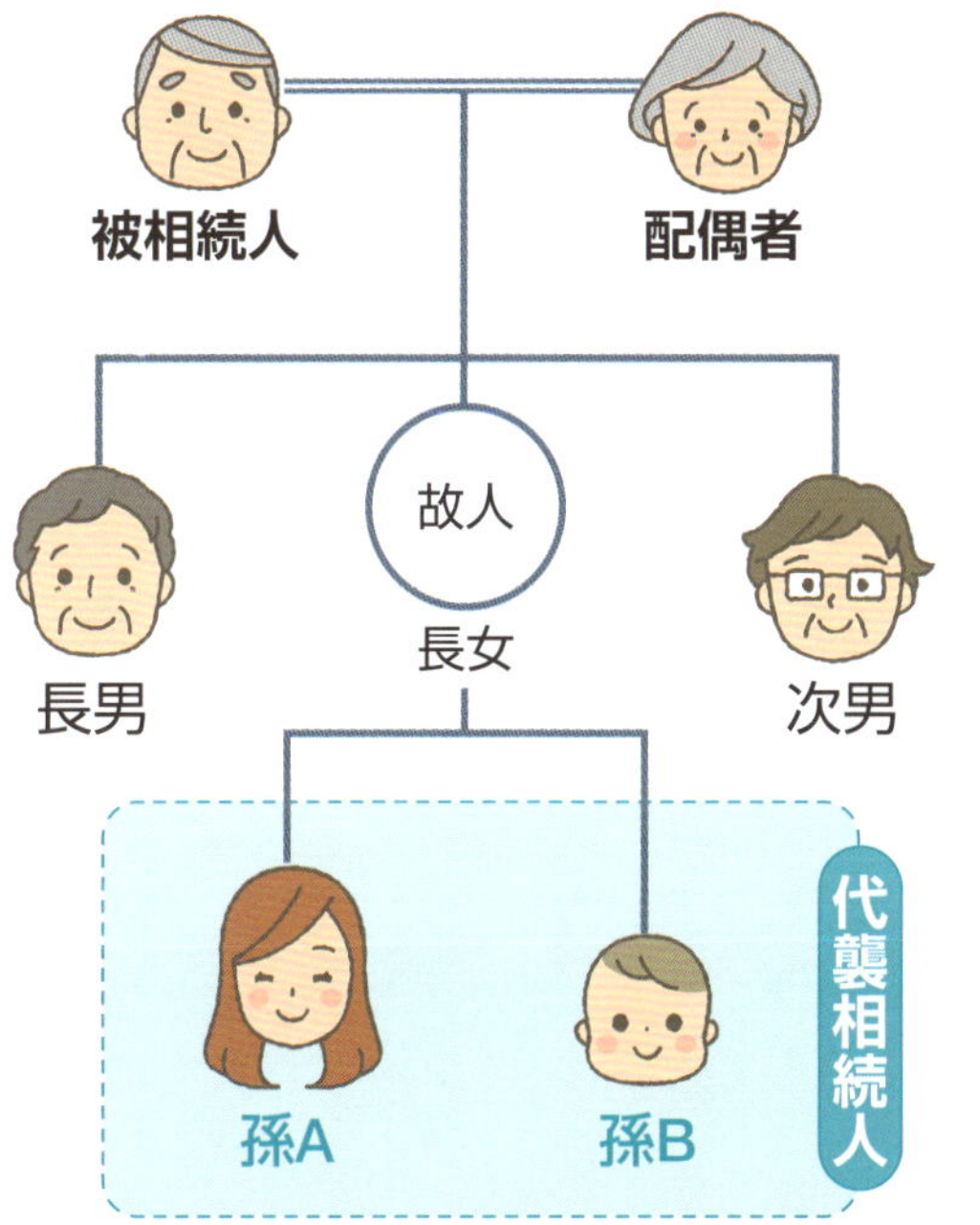

兄弟姉妹の子が代襲する例

すでに死亡していた兄の相続権を、兄の子（姪）が代襲する

➡相続人は、配偶者、弟、姪の３人

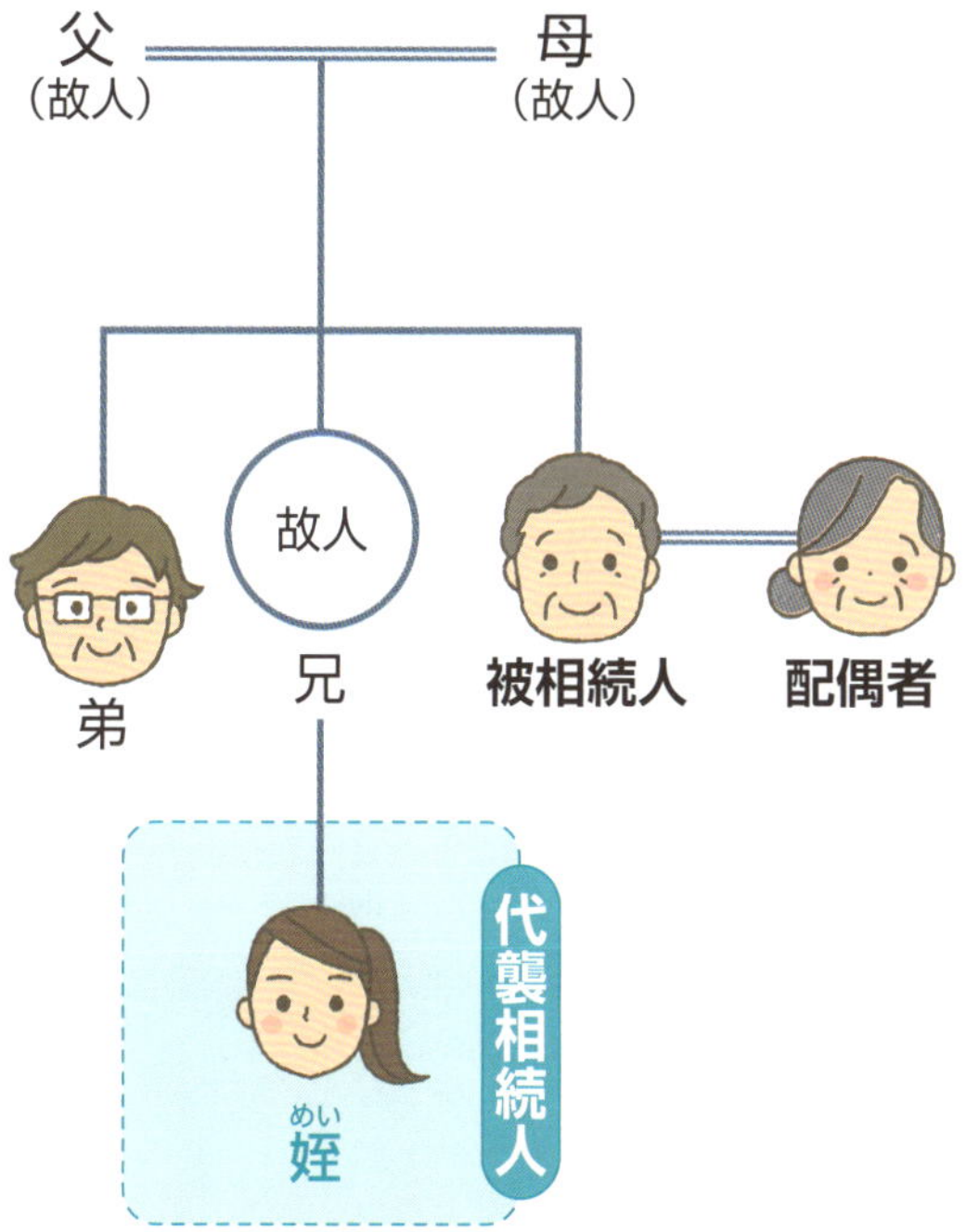

相続の基本④

法定相続分の分け方

> **ここが大切！**
> ✓遺言がないときの基準になるのが**法定相続分**。
> ✓法定相続分が絶対ではない。
> ✓法定相続分は**配偶者の取り分を優先**。

法定相続分を目安に個々の相続分を決定

相続人が1人ではないとき、遺された財産をどのように配分するのかが大きな問題となります。誰がどのような割合で相続するかを**相続分**といいます。

相続分は遺言で指定することができますが（**指定相続分**⇒P90）、遺言がない場合は、相続人の間で話し合って決めることになります。このとき基準となるのが**法定相続分**です。

法定相続分は、民法で定められた相続分のことで、「このように分けると一番よい」として分割方法を定めています。相続人は法定相続分を目安に、個々の事情を考慮しながら相続分を決定していきます。つまり、必ず法定相続分で遺産の分割をしなければならないわけではありません。

法定相続分は配偶者の取り分を優先

法定相続分は、**法定相続人**（⇒P84）の組み合わせによって、以下のようになります。基本は、まず**配偶者の取り分**があり、その残りを他の法定相続人のなかで均等に分けることになります。

Ⓐ配偶者と子が相続人

2分の1を配偶者、残りの2分の1を子が相続します。子が複数いる場合は、2分の1を頭数で等分します。養子も実子と同等です。非嫡出子《ひちゃくしゅつし》（婚姻関係にない男女の子）も嫡出子（法律上の夫婦の子）と同等の権利があります。

なお、子が被相続人より前に死亡しており、その子に子ども（孫）がいる場合は、その子ども（孫）がそのまま相続します（**代襲《だいしゅう》相続**⇒P86）。代襲相続人の相続分は、その親がもらうはずだった相続分と同じです。代襲相続人が複数いる場合は、その相続分を頭数で等分します。兄弟姉妹の子の代襲も同じです。

Ⓑ配偶者と直系尊属《そんぞく》が相続人

被相続人に子がいない場合、**3分の2を配偶者が、残りの3分の1を直系尊属**（第2順位の父母、父母が亡くなっている場合は祖父母）が相続します。直系尊属が複数いれば頭数で等分します。

Ⓒ配偶者と兄弟姉妹が相続人

被相続人に子・孫（直系卑属《ひぞく》）や父母・祖父母（直系尊属）がいない場合は、**4分の3を配偶者が、残りの4分の1を兄弟姉妹**が相続します。兄弟姉妹が複数いれば、頭数で等分します。兄弟姉妹のなかに**半血《はんけつ》兄弟**（異母兄弟、異父兄弟）がいれば、その相続分は**全血《ぜんけつ》兄弟**（父母を

相続人の組み合わせで決まる法定相続分

相続人の組み合わせ		法定相続分	
配偶者相続人＋血族相続人	Ⓐ 配偶者＋子	子 1/2　配偶者 1/2	●子が2人以上のときは2分の１を頭数で等分する。 ●非嫡出子※1も嫡出子と同等の相続分。
配偶者相続人＋血族相続人	Ⓑ 配偶者＋直系尊属（子がいない場合）	直系尊属 1/3　配偶者 2/3	●直系尊属※2が2人以上のときは3分の１を頭数で等分する。
配偶者相続人＋血族相続人	Ⓒ 配偶者＋兄弟姉妹（子・孫・父母・祖父母がいない場合）	兄弟姉妹 1/4　配偶者 3/4	●兄弟姉妹が2人以上のときは4分の１を頭数で等分する。 ●半血兄弟※3の相続分は全血兄弟※4の半分。
	Ⓓ 配偶者のみ	配偶者 全部	●配偶者が１人で全部を相続する。
	Ⓔ 血族相続人のみ ●子のみ ●直系尊属のみ ●兄弟姉妹のみ	血族相続人 全部	●同順位の者が2人以上のときは頭数で等分する。 ●半血兄弟は全血兄弟の半分。

※1：非嫡出子＝法律上の婚姻関係にない男女の間に生まれた子。
※2：直系尊属＝父母・祖父母・曾《そう》祖父母など。
※3：半血兄弟＝異母兄弟、異父兄弟。
※4：全血兄弟＝父母を同じくする兄弟。

同じくする兄弟）の半分になります。

Ⓓ相続人が配偶者のみ

相続人が配偶者のみの場合は、配偶者がすべて1人で相続します。

Ⓔ子のみ、直系尊属のみ、兄弟姉妹のみ

相続人が子のみ、直系尊属のみ、兄弟姉妹のみの場合は、それぞれ頭数で等分します。ただし、Ⓒの半血兄弟の相続分の決まりが適用されます。

+1 Memo

相続人が誰もいない場合は最終的には国のものに

相続人がいない場合（戸籍上相続人が誰ひとりいない場合や、相続人の全員が相続放棄（➡P106）した場合、相続欠格や推定相続人の廃除（➡P87）によって相続資格を失っている場合など）は、相続財産は法人となり、相続財産管理人が選任され、相続人や相続債権者を探すことになります。それでも相続人がいない場合は最終的に国庫（財務省）に帰属することとなります。

相続の基本⑤

遺言があるときの相続分と遺留分

ここが大切!

- ✔ 遺言で指定する相続分は**指定相続分**。
- ✔ 法定相続人に不利にならないための**遺留分**。
- ✔ **遺留分侵害額請求**ができる。

法定相続人に保障される最低限の取り分

被相続人（亡くなった人）は、**遺言《ゆいごん》**によって自分の意思で自分の財産の相続分を決めることができます。これを**指定相続分**といいます。自分の財産をどのように処分するかは、原則として本人の自由であるため、**遺言による指示が最優先**されます。つまり、指定相続分は**法定相続分**（⬇P88）より優先されます。

そうなると、相続人のなかには、遺言によって法定相続分よりも少ない財産しかもらえない人が出てくることもあり得ます。そこで、民法では、遺言によっても侵すことのできない、**法定相続人の最低限度の相続財産の取り分を確保**しています。これが**遺留分《いりゅうぶん》**です。

なお、遺留分は、法定相続人であっても**兄弟姉妹には認められていません**。遺留分が認められる法定相続人は、**子、直系尊属《そんぞく》**（父母、祖父母など）、**配偶者に限られます**。

遺留分侵害額請求書（作成例）

遺留分を侵害している者を特定して記入する

遺留分侵害額請求書

受取人
東京都文京区湯島北1丁目2番3号
西東　章太　殿

被相続人である西東一郎は、○○年○月○日に亡くなりました。被相続人・西東一郎の法定相続人は、被相続人の子である長男の貴殿、長女の森佳子、次女の西東香奈子および次男の私の4名です。

被相続人は全財産を貴殿に相続させる旨の遺言を作成しており、遺言は執行されました。

私の遺留分は遺産全体の8分の1に当たりますが、上記遺言は私の遺留分を侵害しております。

よって、私は貴殿に対し、遺留分侵害額の請求をいたします。

遺留分侵害額請求権を行使する旨を具体的に記入

△年△月△日

差出人
千葉県市川市南国府台1丁目2番3号
相続人　西東伸吾

法定相続分より少ないときは遺留分の請求を

遺言による相続が不満で、遺留分を侵害されている場合は、遺留分侵害額に相当する金銭の支払いを請求することができます。これが**遺留分侵害額請求**です。

遺留分侵害額請求は、遺留分を侵害している他の相続人や受遺者《じゅいしゃ》（遺言により財産を遺贈《いぞう》される人）に対して行います。請求方法には決まった方式はなく、相手と話し合いをして、遺留分を返還してもらうことになります。まず相手に**遺留分侵害額請求書**（➡P90）を配達証明付きの内容証明郵便で送るのが一般的です。話し合いがスムーズに行われる場合は請求書を送る必要はありません。話し合いがこじれた場合は、家庭裁判所での調停や民事訴訟に移行することになります。

遺留分侵害額請求ができるのは、**相続開始および遺留分を侵害する贈与、または遺贈があったことを知ったときから1年以内**です（生前贈与や遺贈も遺留分の対象になる）。この期間内に請求しなければ、その権利はなくなってしまいます。

遺留分の割合とケース別計算例

遺留分の割合

相続人	遺留分全体の割合	各相続人の遺留分割合 配偶者	各相続人の遺留分割合 その他の相続人	法定相続分（参考）
配偶者のみ	2分の1	2分の1		すべて
配偶者 ＋ 子		4分の1	4分の1を人数で等分	配偶者と子、共に2分の1ずつ
配偶者 ＋ 父母		3分の1	6分の1を人数で等分	配偶者3分の2、父母で3分の1
配偶者 ＋ 兄弟姉妹		2分の1	なし	配偶者4分の3、兄弟姉妹で4分の1
子のみ			2分の1を人数で等分	すべて
直系尊属（父母、祖父母など）のみ	3分の1		3分の1を人数で等分	すべて
兄弟姉妹のみ	なし		なし	すべて

CASE1

相続人が配偶者と子2人の場合

3,000万円 × $\frac{1}{4}$
＝750万円
（遺留分）

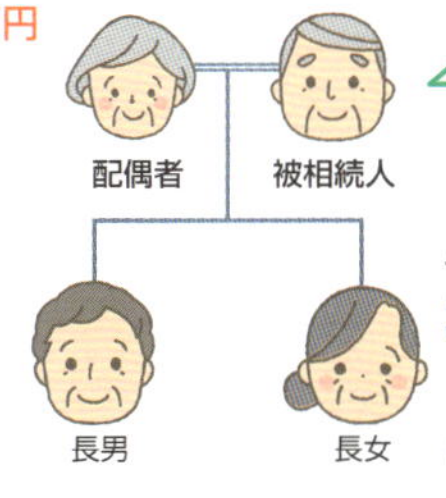

相続財産
3,000万円

それぞれ
3,000万円 × $\frac{1}{4}$ × $\frac{1}{2}$ ＝375万円
（遺留分）

CASE2

相続人が子3人の場合

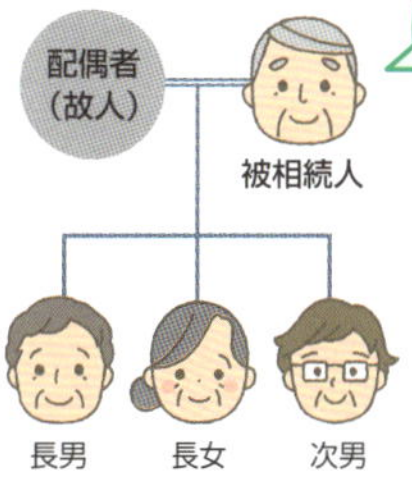

相続財産
3,000万円

それぞれ
3,000万円 × $\frac{1}{2}$ × $\frac{1}{3}$ ＝500万円
（遺留分）

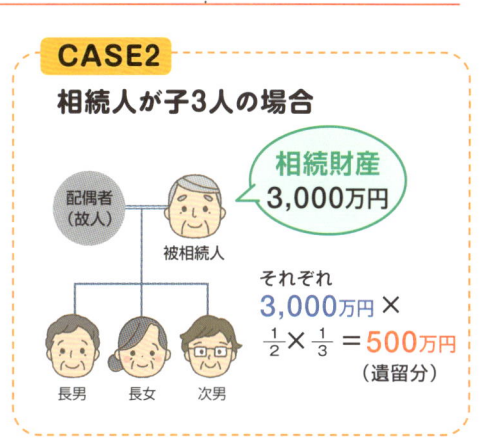

相続の基本⑥

法定相続人でなくてもあげられる財産

ここが大切！

- **遺贈**は**遺言**で**相続人以外**にも財産を渡せる。
- **特定遺贈**のほうが**包括遺贈**よりももめなくてすむ。
- **遺贈の見返り**をつけることもできる。

相続権のない人に遺したいときは遺言が必要

被相続人が亡くなってから、その人の**遺言**《ゆいごん》によって、一般的には相続人以外の人に財産の一部または全部を贈与することを**遺贈**《いぞう》といいます（➡P82）。

遺贈する人を**遺贈者**、遺贈を受け取る人を**受遺者**《じゅいしゃ》と呼びます。受遺者は、相続人でも相続人でなくてもかまいませんが、息子の嫁や友人、献身的に世話をしてくれた人など法定相続人でない人が一般的です。つまり、**法定相続人でない人にも財産をあげられる制度が遺贈であり、その場合は遺言が必要**となります。

なお、遺贈財産も**遺留分**算定のときに被相続人の死亡時の財産に含まれます（➡P90）。また、遺贈によって取得した財産は、**相続税**の課税対象になります（➡P83）。

包括遺贈は相続人と同じ扱いになる

遺贈には**包括遺贈**と**特定遺贈**の2つの方法があります（➡左表）。

包括遺贈とは、「全財産を贈与する」とか「財産の5分の1を与える」といったように一定の割合を示す方法です。相続財産の個々の物件に対してのものではなく、全体に対する割合であり、受遺者はプラスの財産（➡P104）だけでなく、同じ割合で債務も承継します。そのため、包括受遺者は相続人と同じ扱いとなり、**遺産分割協議**（➡P110）にも加わることになります。

包括遺贈を受けたくないときは放棄も可能です。その際は、自分が包括受遺者であることを知ったときから3か月以内に家庭裁判所に**相続放棄**（➡P106）の手続きを行わなければなりません。

特定遺贈は、「○○の土地を妻に与える」というように特定の財産を指定して遺贈するケースです。特定遺贈の受遺者は、債務を負担する義務はありません。また、放棄の方法も相続人か**遺言執行者**（**遺贈義務者**）に意思表示（配達証明付き内容証明郵便などによることが多い）をするだけでOKです。

ちなみに、包括遺贈の場合は他の相続人から反感を招くことも多いため、特定遺贈を選ぶケースが多いようです。

一定の義務を負担してもらう遺贈

包括遺贈にも特定遺贈にも起こるケースとして**負担付**《ふたんつき》**遺贈**があります。例えば、

包括遺贈と特定遺贈の違い

	包括遺贈	特定遺贈
内容	財産を特定せず、割合を示して遺贈する。 	財産を特定して遺贈する。 
受遺者の権利義務	●遺贈財産の割合に応じて債務も承継する。（借金も割合に応じて引き継ぐ） ●相続人と同じ資格で遺産分割協議に参加する。	●債務を承継しない。（借金を引き継ぐリスクがない） ●遺産分割協議に参加しない。（相続人である受遺者を除く）
遺贈の放棄	自分のために遺贈があったことを知ったときから3か月以内に、遺贈の放棄または限定承認（➡P106）をすることができる。	遺贈義務者（相続人など）に対して意思表示をすることで、いつでも放棄することができる。

「土地・建物を遺贈する代わりに、年老いた妻が死亡するまで扶養すること」といった遺言を遺すことです。つまり、財産をあげる見返りに受遺者に**一定の義務を負担**してもらう遺贈をいいます。

この場合、受遺者は、遺贈の目的の価値を超えない限度でその負担を履行すればよいことになっています。もし受遺者が負担を履行しない場合は、他の相続人が期間を定めて履行を催促し、それができないときは家庭裁判所に遺言の取り消しを請求できることになっています。

+1 Memo

遺言方式にとらわれない死因贈与

遺贈の場合は、遺言者（遺贈者）の一方的な意思表示によって行われますが、死因贈与の場合は、「自分が死んだら○○の土地をあげます」と贈与者が言い、受贈者が「では、いただきます」と受諾する贈与契約です。契約である以上、当事者双方の合意が必要です。なお、死因贈与は遺贈と同様、相続税の対象となります。

相続の基本⑦

特別受益者との公平を保つために

特別受益者との不公平をなくすために

自分の財産をどう処分するかは、原則として本人の自由です。自由に財産を処分する方法は、**遺贈**《いぞう》（遺言によって被相続人の死後に財産を贈与すること）のほかに**生前贈与**（⇒P174）があります。

被相続人からマイホームの頭金を出してもらったり、開業資金を援助してもらったりなど、**遺贈や生前贈与によって特別の利益を受けている相続人を特別受益者**と呼びます。

遺贈や生前贈与によって贈られる財産は「**遺産の前渡し**」とみられ、これを無視して、被相続人が亡くなったあとに単純に遺産を分けてしまうと、特別受益者とそうでない相続人との間に不公平が生じてしまいます。そこで、**特別受益者が受けた贈与の額を相続財産に加え（持戻しをする）、その額を基に各相続人の相続分を決める**ことになっています。これが特別受益の制度です。

特別受益は相続人のみに適用される

特別受益の対象となるのは、被相続人から**「相続人に対する」遺贈か生前贈与**です。遺贈は一般的には相続人以外の人へ行われますが、相続人に対して行われることもあります。生前贈与も相続人以外に行われることがあります。つまり、**相続人以外への遺贈や生前贈与は特別受益の対象とはなりません。**

相続人に遺贈された財産は、その目的を問わずすべて**特別受益として持戻しの対象**となります。ただし、婚姻や養子縁組のため、もしくは生計を維持するための贈与については、被相続人の資産・収入、社会的地位、その当時の社会的通念を考慮して、遺贈された財産が特別受益（遺産の前渡し）となるかどうかを個別に判断すべきとされています。

しかし、例外として、持戻しをしなくてよい方法があります（**特別受益の持戻し免除の意思表示**）。故人が生前に、あるいは遺言で特別受益の持戻しをしないと意思表示をすれば持戻しをしなくてよいというものです。この意思表示には決まった方式はありません。口頭でもかまいませんが、争いになりがちなので、書面などで残しておいたほうがいいでしょう。贈与の場合はあとから意思表示してもOKです。

さらに、**配偶者保護のための方策**として、2019年7月より、**結婚期間が20年以上の夫婦間**で、配偶者に対して居住用の不動産の遺贈または贈与がされた場

ここが大切！

- ✓ **遺贈**や**生前贈与**を受けている相続人を**特別受益者**と呼ぶ。
- ✓ **特別受益**は相続財産に**持戻し**をする。

✻ 特別受益者がいる場合の相続分の計算例

CASE

- 相続人は妻、長男、長女、次男
- 相続開始時の財産は8,500万円
- 長男は1,000万円の遺贈を受けた
- 長女は500万円の生前贈与を受けた

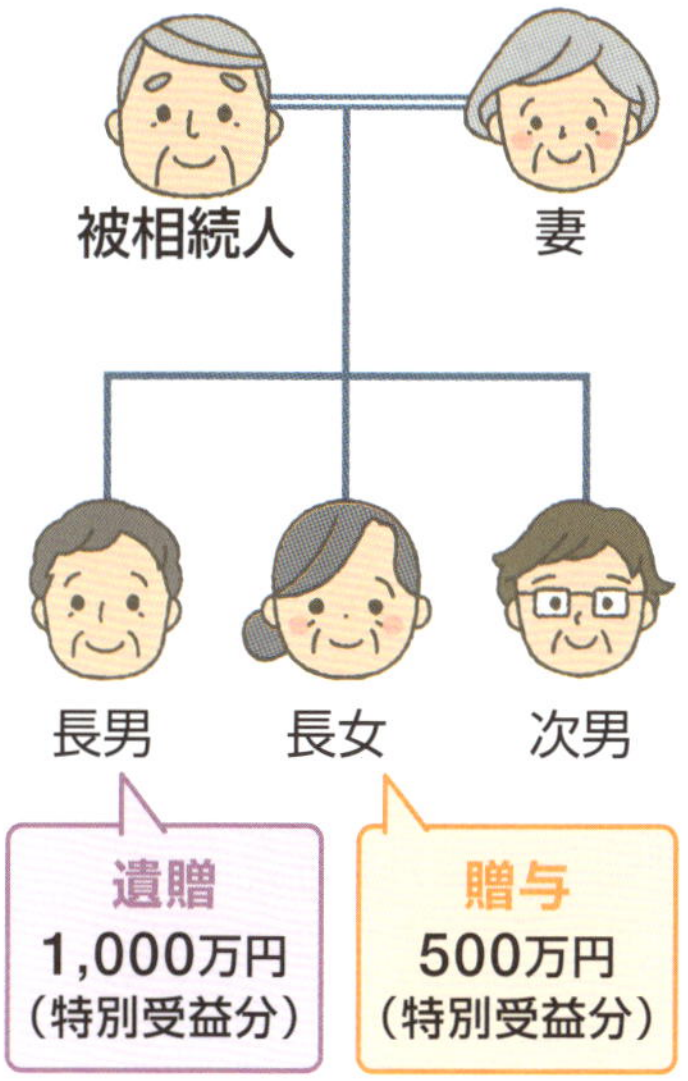

①みなし相続財産の額を計算する

相続開始時の財産 8,500万円 ＋ 長女への生前贈与 500万円 ＝ みなし相続財産 9,000万円

特別受益の持戻し（長女への生前贈与）

遺贈は相続開始時の財産に含まれているので加算しない。

②各人の相続分を計算する

みなし相続財産を法定相続分で分け、
長男と長女については特別受益分を差し引く。

妻　9,000万円 × $\frac{1}{2}$ ＝ 4,500万円

長男　9,000万円 × $\frac{1}{6}$ － 1,000万円 ＝ 500万円
遺贈1,000万円を取得する

長女　9,000万円 × $\frac{1}{6}$ － 500万円 ＝ 1,000万円

次女　9,000万円 × $\frac{1}{6}$ ＝ 1,500万円

合には、「遺産分割において持戻し計算をしなくてよい」という被相続人の意思表示があったものと推定して、「遺産の前渡しがされたものとして取り扱う必要がない」こととなりました（**持戻し免除**）。

特別受益者がいるときの相続分の計算方法

特別受益者がいる場合の相続分は、次のように算出します。まず、相続開始時の財産に特別受益分（贈与の額）を加算します。これが**みなし相続財産**（被相続人の死亡を原因として相続人がもらえる財産➡P136）となります。そしてこれを**法定相続分**（➡P88）または**指定相続分**で各相続人に配分します。そのとき、特別受益者については、そこから特別受益分（遺贈および生前贈与の額）を差し引いたものを相続分とします。

この計算の結果、特別受益者の相続分がマイナスになることもあります。つまり、遺贈や生前贈与でもらいすぎていたことになります。しかし、もらいすぎの分を返す必要はありません（遺留分の侵害がある場合を除く）。

相続の基本⑧

被相続人に貢献した人に認められる寄与分

ここが大切！

✔被相続人に貢献した相続人は寄与分を主張できる。

特別の貢献をした相続人に寄与分を与える

相続人の公平を保つために調整する制度として、**特別受益**の制度（➡P94）のほかに、**寄与分**の制度があります。

寄与分とは、亡くなった人（被相続人）に対して財産の増加や維持において特別の寄与や貢献をしている相続人に、その寄与・貢献度に相当する額を上乗せしてあげる額をいいます。

例えば、個人事業を経営していたAさんが亡くなり、長男と次男が相続したとします。長男はAさんの事業に非常に貢献し、次男は家とは疎遠になっていた場合、法定相続分で財産を分けてしまうと長男に不公平となってしまいます。そこで長男は相続分以上の財産を取得するために寄与分を主張するというわけです。

このように、**寄与分は相続人であるその人が主張することから始まります。**

この「寄与・貢献」とは特別のものでなければならず、以下の3項目に当てはまる人です。

❶被相続人の事業に大きく貢献し、その財産を増加させた。

❷被相続人の財産の維持に努めてきた。

❸被相続人の介護援助を長年続けた。

そして、特別の寄与であるかどうかは、報酬が発生しない無償性や長期間にわたって従事してきた継続性、片手間ではない専従性などが重要となります。

寄与分を主張できるのは相続人に限られますが、例えば相続人以外の親族（長男の嫁など）が被相続人の介護を献身的に続けていても、寄与分はもらえず、報われません。そこで、2019年7月より法改正によって、こうした**特別寄与者が特別寄与料を相続人に対して請求できる**ようになりました。

相続人が支払いに応じないときは、特別寄与者が相続の開始および相続人を知ったときから6か月を経過したとき、または相続開始のときから1年以内に家庭裁判所に支払いを求める申し立てをします。家庭裁判所は、寄与の時期、方法および程度、相続財産の額等を考慮して額を定めます。そのため、特別寄与者は、介護であれば、介護の内容、支払いなどの証拠を残しておくとよいでしょう。

寄与分は相続人同士で協議して決める

寄与分は、**相続人同士が協議**して決めます（**遺産分割協議**➡P110）。協議がまとまらないときは、寄与した人が家庭裁判所に調停や審判を申し立てて、その額を決めてもらうことになります。初めに相続財産から寄与分の額を除き、残りを法定相続分または指定相続分で分けます。

✻ 寄与分が認められるのはどんなとき?

1. 被相続人の事業に大きく貢献し、その財産を増加させた。
2. 被相続人の財産の維持に努めてきた。
3. 被相続人の介護援助を長年続けた。

ポイントは……

- **無償性**
- **継続性**（少なくとも1年以上、3〜4年以上）
- **専従性**

例えば……

農業を営む父（被相続人）を、自分の仕事と並行して無償で手伝い続けた。

父（被相続人）の商店兼自宅の増改築に資金を提供した。

寝たきりになった母（被相続人）のため、勤めを辞めて介護した。

✻ 寄与分がある場合の相続分の計算例

CASE

- 相続人は長女、長男
- 相続財産は 5,000 万円
- 長女の寄与分は 400 万円

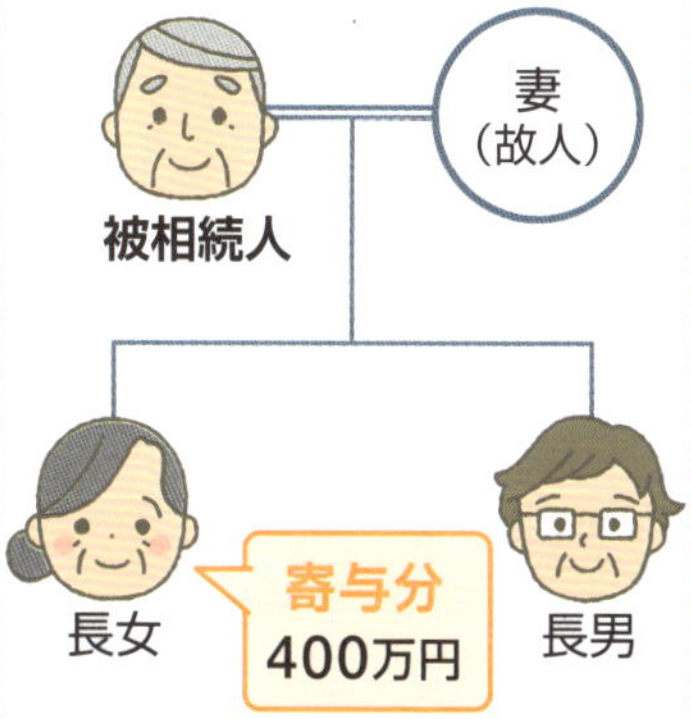

相続財産5,000万円

寄与分を引いた残り 4,600万円	寄与分 400万円
↓ 法定相続分で分ける	↓ 長女に加算

最初に寄与分を確保

長女　4,600万円 $\times \frac{1}{2}$ ＋ 400万円 ＝ 2,700万円

長男　4,600万円 $\times \frac{1}{2}$ ＝ 2,300万円

3か月以内

遺言書の有無を確認する

遺産相続に大きな効力をもつ遺言書

人が亡くなると、**7日以内に死亡届**を役所に提出します（↓P14）。初七日《しょなのか》法要が終わったら、いよいよ**遺産分割の準備**を始めなければなりません。

その際、まず確認しなければならないのが**遺言書《ゆいごんしょ》の有無**です。遺言書とは、自分の死後に行われる遺産相続に関する指示を本人が意思表示し、書面に作成したもので、遺言書に記載された遺産相続に関する事項は法的に大きな効力をもちます（↓P162）。一方で、死に備えての自分の希望を自由に書き留めておく**エンディングノート**（↓P173）にも財産に関することを書き記すことはできますが、こちらは法的効力はありません。

さて、遺品を整理しながら故人の遺言書を探します。見つかった遺言書が封印のある**自筆証書遺言**（↓P164）の場合は、**家庭裁判所で検認**を受けてから、家庭裁判所において、相続人またはその代理人の立ち会いのうえで開封します。勝手に開封すると5万円以下の金銭罰が科されます。封印のない遺言書は開封しても大丈夫ですが、同様の検認を受けます。なお検認は、**相続発生から3か月以内**、または遺言書の発見から遅滞なく受ける必要があります。

自筆証書遺言は検認の手続きが必要

検認とは、裁判所による遺言書の検証手続きです。遺言書の形状、加除訂正の状態、日付、署名などの内容を確認し、遺言書の偽造や変造を防ぐとともに、遺言書の存在を相続人や受贈者などの利害関係者に知らしめる目的もあります。検認を怠っても、遺言書そのものが無効になるわけではありませんが、検認済証明のない遺言書では不動産登記や銀行の名義変更などができません。

検認の請求（検認の申立て）は、遺言者の最後の住所地を管轄する**家庭裁判所**で行います。**検認申立書**（↓P100）や申立人・相続人全員の戸籍、遺言書の写し（開封されている場合）などを家庭裁判所に提出すると検認期日が指定（通知）されるので、改めて家庭裁判所に出向き、検認を受けます。そして、**検認済証明書**とともに遺言書が申立人に返還されます。検認に立ち会わなかった申立人や相続人等には検認済みの通知書が送られます。

遺言書が**公正証書遺言**（↓P168）の場合は家庭裁判所の検認なしですぐに開封し、遺言を実行することができます。

ところで、遺言書には遺言を実行する

ここが大切！

- ✓ **自筆証書遺言**は家庭裁判所で**検認**を受ける。
- ✓ **検認**は相続開始から**3か月以内**に。

遺書の発見から執行までの流れ

遺言書を発見 → 公正証書遺言だった場合（公証人が作成し、公証役場で保管されている遺言書） → 検認は不要。すぐに遺言の内容を執行できる

遺言書を発見 ↓

自筆証書遺言だった場合（自筆で作成され、署名・押印された遺言書）

封印がないとき

在中

開封して読んでもよい

封印があるとき

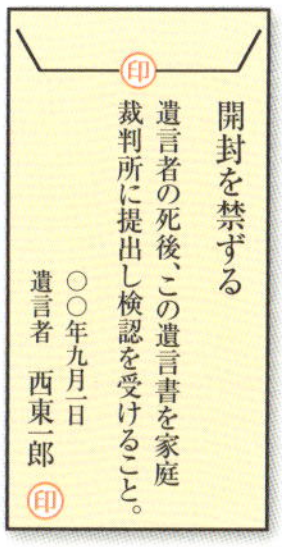

開封を禁ずる
遺言者の死後、この遺言書を家庭裁判所に提出し検認を受けること。
○○年九月一日
遺言者　西東一郎

開封してはいけない

↓

家庭裁判所に検認の申し立て

↓

検認、検認済証明書発行 → 遺言の執行

申立ての手続き

申立人

遺言書の保管者、遺言書を発見した相続人、あるいは遺言執行者

申立先

遺言者の最後の住所地を管轄する家庭裁判所

必要なもの

① 検認申立書（➡P100、101）
② 遺言者の出生から死亡までの戸籍（除籍）謄本《とうほん》
③ 相続人全員の戸籍謄本
（ケースによりその他の戸籍謄本が必要な場合もある）
④ 遺言書の写し
（遺言書が開封されている場合）

費用

遺言書１通につき収入印紙800円分、連絡用の郵便切手代

遺言執行者（遺言書の内容を具体的に実行する人）が指定されていることがあります。その場合は速やかに遺言執行者に連絡を取ります。

遺言執行者は、遺言の執行に必要な一切の権限をもちます。

遺言執行者の指定がない場合は、相続人が協力して遺言を執行することになりますが、必要に応じて家庭裁判所で選任してもらうこともできます。

+1 Memo 遺産分割後に遺言書を発見したら

遺産分割協議で分割方法が決まったとしても、その後に遺言書が見つかった場合は遺言書が優先されて、分割協議の決定は無効となり、分割協議をやり直すことになります。ただし、相続人全員の合意があれば、分割協議で決まったとおりに相続することができます。遺言執行者が指定されていても、遺言執行者が相続人間の協議の合意を尊重し、これを追認すれば、分割協議をやり直す必要はありません。

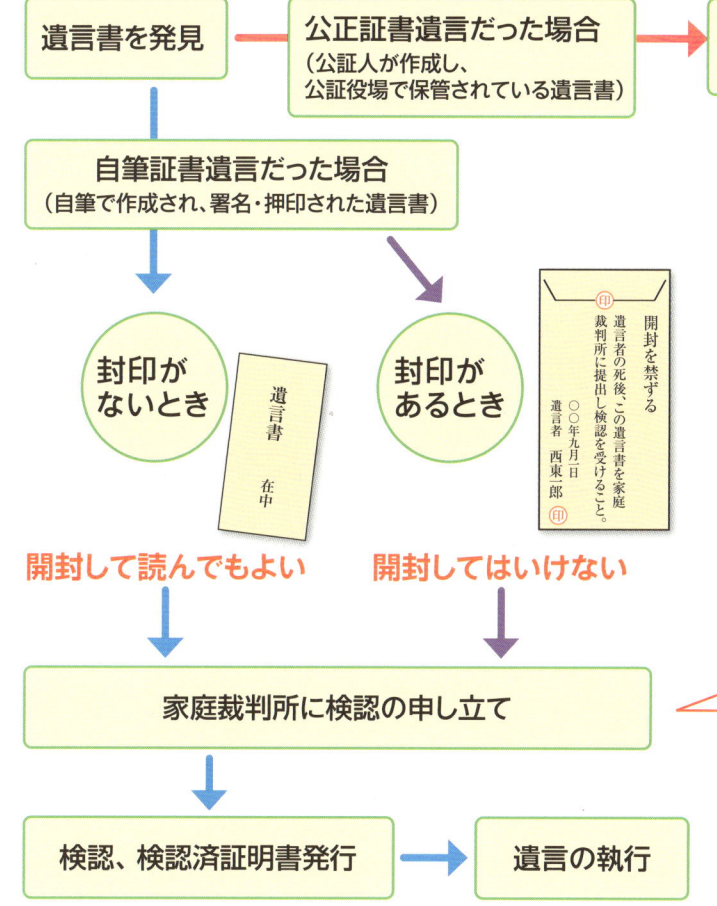

遺言書検認申立書（記入例）

受付印	家事審判申立書　事件名（遺言書の検認）
	（この欄に申立手数料として１件について800円分の収入印紙を貼ってください。）
	（貼った印紙に押印しないでください。）
	（注意）登記手数料としての収入印紙を納付する場合は，登記手数料としての収入印紙は貼らずにそのまま提出してください。

収入印紙	円
予納郵便切手	円
予納収入印紙	円

準口頭		関連事件番号　　年（家　　）第　　　号

○○　家庭裁判所　御中　○年　○月　○日	申立人（又は法定代理人など）の記名押印	西東 太郎　印（西東）

添付書類	（審理のために必要な場合は，追加書類の提出をお願いすることがあります。）戸籍謄本4通

申立人	本籍（国籍）	（戸籍の添付が必要とされていない申立ての場合は，記入する必要はありません。）東京 都（道府県） 文京区湯島北1丁目2番
	住所	〒113－0000　電話 03（0000）0000　東京都文京区湯島北1丁目2番3号（　　方）
	連絡先	〒　－　電話（　　）（　　方）
	フリガナ 氏名	西東《セイトウ》 太郎《タロウ》　大正・昭和（○印）・平成 ○年 ○月 ○日生（○歳）
	職業	会社員
遺言者	本籍（国籍）	（戸籍の添付が必要とされていない申立ての場合は，記入する必要はありません。）東京 都（道府県） 文京区湯島北1丁目2番
	最後の住所	〒　－　電話（　　）　申立人の住所と同じ（　　方）
	連絡先	〒　－　電話（　　）（　　方）
	フリガナ 氏名	西東《セイトウ》 一郎《イチロウ》　○年 ○月 ○日生（○歳）

（注）　太枠の中だけ記入してください。
※の部分は，申立人，法定代理人，成年被後見人となるべき者，不在者，共……記入してください。

別表第一（1/　）

(942210)

収入印紙800円分を貼る。割印はしない

「遺言書の検認」と入れる

申立人の氏名と押印

申立人の本籍、住所、氏名、生年月日、職業などを記入

「最後の」と入れる

「遺言者」と記入

遺言者（被相続人）の本籍、最後の住所、氏名、生年月日、職業などを記入

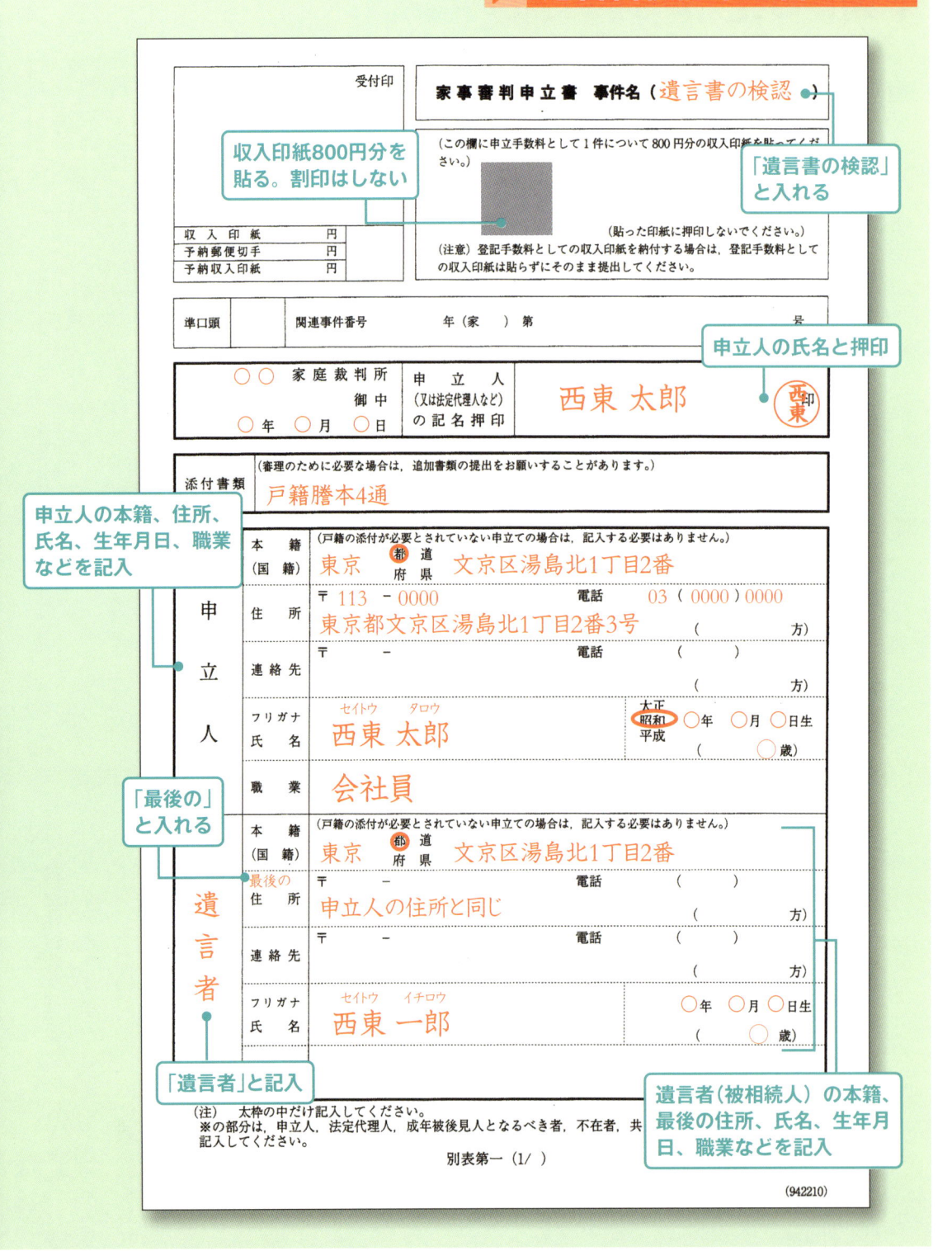

申　立　て　の　趣　旨
遺言者の自筆証書による遺言書の検認を求めます。

申し立てに至るまでの経緯を入れる

申　立　て　の　理　由
1. 申立人は遺言者の長男であり、本件遺言書の発見者です。
2. 遺言者は○年○月○日に死亡しましたが、
遺言書（封印されている）の検認を求めます。
なお、相続人は別紙の相続人目録のとおりです。

検認の申し立て前に、法定相続人全員を調べて、その住所も調べたうえで行うことになる

相続人等目録（別紙）

「相続人」と記入

相続人全員について本籍、住所、氏名、生年月日などを記入

相続人	本籍	東京 都（○）道府県 中野区中央南1丁目2番	
	住所	〒 113 － 0000 東京都中野区中央南1丁目2番3号 （　　方）	
	フリガナ 氏名	立花《タチバナ》 佳子《ヨシコ》	○年 ○月 ○日 生 （ ○ 歳）
※ 相続人	本籍	東京 都（○）道府県 文京区湯島南3丁目4番	
	住所	〒 113 － 0000 東京都文京区湯島南3丁目4番5号 （　　方）	
	フリガナ 氏名	西東《セイトウ》 章太《ショウタ》	○年 ○月 ○日 生 （ ○ 歳）
※		都 道	

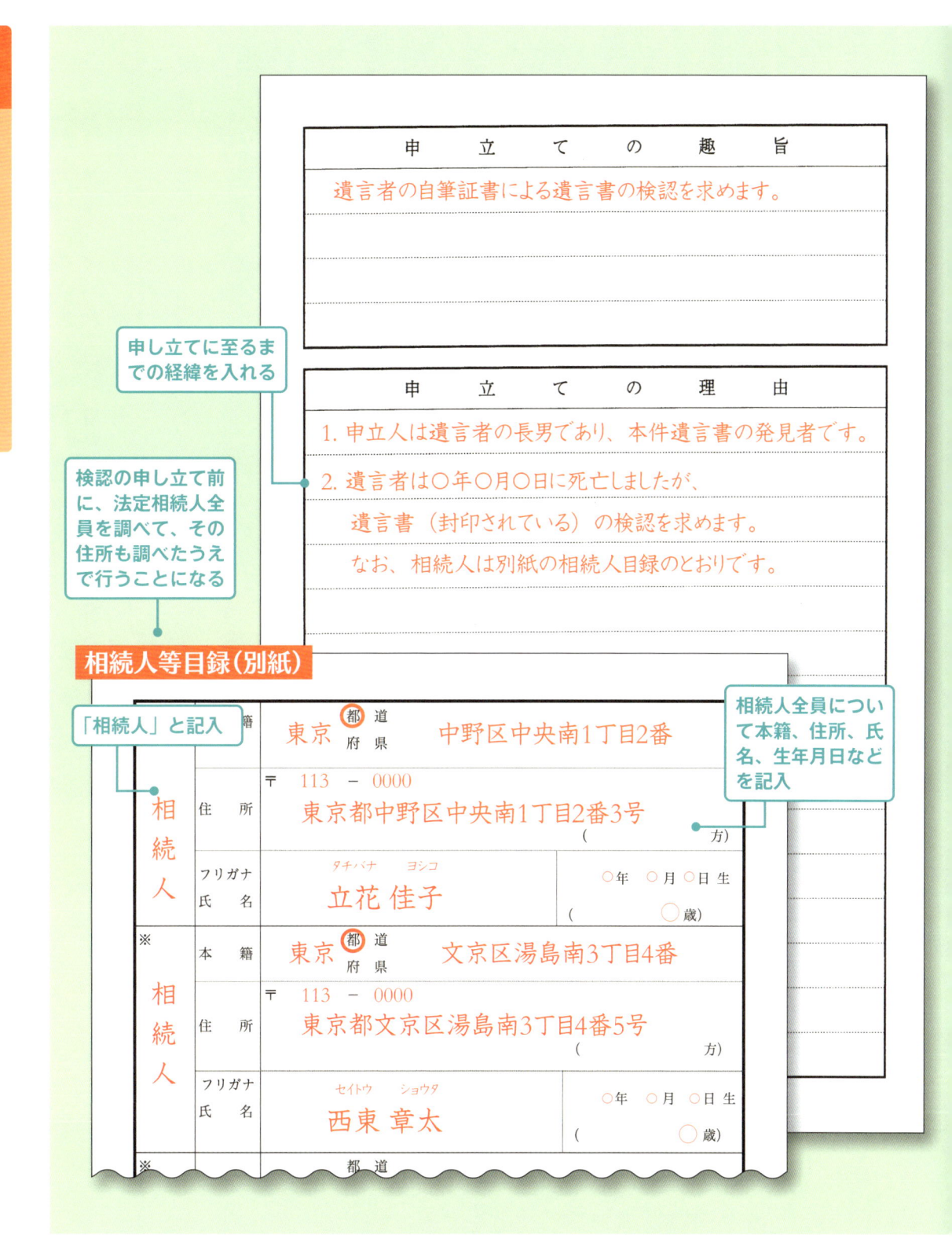

3か月以内

相続人が誰かを確認する

「現《げん》戸籍」の読み方と区別するために、「改製原戸籍」「原戸籍」を通称「はらこせき」「かいせいはらこせき」と呼んでいる場合が多いようです。

ここが大切！

- ✔相続人のすべては**戸籍で調べる**。
- ✔**戸籍、除籍、改製原戸籍**の**謄本**を取り寄せる。
- ✔**見知らぬ相続人**がいないか、**戸籍を遡って調べてみる**。

相続人の調査のための戸籍、除籍、改製原戸籍

相続人になれる人については最初に解説しましたが（➡P84）、相続人を確定するために欠かせないのが**戸籍調査**です。例えば、被相続人には認知した子どもがいるかもしれませんし、家族が知らないうちに養子縁組をしているかもしれません。こうした話は実は珍しくありません。

そこで、少なくとも被相続人の出生から死亡までの連続した**戸籍、除籍、改製《かいせい》原戸籍《げんこせき》（原戸籍）**の**謄本《とうほん》**を取り寄せて調べます。これらの書類は財産の名義変更の手続きなどでも必要になります。とはいえ、連続した戸籍をどのようにして揃えたらよいのかわからない人も多いでしょう。相続人の調査で困ったときは、弁護士や司法書士などの専門家に相談してみましょう（➡P130）。ちなみに役所では、

戸籍の種類と内容

戸籍謄本	役所にある戸籍を、書面の形で役所に発行してもらったもの。戸籍に入っている全員の事項を写したもので、「全部事項証明」とも呼ばれる。いわゆる「現戸籍」。 夫婦と子を単位で成り立っており、夫婦のどちらかが筆頭者となる。もし子が結婚した場合には、新たに子夫婦のどちらかを筆頭者とする戸籍が作られる。 **戸籍に記されている事項** ●両親や養父母の名前　●生年月日 ●続柄《つづきがら》（戸籍の筆頭者との関係）　●出生地と出生の届出人 ●婚姻歴、離婚歴、子の認知　●養子縁組　など
戸籍抄本《しょうほん》	戸籍に書かれた1個人の事項のみを抜粋して写したもの。 「個人事項証明」とも呼ばれる。 請求するときは、誰のものが欲しいかを指定して請求する。
改製原戸籍（原戸籍）	戸籍法が改正されることで戸籍の様式などが変更され、その都度新しい様式の戸籍に書き替えが行われる。この書き替えを行う前の戸籍のこと。また、記載事項の変更によって新しく作られた戸籍に対して、様式や記載事項の変更前の戸籍のことも原戸籍という。改製後の戸籍には、そのときに必要な情報しか載っていない。
除籍謄本	結婚、離婚、死亡、転籍（本籍地を変更）などにより、在籍している人が誰もいない状態になった戸籍を、書面の形で役所に発行してもらったもの。 戸籍に記載されている人が死亡や婚姻などによって戸籍から抜けるとその名前に×がつけられ、抹消される。これを「除籍」という。
戸籍の附票《ふひょう》	その戸籍ができたときからの住所変更歴が記載されたもの。戸籍に記載されている人が引っ越しなどで役所に住所変更を届け出たら、戸籍の附票に新しい住所が記載されていく。

戸籍を遡って見知らぬ相続人を探す

戸籍の取得は、本籍地のある市区町村役場で行います。役場に出向けない場合は、郵送による申請も可能です。申請できる人は、原則としてその戸籍の構成員や直系親族です。また委任状があれば代理人が行うこともできます。

戸籍には、両親や養父母の名前、生年月日、続柄《つづきがら》、出生地、婚姻・離婚歴、子の認知、養子縁組などの情報が記載されています。

例えば、離婚をして母と子どもが別の戸籍に移るなどした場合は、前の戸籍の母と子どもの欄に×印がつけられて（**除籍**）、父の欄には離婚についての事項が記載されます。しかし、法改正などによって戸籍の書き換えが行われると（**改製原戸籍**）、父の欄には離婚についての記載も子の記載もなくなります。つまり、新しく作られた戸籍では、父に過去に結婚歴があり、子どもがいたことがわからないのです。戸籍を遡らないとその事実が発見されないというわけです。

戸籍謄本の見方

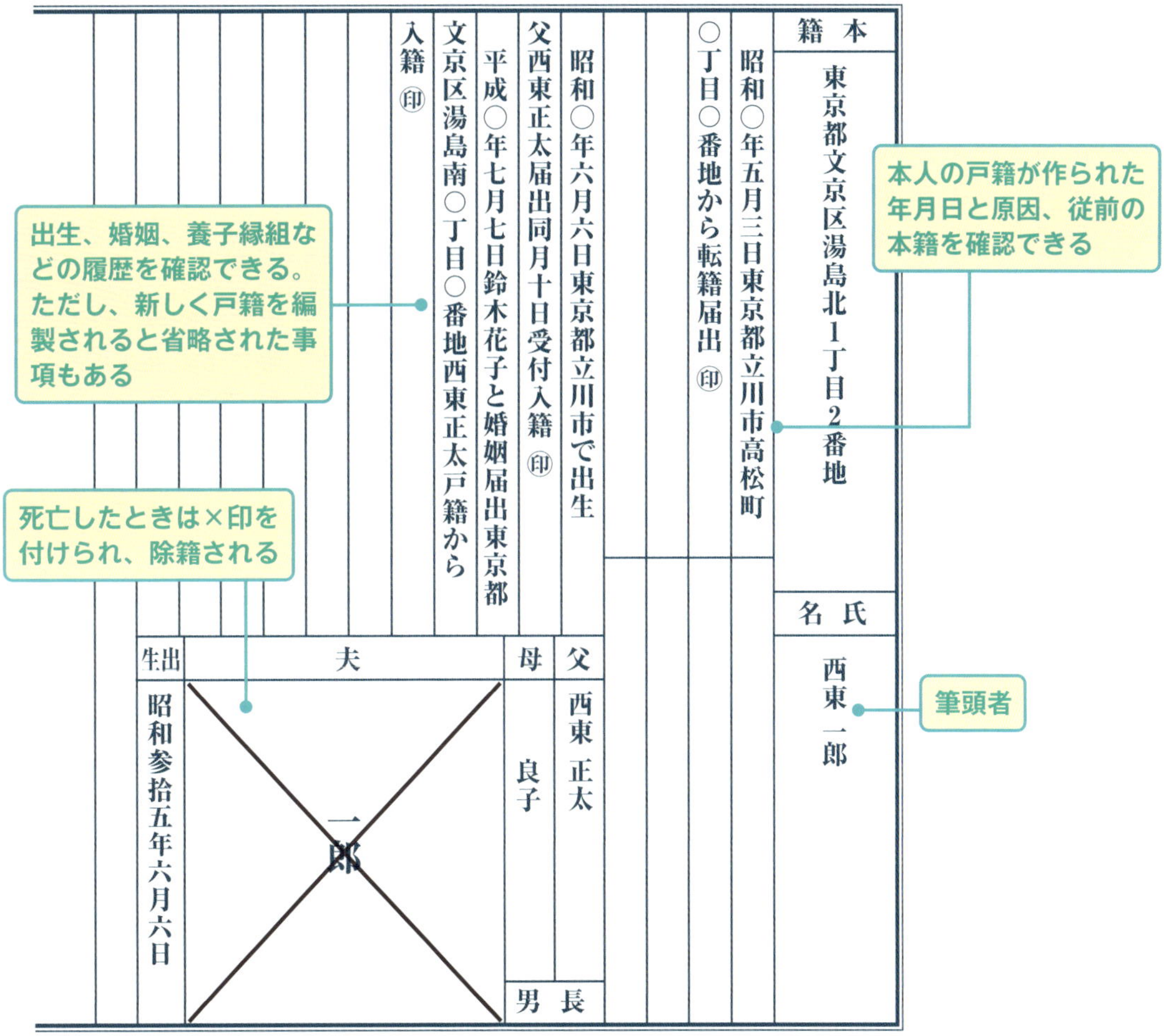
本籍
東京都文京区湯島北1丁目2番地
本人の戸籍が作られた年月日と原因、従前の本籍を確認できる
昭和○年五月三日東京都立川市高松町
○丁目○番地から転籍届出 ㊞
氏名
西東 一郎
筆頭者
昭和○年六月六日東京都立川市で出生
父西東正太届出同月十日受付入籍 ㊞
平成○年七月七日鈴木花子と婚姻届出東京都
文京区湯島南○丁目○番地西東正太戸籍から
入籍 ㊞
出生、婚姻、養子縁組などの履歴を確認できる。ただし、新しく戸籍を編製されると省略された事項もある
父 西東 正太
母 良子
長男
夫 一郎
出生 昭和参拾五年六月六日
死亡したときは×印を付けられ、除籍される

3か月以内

相続財産の内容を確認する

ここが大切！

- ✔**債務**も含めて**財産をすべて**洗い出す。
- ✔**財産目録**を作っておき、**遺産分割協議で利用**する。

プラスの財産もあればマイナスの財産もある

相続は、亡くなった人の遺した財産を引き継ぐ手続きですから、相続財産となるものには何があるかを確認しなければなりません。

相続財産には、**プラスの財産**と**マイナスの財産**があります（↓下図）。目につく現金や車、預金通帳などのほかに不動産の権利書や株の取引報告書、銀行の貸金庫、インターネットでの取引なども調べる必要がある人もいます。特にインターネット上で取引している場合は、データを消さないように注意します。

財産を洗い出し、財産目録（決まった形式はない↓P105）に記入していきます。これは、**遺産分割協議**（↓P110）の基本資料となります。

相続財産とみなされないものには、香《こう》典《でん》、故人以外が受取人になっている生命保険金、退職前に死亡して遺族に支払われる死亡退職金、墓地や仏壇などの財産などがあります（↓P136）。

プラスの財産とマイナスの財産

プラスの財産

- 現金や預貯金などの現物財産
- 家財道具、自動車、貴金属、骨董品《こっとうひん》などの動産
- 土地や家屋の所有権（不動産）
- 賃借権、抵当権などの不動産上の権利
- 株式、国債、社債などの有価証券
- 故人が受取人の生命保険金
- 特許権、商標権、著作権など
- その他、売掛金、貸付金、損害賠償請求権、慰謝料請求権など

マイナスの財産

プラスの財産よりマイナスの財産のほうが多い場合は相続の放棄（➡P106）も考えられる。

- 借金、ローンなどの負債
- 未納の税金など
- 営業上の未払い金などの買掛金
- 不法行為や債務不履行などの損害賠償債務

✻ 財産目録の例

亡くなった方の遺した財産を、プラスのものもマイナスのものも洗い出し、記録に残しておきましょう。

		種　類	面積・数量	評価の目安	予想価額
財産の部	土地	東京都文京区 湯島北○-○-○	120.5㎡	調査中	円
					円
					円
	家屋				円
					円
					円
	有価証券	○○証券○○支店／ ○○㈱の上場株	500株		1,000,000 円
					円
					円
	預貯金	○○銀行○○支店 普通			残高10,153,386 円
		△△銀行△△支店 普通			残高1,512,383 円
					円
	その他	金塊（書斎の金庫内）			200,000 円
					円
					円
	財産合計				円
債務の部	種類・細目				債務金額
	××銀行××支店　借入日○年○月○日				1,253,400 円
					円
					円
	債務合計				円
差引純資産価格					円

3か月以内

相続の放棄と限定承認を検討する

ここが大切！

✔ **相続放棄**する場合は、**プラスの財産**も**マイナスの財産**も**放棄**する。

✔ **限定承認**は**相続人全員**で申請しなければならない。

負債も相続する単純承認 すべて放棄する相続放棄

相続人は、被相続人の財産だけもらい、借金は逃れるというわけにはいきません。しかし、「相続をする」「相続をしない」を選ぶことはできます。

プラスの財産も**マイナスの財産**（⬇P104）もまとめて相続することを**単純承認**、プラスの財産もマイナスの財産も相続しないことを**相続放棄**といいます。相続放棄をすると、その人の相続権は子や孫に**代襲**《だいしゅう》もされなくなります（**代襲相続**⬇P86）。

財産の内容がわからないときは限定承認を選べる

相続財産がマイナスであることが明白なときは相続を放棄すればよいのですが、プラスの財産とマイナスの財産のどちらが多いかがわからないときは、**限定承認**という方法を選べます。

これは、相続財産の範囲内でのみ債務（借金などを返す義務）を弁済《べんさい》すること

相続放棄の手続き

申述人	原則として放棄する相続人 （未成年者または成年被後見人の場合は法定代理人）
申述先	被相続人の最後の住所地を管轄する家庭裁判所
必要なもの	①相続放棄申述書（➡P108） ②被相続人の住民票の除票 ③被相続人の戸籍（除籍）謄本《とうほん》　④申述人の戸籍謄本 ※事案によって追加書類があることも
費用	申述人1人につき収入印紙800円分、 連絡用の郵便切手代
期限	相続を知った日から3か月以内

限定承認の手続き

申述人	相続人全員が共同で（相続放棄者を除く）
申述先	被相続人の最後の住所地を管轄する家庭裁判所
必要なもの	①家事審判申立書（限定承認申述書）（➡P109） ②被相続人の出生から死亡までの戸籍（除籍）謄本 ③申述人の戸籍謄本（相続人各1通） ④財産目録（債務を含む） ※事案によって追加書類があることも
費用	申述人１人につき収入印紙800円分、 連絡用の郵便切手代
期限	相続を知った日から3か月以内

を条件に相続を承認するものです。相続財産から債務を弁済したあと、余りが出れば、それを相続することができます。逆に、相続財産で足りないときは、自分の財産で弁済する必要はありません。

なお、**限定承認は相続人全員が共同で申請**しなければならないので、1人でも単純承認を主張すれば、他の相続人は限定承認を選ぶことができません。また、相続人のうち誰かが相続を放棄した場合は、その人以外が同意すれば限定承認することができます。

相続放棄と限定承認の手続きは3か月以内に

相続放棄や限定承認は、**相続が開始して自分が相続人であることを知った日から3か月以内**に、家庭裁判所に申し出なければなりません。この期限を過ぎると、無条件に単純承認、つまり財産も債務もすべて相続するとみなされます。

また、相続放棄や限定承認を申し出る前に一部でも財産を処分した場合にも単純承認とみなされます。財産をすべて把握するまでは処分は控えましょう。

相続の放棄と承認の流れ

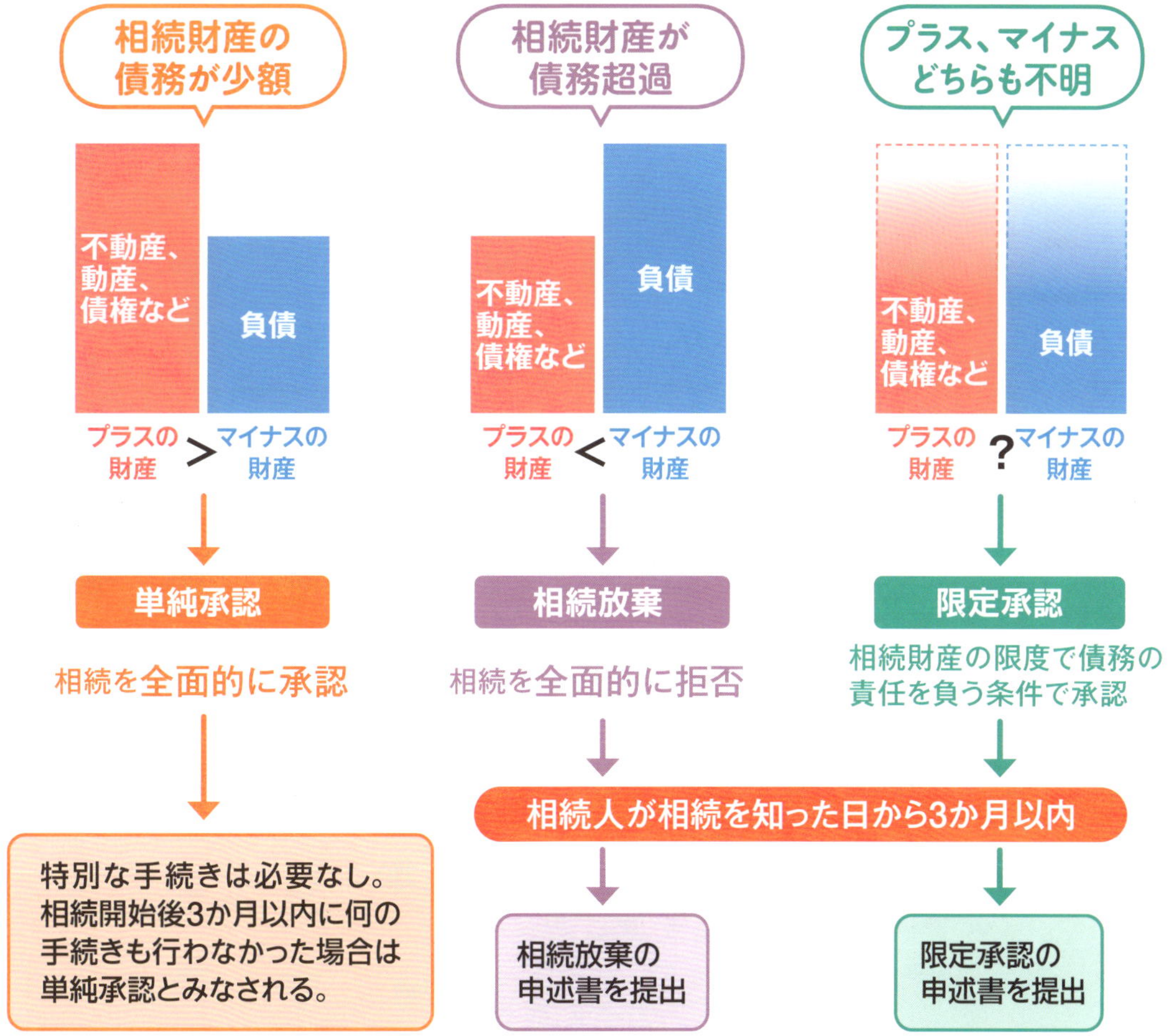

相続放棄申述書（記入例）

受付印	相　続　放　棄　申　述　書
収入印紙　円 予納郵便切手　円	（この欄に収入印紙800円分を貼ってください。） （貼った印紙に押印しないでください。）

収入印紙800円分を貼る

準口頭		関連事件番号　年（家　）第　号

○○家庭裁判所 御中 ○年 ○月 ○日	申述人 （未成年者などの場合は法定代理人） の記名押印	西東 太郎　印（西東）

末成年者などの場合は法定代理人の署名と押印

添付書類	（同じ書類は１通で足ります。審理のために必要な場合は，追加書類の提出をお願いすることがあります。） ☑ 戸籍（除籍・改製原戸籍）謄本（全部事項証明書）　合計 2 通 ☑ 被相続人の住民票除票又は戸籍附票 □

添付書類をチェックし、何通かを記入

申述人	本籍（国籍）	東京 ㊥都 道 府 県　文京区湯島北1丁目2番地
	住所	〒113－0000　電話 03（0000）0000 東京都文京区湯島北1丁目2番3号　（　方）
	フリガナ 氏名	西東《セイトウ》 太郎《タロウ》　○年○月○日 生（○歳）　職業 会社員
	被相続人との関係	※被相続人の……… ①子　2 孫　3 配偶者　4 直系尊属（父母・祖父母）　5 兄弟姉妹　6 おいめい　7 その他（　）
法定代理人等	※ 1 親権者 2 後見人 3	住所　〒　－　電話（　）（　方） フリガナ 氏名
被相続人	本籍（国籍）	東京 ㊥都 道 府 県　文京
	最後の住所	東京都文京区湯島
	フリガナ 氏名	西東《セイトウ》 一郎《イチロウ》

平日の日中に連絡のつく番号（携帯電話など）を記入

（注）太枠の中だけ記入してください。※の部分は……法定代理人等欄の3を選んだ場合には，具体的に記……

相続放……

亡くなった人のことについて記入する

申　述　の　趣　旨
相続の放棄をする。

申　述　の　理　由	
※ 相続の開始を知った日………　○年 ○月 ○日 ① 被相続人死亡の当日　3 先順位者の相続放棄を知った日 2 死亡の通知をうけた日　4 その他（　）	
放棄の理由	相続財産の概略
※ 1 被相続人から生前に贈与を受けている。 2 生活が安定している。 3 遺産が少ない。 4 遺産を分散させたくない。 ⑤ 債務超過のため。 6 その他（　）	資産：農地……約＿＿平方メートル　現金 預貯金………約 120 万円 山林……約＿＿平方メートル　有価証券……約＿＿万円 宅地……約 150 平方メートル 建物……約 60 平方メートル 負債………………………約 1,000 万円

（注）太枠の中だけ記入してください。※の部分は，当てはまる番号を○で囲み，申述の理由欄の４，放棄の理由欄の６を選んだ場合には，（　）内に具体的に記入してください。

亡くなった人が遺した財産（負債を含む）を記入する

限定承認申述書（記入例）

受付印	家事審判申立書　事件名（相続の限定承認）
収入印紙　円 予納郵便切手　円 予納収入印紙　円	（この欄に申立手数料として1件につい…さい。） （貼った印紙に押印しないでください。） （注意）登記手数料としての収入印紙を納付する場合は，登記手数料としての収入印紙は貼らずにそのまま提出してください。

準口頭		関連事件番号　年（家　）第　号

○○家庭裁判所 御中 ○年　○月　○日	申立人（又は法定代理人など）の記名押印	西東 太郎　㊞西東 森 恵子　㊞森

添付書類	（審理のために必要な場合は，追加書類の提出をお願いすることがあります。）

~~申立人~~ 申述人	本籍（国籍）	（戸籍の添付が必要とされていない申立ての場合は，記入する必要はありません。） 東京 ㊥都 道府県 文京区湯島北1丁目2番地
	住所	〒113－0000　電話 03（0000）0000 東京都文京区湯島北1丁目2番3号　（　方）
	連絡先	〒　－　電話（　） （　方）
	フリガナ 氏名	西東 太郎　大正 ㊥昭和 平成 ○年 ○月 ○日生（○歳）
	職業	会社員
※ 被相続人	本籍（国籍）	（戸籍の添付が必要とされていない申立ての場合は，記入する必要はありません。） 申述人太郎の本籍と同じ　都道府県
	最後の住所	〒　－ 申述人太…
	連絡先	〒　－
	フリガナ 氏名	西東…
	職業	無職

（注）太枠の中だけ記入してください…
※の部分は，申立人，法定代理人，成…
記入してください。

申立ての趣旨
被相続人の相続につき、限定承認の申立てをします。

申立ての理由
1. 申述人らは、被相続人の子であり、相続人は申述人らだけです。 2. 被相続人は、○年○月○日に死亡して、その相続が開始し、 申述人らはいずれも被相続人の死亡当日に相続の開始を知りました。 3. 被相続人には別添えの遺産目録記載の遺産がありますが、 相当の負債もあり、申述人らはいずれも相続によって得た財産の 限度で債務を弁済したいと考えますので、限定承認をすることを 申述します。

「相続の限定承認」と記入

収入印紙800円分を貼る

限定承認の場合は相続人全員の記名と押印が必要

「申立人」を二重線で消して「申述人」と入れる

添付書類を列記する

申述人が2人以上の場合は、用紙を増やして人数分すべてを記入する

申述人すべてを記入したら、最後に「被相続人」の欄を作る。住所欄には「最後の」と入れる

「遺産目録」を別紙で添付する

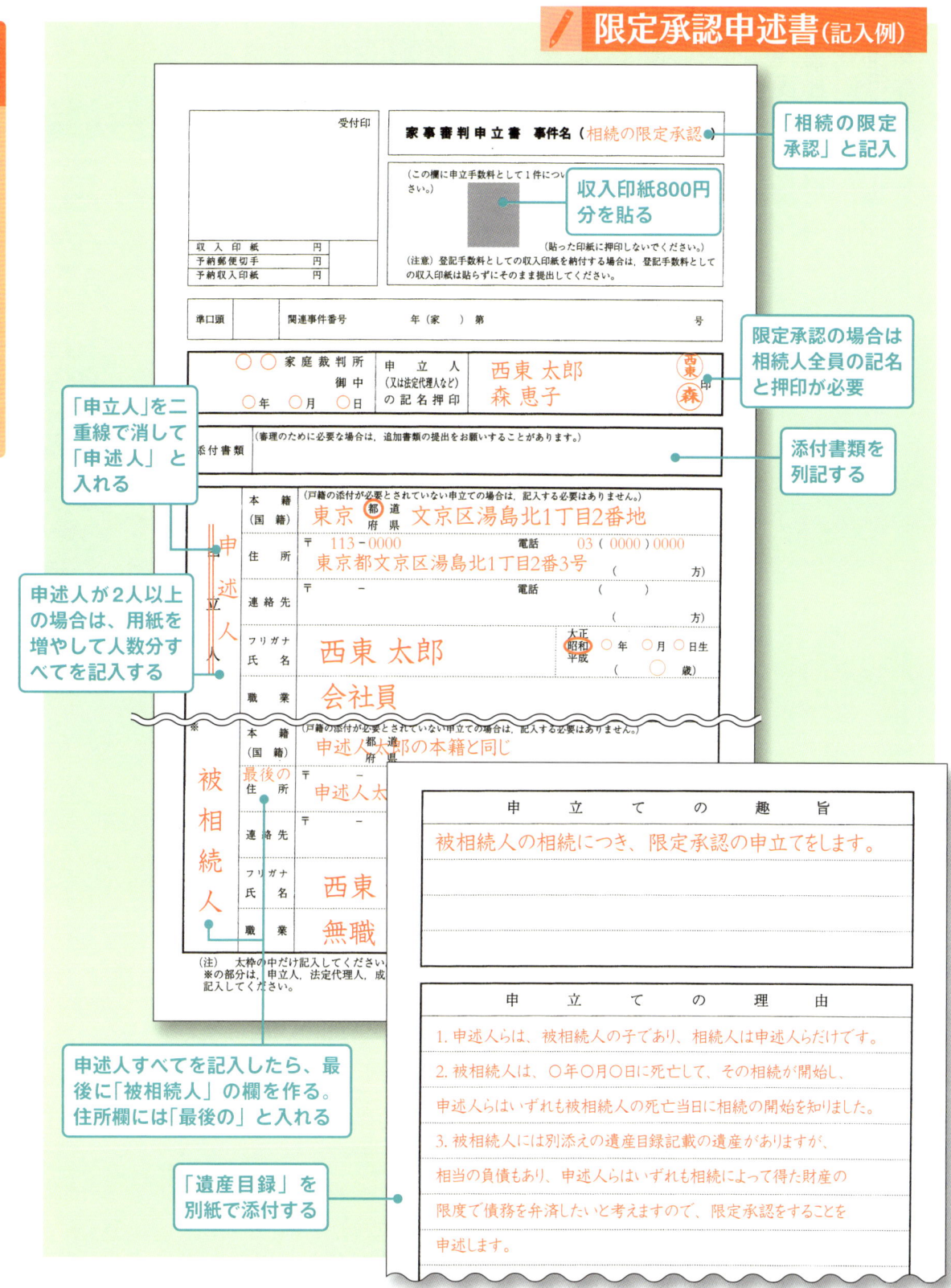

10か月以内

遺産分割協議の進め方

ここが大切！

✓ **遺産分割協議**は**相続人全員の参加**が必要。

✓ 行方不明者、未成年者、認知症などの相続人には**代理人を選任**する。

遺産分割の形態には4通りある

法定相続分（↓P88）とは異なった割合で遺産を分割するケースには、❶遺言《ゆいごん》による分割（**指定分割**）、❷協議による分割（**協議分割**）、❸家庭裁判所の調停による分割（**調停分割**）、❹家庭裁判所の審判による分割（**審判分割**）が考えられます（↓左図）。❶か❷の方法で決まらない場合は❸が行われますが、この場合も最終的には相続人が決めることになります。それでも決まらない場合は❹の審判が行われ、最終的に家事審判官が決定を下すことになります。

遺産分割協議の参加者と代理人

相続人が複数いる場合には、遺産の分割が必要です。しかし、遺言がなかったり、あっても相続分の指定しかないような場合には、**具体的な財産の分け方を話し合いによって決める**ことになります。これが**遺産分割協議**です。

遺産分割協議は、**相続人全員の参加**によって行われなければなりません。相続人に行方不明者、未成年者、認知症の人などがいる場合は、それぞれ、不在者財産管理人、親権者または特別代理人、成年後見人（↓P188）が遺産分割協議に代

遺産分割協議の進め方

相続人が複数いて、分割方法が指定されていない場合に遺産分割協議が必要となります。

1. **相続人を確定し、相続財産の範囲と評価額を確定する**

   行方不明者、未成年者、認知症などの相続人がいる場合は不在者財産管理人、親権者または特別代理人、成年後見人を選任する

2. **遺産分割協議を行う**
   全員参加が必須

3. **協議が成立する**

4. **遺産分割協議書を作成する**

理人として参加します。

　行方不明者の場合は家庭裁判所に**不在者財産管理人**の申し立てをして、選任してもらいます。未成年者の場合は、法定代理人である**親権者**（父または母）が未成年者の代理として参加するのが原則ですが、その親権者も相続人である場合は未成年者と親権者間で利益が相反することも考えられるため、家庭裁判所で**特別代理人**を選任してもらいます。認知症の人が相続人の場合は、**成年後見人**などが代理人として参加します。

遺産の範囲と額を確定し分割協議に入る

　相続人が確定したら、次に相続財産の範囲と評価額の確定を行います。財産の価額は、分割協議を行う時点での時価とします。各人が客観的なデータを持ち寄るなどして適正な額を決定します。

　協議は相続人の全員が参加しますが、必ずしも全員が集合して行う必要はなく、電話などで連絡を取り合って進めても大丈夫です。ただし、**協議の成立には全員の合意が必要**です。いったん成立した協議は一方的に解除できません。遺産の分割方法にはいくつか方法があります（⬇P112）。全員が納得できるまで話し合い、協議が成立したら**遺産分割協議書**を作成します（⬇P114）。

✳遺産分割の4つの形態

1 指定分割

遺言に指定された方法で分割する。

2 協議分割

遺言による分割の指定がないとき、相続人全員で話し合って分割方法を決める。

3 調停分割

指定分割や協議分割で話がまとまらないとき、家庭裁判所の調停により分割方法を決める。

4 審判分割

調停が成立しないとき、最終的に家庭裁判所の審判によって家事審判官が決定を下す。

10か月以内

遺産の分割方法は4種類

公平に遺産を分けるためのテクニック

遺産の分け方を被相続人によって具体的に指示されていないときは、相続人全員の話し合いによってどのように分けるかを決めなければなりません。これが**遺産分割協議**（⬇P110）です。なお、**相続放棄**（⬇P106）をした人は、この協議には参加できません。

遺産分割では、自宅、農地、事業資産、預金などをいかに公平に分けるかがポイントとなります。その分割方法はおもに4種類ありますが、相続分に合うようにこれらを適宜組み合わせて分配します。

❶現物分割

「土地は妻に、預金は長女に、株式は長男に」というように、財産を現物のまま分配します。ただし、各財産の評価や額が状況によって異なるため、その格差を金銭で支払うなどして調整する（**代償分割**）こともあります。

❷換価分割

土地や建物などのように分割できないものや、分割すると著しく価値が下がってしまうような財産の場合、それを売却し、現金に換えて、各相続人に分配する方法です。公平な分配が可能ですが、売却の手間と費用がかかります。また、**売却益に対しては所得税と住民税がかかります。**

❸代償分割

特定の相続人が、不動産や動産をそのままの形で相続する代わりに、他の相続人に自分の財産から金銭を支払う方法です。

例えば、評価が5000万円の店舗を長男が相続し、やはり相続人である会社員の次男に長男が2500万円を支払います。この場合、長男に2500万円の支払い能力があることが前提となります。

❹共有分割

複数の相続人が持分《もちぶん》を決めて財産を共有し、相続する方法です。

例えば、資産であるアパートを相続人全員で共有し、アパートの賃料を相続人全員で分けることで公平な分配とします。

借金などの債務の分割について

債務（借金などを返済する義務）も、相続人が相続分に応じて負担しなければなりません。法的には、債務は分割の対象にはなりませんが、実務上は誰がどのように債務を負担するかを決めておく必要があります。

ただし、それは相続人の間での取り決めにすぎず、債権者には通用しません。

ここが大切！

- ✓ **相続放棄**した人は**遺産分割協議**には**参加できない。**
- ✓ **4つの分割方法**を適宜組み合わせて、**公平に**遺産を分ける。

遺産の分割方法

1 現物分割

個々の財産をそのまま各相続人に分配する。

メリット

- わかりやすい。
- 故人の遺産を形を変えずに残せる。

デメリット

- 相続分どおりに分配するのは難しい。
- 相続人の間で不公平感が出る。

2 換価分割

財産を売却などして金銭に換え、
各相続人に分配する。

メリット

- 公平な分配が可能になる。

デメリット

- 売却の手間と費用がかかる。
- 譲渡益に対して譲渡所得税や住民税がかかる。
- 財産の現物が残らない。

3 代償分割

特定の相続人が不動産や動産を相続する代わりに、他の相続人に自分の財産から金銭を支払う債務を負わせる。

メリット

- 公平な分配が可能になる。
- 事業用資産や農地などを細分化せずに残せる。

デメリット

- 債務を負担する相続人に、まとまった資産がないと実現しない。
- 債務を負う相続人が、その債務を履行しないリスクがある。

4 共有分割

複数の相続人で持分を定め、
財産を共有して相続する。

メリット

- 公平な分配が可能になる。
- 不動産財産のように公平に分けにくいときに便利。
- 財産の現物を残すことができる。

デメリット

- 処分したいときにさまざまな制約が生じる。
- 共有者に次の相続が起こると、権利関係がさらに複雑になる。

10か月以内

遺産分割協議書の作り方

遺産分割協議書はなぜ必要か

相続人の間で**遺産分割協議**を行い、分割方法が確定したら（⬇P110〜113）、その合意内容を文書にまとめておきます。これが**遺産分割協議書**です。

遺産分割協議書には次のような目的があります。

- 相続人全員の合意内容を明確にする。
- 合意内容を文書にすることで、あとで無用なトラブルが起きないようにする。
- 不動産や預貯金、株式、自動車等の名義変更の手続きに必要になる。
- 相続税の申告書に添付する。

相続税の申告期限は、**死亡を知った日から10か月以内**なので、それまでに協議書をまとめる必要があります（実際には遺産分割が決定してから税金の計算を行うので、10か月より前にすませたい）。

決まったルールはないが押さえておきたいポイント

書き方には決まったルールはありません。手書きでもパソコンでの作成でもかまいません。

作成に当たって留意すべき点は、おもに次の2つです。

1つは、**誰がどの財産を取得したかが明確にわかるように**しておくこと。特に財産の記載については、当事者以外の人が見ても特定できるようにします。不動産であれば、登記簿のとおりに記載すれば間違いありません。銀行預金の場合は、銀行本支店名、口座番号、残高などを正確に記します。

2つめは、**分割協議が適正に成立したことが証明されること**。そのために**相続人全員が署名**（または記名）**のうえ押印《おういん》**します。印鑑は必ず実印を使用し、住所は印鑑証明書のとおりに記載します。

遺産分割協議書が2枚以上になる場合は、つながりを証明するために、用紙と用紙の間に**契印《けいいん》**を押しておきます。

新たに財産が見つかったときのために大切に保管

作成した遺産分割協議書は必ず大切に保管しておきます。一度遺産分割協議が終了し、相続の手続きが終わっても、あとから新たな財産が見つかって、また手続きをしなければいけなくなるといった事例も多いからです。

代表する相続人が原本を保管し、その他の方はコピーを保管するという方法でもよいですし、相続人の人数分作成してそれぞれが保管する場合もあります。

ここが大切！

- ✓ **トラブル**にならないため**遺産分割協議書**が必要。
- ✓ **相続税の申告期限より前に作成**する。
- ✓ **必ず大切に保管**しておくこと。

遺産分割協議書（作成例）

手書きでもパソコンでもよい。縦書きでも横書きでもよい

土地や建物などの不動産は、登記簿謄本《とうほん》に記載されているとおりに正確に記載する

被相続人、相続人の氏名・住所を明確に示す

遺産分割協議書

○年○月○日、被相続人西東一郎（最後の住所○○○…）の遺産について、共同相続人である西東花子、西東太郎、森恭子は、分割協議を行い、次のとおり遺産を分割し、取得することに同意した。

1. 相続人、西東花子が取得する遺産
①東京都文京区湯島○丁目○番○号
宅地：500平方メートル
②同所同番地　家屋番号○号　木造瓦葺き2階建て　居宅
床面積：200平方メートル
③上記居宅内にある家財一式

2. 相続人、西東太郎が取得する遺産
①預貯金：20,000,000円
（○○銀行○○支店　普通預金　口座番号○○○○○○）

3. 相続人、森恭子が取得する遺産
①定期預金：15,000,000円
（○○銀行○○支店　定期預金　口座番号○○○○○○）
②日本画（○○作）「湖畔」ほか3点

協議の結果、各相続人が取得することになった財産を具体的に記載する

上記のとおり相続人全員による遺産分割の協議が成立したので、本協議書を3通作成し、署名捺印のうえ、各1通ずつ保有する。

相続人の人数分作成し、各自が厳重に保管する

○年○月○日

住所　東京都文京区湯島○丁目○番○号　　氏名　西東花子　（西東）
住所　東京都文京区本郷○丁目○番○号　　氏名　西東太郎　（西東）
住所　埼玉県越谷市萩島南○番地　　氏名　森　恭子　（森）

遺産分割が成立した日付を記載

相続人全員が署名し、実印で押印する。トラブル防止のため、住所と氏名は本人の手書きのほうがよい。住所は印鑑証明の記載どおりに

10か月以内

遺産分割協議がまとまらないとき

家庭裁判所に調停を申し立てるとき

遺産分割協議は、相続人全員の合意がなければ成立しません。相続人の間でどうしても合意が得られない、あるいは出席を拒む相続人がいて協議ができない場合は、家庭裁判所に**遺産分割調停**を申し立てます。

調停は、相続人のうちの1人または数人がほかの相続人を相手方として申し立てます。そして、裁判官1人と民間から任命された調停委員が各当事者から事情を聴き、意見調整を行うなどして解決策を提案します。あくまでも**当事者の話し合い**を基本に解決を目指します。

調停が成立したら、**調停調書**が作成され、これに従って遺産分割を行うことになります。調停での合意内容には確定した審判と同じ効力があります。

なお、遺産分割調停は1か月に1回程度のペースで行われるため、解決までに時間がかかるので注意しましょう。

調停でもまとまらないときは裁判へ移行

調停を行っても話がまとまらないときは、**家庭裁判所が自動的に審判の手続きを開始**します。つまり、**話し合いから裁判へ**の移行です。

裁判官は、各相続人の主張や証拠に基づき、各相続人の一切の事情を考慮したうえで審判を行います。審判は告知の日の翌日から2週間で確定します。審判に不服がある場合は、この2週間以内に即時抗告の申し立てをすることができます。

なお、審判手続き中の話し合いで合意が得られれば、調停が成立したものとして裁判所によって調停調書が作成され、審判は終了します。

ここが大切！

- ✔相続人全員の合意が得られないときは**調停を申し立てる**。
- ✔**調停が不調**に終わったら自動的に**審判に移行**する。

調停申立ての手続き

申立人	共同相続人、遺言執行者など
申立先	相手方のうちの１人の住所地を管轄する家庭裁判所 または当事者が合意で定める家庭裁判所
必要なもの	①遺産分割調停申立書（➡P117）、当事者目録、遺産目録等 ②被相続人の出生から死亡までの戸籍（除籍）謄本《とうほん》 ③相続人全員の戸籍謄本（ケースによりその他の戸籍謄本が必要な場合もある）、住民票 ④不動産の登記事項証明書、固定資産評価証明書など
費用	収入印紙1,200円分、連絡用の郵便切手代

遺産分割調停申立書(記入例)

この申立書の写しは，法律の定めるところにより，申立ての内容を知らせるため，相手方に送付されます。

受付印	遺産分割 ☑ 調停 □ 審判 申立書
収入印紙 円 予納郵便切手 円	(この欄に申立て1件あたり収入印紙1，200円分を貼ってください。) (貼った印紙に押印しないでください。)

「調停」にチェックを入れる

収入印紙を貼る

家庭裁判所 御中 ○年 ○月 ○日	申立人(又は法定代理人など)の記名押印	西東太郎 印

添付書類	(審理のために必要な場合は，追加書類の提出をお願いすることがあります。) ☑ 戸籍（除籍・改製原戸籍）謄本(全部事項証明書) 合計○通 □ 住民票又は戸籍附票 合計 通　□ 不動産登記事項証明書 合計 通 ☑ 固定資産評価証明書 合計○通　☑ 預貯金通帳写し又は残高証明書 合計○通 □ 有価証券写し 合計 通　□	準口頭

当事者		別紙当事者目録記載のとおり	
被相続人	本籍(国籍)	東京 ㊞都 道府県 文京区湯島北1丁目2番	
	最後の住所	東京 都(○) 道府県 文京区湯島北1丁目2番3号	
	フリガナ 氏名	西東一郎《セイ トウ イチロウ》	○年○月○日死亡

申立ての趣旨
被相続人の遺産の分割の（☑ 調停 ／ □ 審判）を求める。

申立ての理由			
遺産の種類及び内容	別紙遺産目録記載のとおり		
被相続人の債務	□ 有	□ 無	☑ 不明
☆特別受益	☑ 有	□ 無	□ 不明
遺言	□ 有	☑ 無	□ 不明
遺産分割協議書	□ 有	☑ 無	□ 不明
申立ての動機	☑ 分割の方法が決まらない。 □ 相続人の資格に争いがある。 □ 遺産の範囲に争いがある。 □ その他（　）		

申立人と相手方（申立人以外の共同相続人全員）の区別を明らかにしたうえで、該当する者全員を記入する

この申立書の写しは，法律の定めるところにより，申立ての内容を知らせるため，相手方に送付されます。

当事者目録

☑申立人 □相手方			
	本籍(国籍)	東京 都(○) 道府県 文京区湯島北1丁目2番	
	住所	〒 ー 東京都文京区湯島北1丁目2番3号 （ 方）	
	フリガナ 氏名	西東太郎《セイトウ タ ロウ》	大正 昭和 平成 年 月 日生（ 歳）
	被相続人との続柄	長男	

不動産の登記簿謄本の記載のとおりに遺産の全部を記入する

遺産目録(□特別受益目録)

【土地】

番号	所在	地番	地目	地積	備考
		番		平方メートル	
1	東京都文京区湯島北1丁目	2	宅地	200.00	建物1の敷地

遺産目録(□特別受益目録)

【建物】

番号	所在	家屋番号	種類	構造	床面積	備考
					平方メートル	
1	東京都文京区湯島北1丁目2番3号		居宅	木造瓦葺2階建	1階 50.00 2階 45.00	

遺産目録(□特別受益目録)

【現金，預・貯金，株式等】

番号	品目	単位	数量(金額)	備考
1	○○銀行○○支店 普通預金 (番号○○○○○○)		5,000,000円	西東花子が保管

不動産の登記簿謄本の記載のとおりに遺産の全部を記入する

被相続人から生前に贈与を受けているなど、特別な利益を得ている者がいる場合には、特別受益目録を別途に作成する

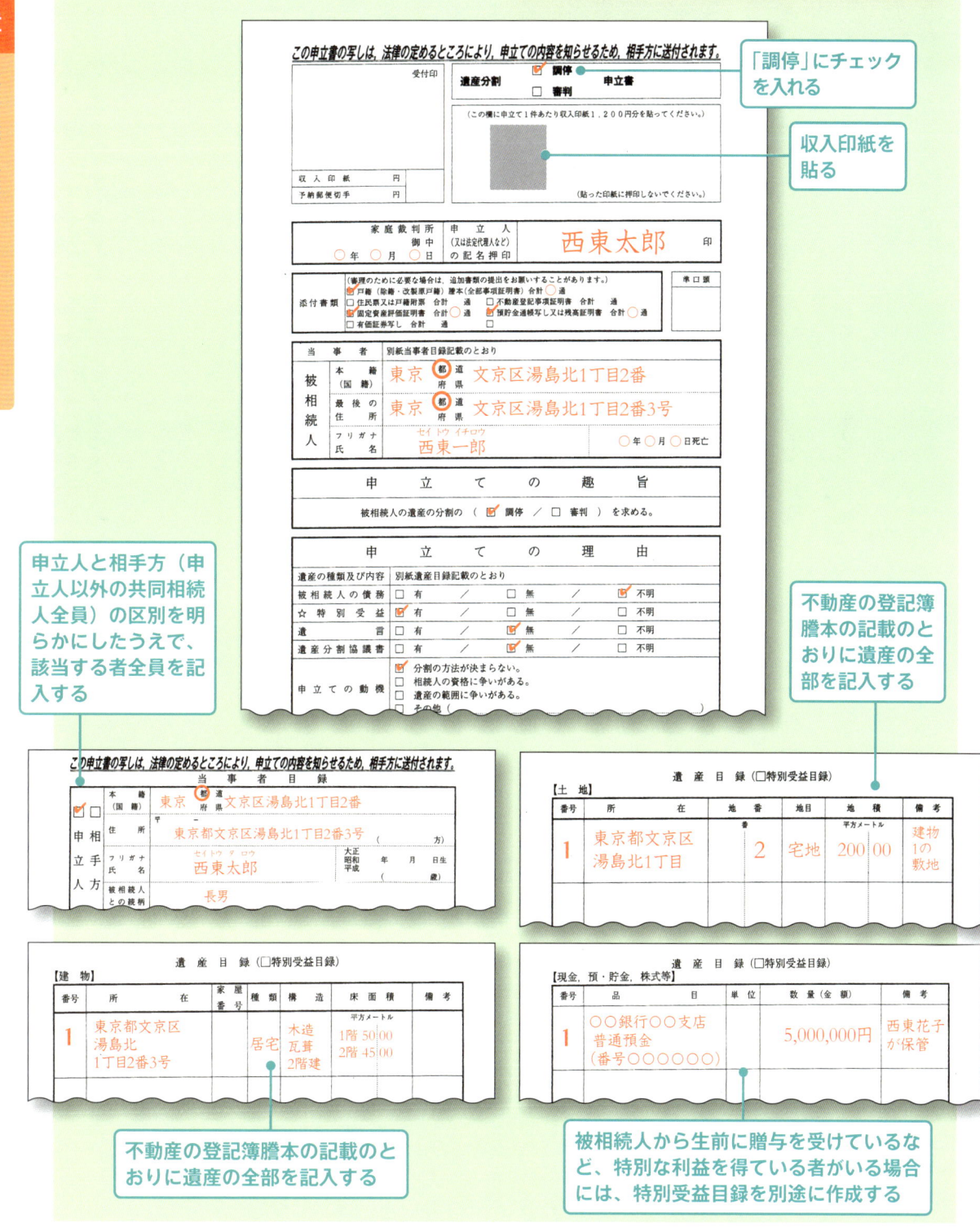

できるだけ速やかに

金融機関での相続手続き

ここが大切！

- ✔ 口座名義人が死亡すると**口座は凍結**される。
- ✔ **必要書類**は、**金融機関、遺言の有無**などによって**異なる**。

口座名義人が死亡するとなぜ凍結されるのか

銀行などの金融機関では、**預貯金口座などの名義人が死亡すると、その口座のすべての取引を停止させる**ため、その口座からお金を引き出すことができなくなります。つまり、金融機関が「**死亡した事実を知ったとき**」に**口座が凍結**されます。**亡くなった方の預貯金は、死亡した時点から相続財産**となります。そのため、一部の相続人が勝手に預金を引き出して他の相続人の権利が侵害されるのを防ぐために凍結されるのです。

故人の口座が公共料金等の引き落とし先となっていた場合、口座の凍結時点から引き落としされなくなってしまうので注意しましょう。

口座が凍結される前に全額引き出すことも可能ですが、その場合は他の相続人から疑念をもたれてしまい、トラブルに発展することもあるため、いくら引き出したのかを証明できるように通帳に記帳したり、引き出したことを他の相続人に細かく報告することが必要です。

また、2019年7月より、生活費や葬儀費用の支払い等で故人の預貯金から引き出しが必要な場合、払い戻しが可能となりました（**口座凍結の緩和**）。被相続人が単独で払い戻しをできる額は、**【口座ごとの預貯金額×法定相続分×3分の1】**です。ただし、同一の金融機関に法務省令で定めた額は150万円が限度とされているため、大体この水準で見積もっておきましょう。

預貯金の相続の手続きは大変な労力がかかる

預貯金口座の名義人が亡くなったら、遺族や遺言《ゆいごん》執行者などは**預貯金の相続（払い戻し等）の手続き**を行わなければなりません。預貯金の相続手続きにおいては、通常、**相続人全員の同意**がないと金融機関は解約・払い戻しに応じてくれません。手続きに必要な書類は、各銀行、ゆうちょ銀行で共通しているものと異なるものとがあります。まず原則として必要な書類は以下のとおりです。

- 被相続人の出生から死亡までの戸籍・除籍・原戸籍謄本《げんこせきとうほん》（⬇P102）
- 相続人全員の現在戸籍謄本
- その他被相続人と相続人との関係を明らかにする戸籍謄本
- 遺産分割協議書（⬇P114）
- 相続人全員の印鑑証明書
- 払戻請求書
- 振り込み用紙
- 被相続人の通帳、預金証書、キャッシ

預貯金相続の手続きの流れと必要書類

必要書類を揃えたり、金融機関に何度も足を運んで手続きを進めるには大変な労力が必要となります。預貯金の件数が多いときや金額が大きいときは、行政書士などの専門家に代行してもらうことも1つの手です。

STEP 1 手続きの申し出

各取引金融機関に連絡し、具体的な相続の手続きについて相談する。

STEP 2 必要書類の準備

以下の4つのケースによって準備すべき書類が異なる。
詳しくは取引金融機関に問い合わせよう。

1 遺言書がある場合

- 遺言書
- 遺言検認調書または遺言検認済証明書（公正証書遺言以外の場合）
- 被相続人の戸籍謄本または全部事項証明書（死亡が確認できるもの）
- その預金を相続される方（遺言執行者がいる場合は遺言執行者）の印鑑証明書
- 遺言執行者の選任審判書謄本（裁判所で遺言執行者が選任されている場合）

2 遺言書がなく遺産分割協議書がある場合

- 遺産分割協議書（法定相続人全員の署名・捺印《なついん》があるもの）
- 被相続人の除籍謄本、戸籍謄本または全部事項証明書（出生から死亡までの連続したもの）
- 相続人全員の戸籍謄本または全部事項証明書
- 相続人全員の印鑑証明書

3 遺言書がなく遺産分割協議書がない場合

- 被相続人の除籍謄本、戸籍謄本または全部事項証明書（出生から死亡までの連続したもの）
- 相続人全員の戸籍謄本または全部事項証明書
- 相続人全員の印鑑証明書

4 家庭裁判所による調停調書・審判書がある場合

- 家庭裁判所の調停調書謄本または審判書謄本（審判書上確定表示がない場合は、さらに審判確定証明書も必要）
- その預金を相続される方の印鑑証明書

STEP 3 書類の提出

準備した書類を取引金融機関に提出する。

STEP 4 払い戻しの手続き

取引金融機関で払い戻しが行われる。

金融機関の相続手続き依頼書（記入例）

●りそな銀行の場合（りそな銀行ホームページより）

相続手続依頼書記入見本

相 続 手 続 依 頼 書（一 般 用）

依頼書を当社に提出（郵送）される日付をご記入ください

依頼日	○年 ○月 ○日

株式会社 りそな銀行 御中

（＊当社にお届けいただいている「おところ、おなまえ」を表示しています。）

お亡くなりになられた日をご記入ください

被相続人		お亡くなりになった日
おところ	○○県○○市○○町１－１－１	昭和 (平成) 年 月 日
おなまえ	りそな 太郎	

＊元号を○で囲んでください。

＊ご相続される方、それぞれご本人がご記入ください。印鑑証明書と同じ「おところ、おなまえ、印」にてご記入ください。
「相続人、受遺者、遺言執行者」は該当するものを○で囲んでください。

相続手続依頼人				
(相続人)／受遺者／遺言執行者	おところ ○○県○○市○○町1-1-1 フリガナ リソナ ハナコ おなまえ りそな 花子 （りそな）実印	相続人／受遺者／遺言執行者	おところ ○○県○○市○○町1-2-3 フリガナ サイタマ イチロウ おなまえ 埼玉 一郎 （埼玉）実印	
相続人／受遺者	おところ フリガナ おなまえ 実印	相続人	おところ フリガナ おなまえ 実印	
相続人／受遺者	おところ フリガナ おなまえ 実印	相続人／受遺者	おところ フリガナ おなまえ 実印	
相続人／受遺者	おところ フリガナ おなまえ 実印	相続人／受遺者	おところ フリガナ おなまえ 実印	

●相続人さま全員が各自直筆でご署名ください
●それぞれのご実印を押印してください
●お名前は「印鑑証明書」と同一の字体でご記入ください
●ご住所は「印鑑証明書」の住所をご記入ください

該当する箇所を○で囲んでください

貴社とお取引いたしておりました上記被相続人は過日死亡いたしました。つきましては、被相続人の貴社との次の取引における相続手続については、下記のとおりお取扱いくださるよう依頼します。
この依頼書にもとづき下記取扱内容のとおりお取扱いいただきましたうえは、後日万一紛議が生じても上記の相続手続依頼人において連帯してその責を負い、貴社には一切迷惑、損害をかけません。

（＊取引店番が母店と同一の出張所の場合、取引店名は母店名を表示しています。）

相続手続を依頼する取引	○	1. 預金・信託	○	4. 金地金等保護預り
	○	3. 保護預け証券・投資信託・実績配当型金銭信託	○	5. 貸金庫、セーフティケース・アタッシュ型

★相続手続依頼人の代表者による一括受領

記

1．相続預金・信託の表示・取扱内容

☑ イ．〔相続手続依頼人の代表者による一括受領の場合〕
下記相続預金・信託については、相続手続依頼人の代表である りそな 花子 に払戻してください。

一括受領される代表者の「おなまえ」をご記入ください

□ ロ．（名義変更がある場合、複数の相続人による受領の場合）
下記相続預金・信託については、取扱内容のとおり相続しましたので、それぞれの相続人に払戻もしくは名義変更してください。

＊ご郵送によりお手続いただく場合は、処理日のご指定はできません。ご注意ください。

預金・信託内容 取引店番／取引店名 種類／口座番号－預入番号 名義	取扱内容 払戻または名義変更を受ける者〔上記イ．の場合は記入不要〕	請求割合・金額（円）（同一口座につき請求者が2名以上の場合）	取扱区分	処理日 解約日または名義変更の日
300 東京営業部 普通預金 1234567 りそな 太郎	①	②	(払戻)／名義変更 ③	年 月 日 郵送の場合は記入不要
051 大阪営業部 定期預金 1234567 りそな 太郎			(払戻)／名義変更	年 月 日 郵送の場合は記入不要
			払戻／名義変更	年 月 日 郵送の場合は記入不要
			払戻／名義変更	年 月 日 郵送の場合は記入不要
			払戻／名義変更	年 月 日 郵送の場合は記入不要
			払戻／名義変更	年 月 日 郵送の場合は記入不要
			払戻／名義変更	年 月 日 郵送の場合は記入不要
			払戻／名義変更	年 月 日 郵送の場合は記入不要

●イ．〔相続手続依頼人の代表者による一括受領の場合〕
①は記入不要です。
②は記入不要です。
③は「払戻」をご指定ください

窓口でご相談のうえご記入ください
※ご郵送での手続の場合は、ご指定いただくことはできません

・上記の預金・信託の払戻にあたっては、店頭支払の場合を除き、解約請求書の提出は致しませんので、貴社所定の方法でお取扱いください。
・処理日の指定がない場合は、貴社所定の処理日によりお取扱いください。
・上記の預金・信託の払戻金は、後記６．指定の方法によりお支払いください。

2．通帳（証書）等の喪失（＊通帳・証書等、喪失されている場合、ご記入ください。）
上記預金・信託のうち、下記物件の所在が不明でこれらを提出することができません。
今後、下記物件は無効であることはもちろん、万一発見した場合は直ちに貴社に返却します。

通帳・証書が発見できない場合にご記入ください

取引店名	種類／口座番号－預入番号	喪失物件	取引店名	種類／口座番号－預入番号	喪失物件
東京営業部	普通預金 1234567	通帳（証書）			通帳（証書）
		通帳（証書）			通帳（証書）

（＊キャッシュカードは手続に不要ですので、お持ちの場合は、裁断のうえ破棄願います。）

【裏面へ続く】

ユカード

これらの書類を揃えるのには大変な労力が必要となります。しかも、被相続人の持つ複数の金融機関ごとに同じような手続きを行わなければならないことも覚悟しておかなければなりません。

預貯金相続の手続きは4段階

一般的に、預貯金の相続の手続きは以下の流れで行われます。

STEP1 手続きの申し出

口座名義人が亡くなったら、各取引金融機関に連絡し、具体的な相続の手続きについて相談します。これと同時にその口座での取引（預金の入出金等）は原則として制限されます。葬儀費用、入院費用などで払い戻しに応じてもらえるケースもあるので、直接金融機関に相談してください。

STEP2 必要書類の準備

❶遺言書《ゆいごんしょ》がある場合、❷遺言書がなく遺産分割協議書がある場合、❸遺言書がなく遺産分割協議書がない場合、❹家庭裁判所による調停調書・審判書がある場

3章 遺産相続の手続き

金融機関の相続手続き依頼書（記入例）

●ゆうちょ銀行の場合（ゆうちょ銀行ホームページより）

書類記号：A－1

貯金等相続手続請求書（名義書換請求書） Webサイト用

日附印

被相続人

- 死亡日 ○年 ○月 ○日
- おところ 東京都文京区湯島北1丁目2番3号
- フリガナ セイトウイチロウ
- お名前 西東一郎
- 生年月日 年 月 日

代表相続人（請求人）

- 〒 113-0000 TEL 03-0000-0000
- おところ 東京都文京区湯島北1丁目2番3号
- フリガナ セイトウハナコ
- お名前 西東花子
- 実印 （西東）
- 被相続人との続柄（ 妻 ）
- 生年月日 ○年 ○月 ○日

代表相続人以外の相続人

おところ	おところ
東京都文京区湯島北1丁目2番3号	東京都中野区中央南1丁目2番3号
お名前 西東太郎 実印	お名前 川端恵子 実印
被相続人との続柄（ 長男 ）	被相続人との続柄（ 長女 ）
おところ	おところ
お名前 実印	お名前 実印
被相続人との続柄（ ）	被相続人との続柄（ ）
おところ	おところ
お名前 実印	お名前 実印
被相続人との続柄（ ）	被相続人との続柄（ ）

遺言執行者	遺産整理受任者
おところ	おところ
お名前 実印	お名前 実印

※それぞれの相続人ご本人様が自署してください。

1 貯金等の明細

貯金の種類	記号・番号	通帳等の有無
通常貯金	123−12345678	（あり）・なし(紛失)
定期貯金	999−88888888	（あり）・なし(紛失)
		あり・なし(紛失)
		あり・なし(紛失)
		あり・なし(紛失)
		あり・なし(紛失)
		あり・なし(紛失)
		あり・なし(紛失)

上記の「通帳等の有無」欄に「なし(紛失)」と表示したものは、通帳又は証書等を紛失しましたので、未提出のまま処理してください。
なお、発見した場合は、直ちにゆうちょ銀行又は郵便局に返却します。

2 貯金等の相続方法
代表相続人の名義に書き換えてください。

- 〒 113-0000 TEL 03-0000-0000
- おところ 東京都文京区湯島北1丁目2番3号
- フリガナ セイトウハナコ
- お名前 西東花子
- 新印鑑 （西東）

3 遺言の有無（被相続人の遺言書の有無について該当する番号を○で囲んでください。）

（(1)） 無し　(2) 有り

<貯金事務センター使用欄>

確認者印		確認区分	本・代・法 人・貯・顧
特記事項			

貯金等をしておりました上記被相続人は死亡し、私(共)が上記1の貯金等(被相続人が請求した現金払が現金払規定の定めにより契約解除となった場合の払出金の戻入れを受ける権利を含みます。)を相続することになりました。ついては、私(共)は、指定した代表相続人が同貯金等を名義書換えすることに同意します。
なお、同貯金等の相続人その他の権利関係を有する者は、私(共)以外に存在しません。
上記のとおり相違なく、また、書面の記載内容についても相違ありません。万一、私ども以外の者から権利を主張されるなど、本件に関して後日どのような紛議が生じた場合においても、私(共)が連帯して責任を負い、ゆうちょ銀行又は郵便局に対しては一切迷惑・損害をおかけしません。

JP BANK ゆうちょ銀行

合の4つのケースによって準備すべき書類が異なります（⬇P119）。詳しくは取引金融機関に問い合わせます。

STEP3 書類の提出

準備した書類と、取引金融機関所定の相続手続き書類を取引金融機関に提出します。

STEP4 払い戻し等の手続き

取引金融機関で払い戻し等の手続きが行われます。

+1 Memo

どの金融機関に口座があるかわからないとき

故人がどの金融機関に口座を持っているかがわからないときは、最後の方法として、住所または勤務先の付近にある銀行に直接相談に行きます。このとき、自分が相続人であることを証明する資料が必要となります（故人の出生から死亡までの戸籍謄本《とうほん》、故人と自分との関係がわかる戸籍謄本など）。それらを提示すれば、訪問した支店および同じ銀行の他の支店にも口座がないかを調べてくれます。

できるだけ速やかに

不動産の相続手続き

ここが大切！

✓故人の**不動産の名義を移す相続登記**を行う。

✓**登記申請書は自分で**作成する。

相続登記は専門家に依頼したほうがよいことも

財産の名義変更のなかでも、とりわけ重要なのが**不動産の名義を移す**こと、すなわち**所有権移転の登記**です。相続によるこの登記を、一般に**相続登記**と呼んでいます。２０２４年から不動産登記の義務化が始まり、相続で所有権の取得を知った日から3年以内に登記することが義務づけられました。

相続登記の手続き（↓下図）は、その不動産を管轄している法務局に出向いて行いますが、かなりの手間と時間がかかります。例えば、遠くの土地や建物を相続した場合も、原則としてその土地や建物を管轄する法務局に出向かなければなりません（現在はインターネットを通じたオンライン登記申請も可能。ただし、設備や環境を整えるために時間と費用がかかる）。

また、相続登記の申請を行う前に、申請方法を正確に知る必要があり、法務局に何度も足を運んで相談することになります。ただし、法務局は手続きの相談には乗ってくれますが、法律的なアドバイスは受けられないものと考えたほうがよいでしょう。しかも、法務局は平日しか開いておらず、順番待ちで何時間も待たなければならなかったりします。

このような手間を考えると、法律や手続きの知識が豊富な専門家に依頼したほうが安心といえるでしょう。専門家に依頼すると、自分で手続きを行う場合の費用に加えて、必要書類を取得するときの手数料や相続登記申請の手数料がかかります。また、相続人の数、不動産の数や価値、権利関係の複雑さに応じて報酬が決められます。専門家に依頼する場合はよく相談し、見積もりを取ったり、ある

相続登記の手続きの流れ

1 **相続の発生**

被相続人が亡くなる。

2 **遺言書の有無を確認**

- 自筆証書遺言（↓P164）がある場合は遺言書検認の手続きを行う。
- 公正証書遺言（↓P168）があるかもしれないので、公証役場で調べてもらう。

3 **相続人を確定する**

戸籍謄本等で相続人を調べ、相続関係説明図（家系図）を作成する。

4 **相続財産を調査する**

- 相続財産がどれくらいあるか、債務がどれくらいある

登記申請書（作成例）

A4判用紙を使用。縦書きでも横書きでもOK。パソコン、手書きでもOK（鉛筆書きは不可）

登記申請書

登記の目的　　所有権移転

原　　因　　○年○月○日　相続

被相続人の死亡日を入れる

相　続　人　　（被相続人　西東一郎）
東京都文京区湯島北1丁目2番3号
西東太郎 ㊞
連絡先の電話番号　03-0000-0000

被相続人の住所、氏名を住民票のとおりに記載し、押印する（認印で可）

添付書類　　登記原因証明情報　　住所証明情報

その他、固定資産税評価証明書など

申請人の住所へ送付の方法により登記識別情報の通知を希望します。

郵送で申請する場合の文言。この記載がないと、郵送で返却してくれず、法務局へ完了後の書類を受け取りに出向く必要がある

○○年○月○日申請　　○○法務局○○出張所

課税価格　　金5,000万円
登録免許税　　金20万円

固定資産の価格（評価額）を記載。1,000円未満は切り捨て。評価額は「固定資産評価証明書」で確認（➡P125）

課税価格の0.4%を記載。100円未満は切り捨て

登録免許税分の収入印紙を貼る（➡P125）

不動産の表示
所在　　東京都文京区湯島北1丁目
地番　　2番3
地目　　宅地
地積　　123.45㎡

登記事項証明書の記載どおりに記載。同じ法務局管轄に複数ある場合はすべて記載

かを早めに確定させる。

- 登記事項証明書（登記簿）を取得し、所有者等を確認する。
- 遺産が多い場合は被相続人の死亡後10か月以内に相続税の申告が必要。
- 債務が多い場合は、相続発生後3か月以内に相続放棄（➡P106）の申述をすることができる。

5 遺産分割協議（➡P110）

相続人全員で、誰がどの財産をどれだけ相続するかを協議する。

6 遺産分割協議書の作成（➡P114）

相続登記手続きや名義変更手続き、相続税の申告などに必要。

7 相続登記の申請

相続登記申請書を作成し（➡上図）、管轄の法務局へ相続登記の申請をする。

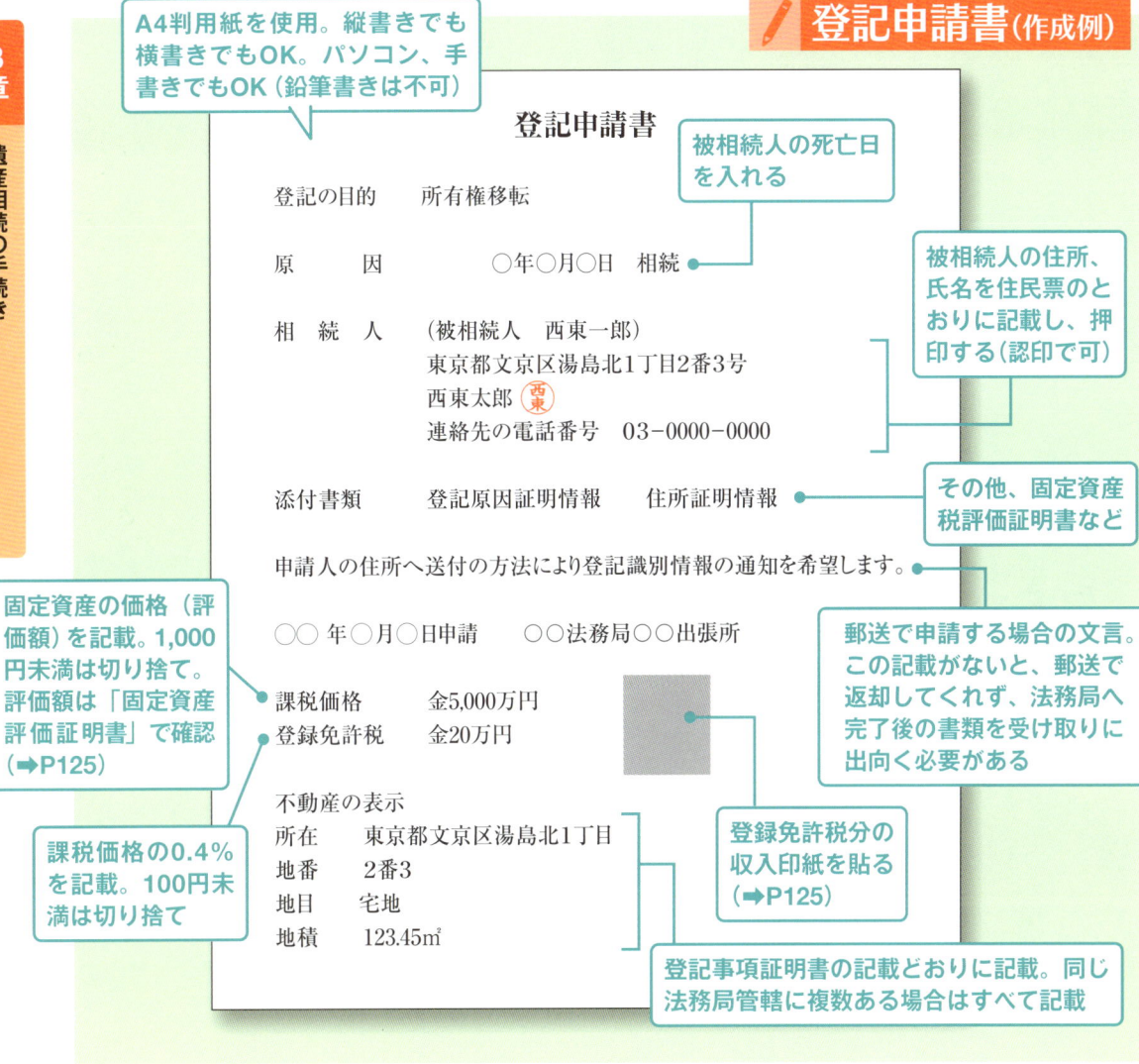

程度の上限を確認しておくなどが必要です。一般的な報酬額は5～7万円と考えてよいでしょう。

ちなみに、前述のオンライン登記申請を導入している専門家もいます。その場合は1申請につき最大で3000円、通常の登記申請よりも**登録免許税**（↓下記）が安くなります。

登記を申請するのは原則として相続人1名

相続登記を申請するのは、**原則としてその物件を相続する相続人**です。相続人が複数いる場合は、そのうちの1名が全員の分を申請することもできます。

また、**遺産分割協議**（↓P110）で、複数いる相続人のうちの1名が不動産を相続する場合は、その不動産を取得する相続人が申請します。**遺言**《ゆいごん》の場合も同様です。

なお、申請人が複数いる場合（申請登記書に申請人として**押印**《おういん》）でも、その全員が法務局へ出向く必要はなく、そのうち1人が代表して法務局へ出向いても、あるいは郵送してもかまいません。

相続登記を申請する際に提出するのが**相続登記申請書**（↓P123）です。不動産を管轄する法務局ごとにA4判の用紙を使って自分で作成します。

相続登記にかかる費用と専門家への手数料

種類	登録免許税または印紙税（実費）		専門家への手数料（例）
相続登記申請	固定資産税評価額の0.4%		不動産の価格および不動産の数等により異なる
戸籍等必要書類取得（各1通）	戸籍謄本	450円	1,000円
	改製原戸籍・除籍謄本	750円	
	住民票	300円	
	評価証明書	400円	
登記簿謄本（1通）			800円
遺産分割協議書作成			5,000円
相続関係説明図作成			5,000円
日当			必要な場合と必要ない場合とがある

+1 Memo 住宅購入時に必要な登録免許税とは

住宅や土地を購入するときには、印紙税、消費税、登録免許税、不動産取得税などの税金がかかります。印紙税とは、住宅の売買契約書や住宅ローンの契約書などを交わすときに契約書にかかる税金で、原則として収入印紙を契約書に貼付して納税します。

登録免許税とは、登記を申請するときに国（法務局）に納める税金で、資産の権利に移転や変更があった場合に、国が税金を課すと法律で定められています。支払い方法は、登記を法務局に申請する際に、登録免許税分の収入印紙を貼って納めます。つまり、登記が完了する前に納めなくてはなりません。

登録免許税の税率は、登記の目的によって異なります（不動産売買の場合は不動産の価額の2%、相続の場合は0.4%など）。不動産の価額は、その価値が記してある「固定資産評価証明書」（管轄の税務署や市町村役場で取得できる）で確認します。

相続登記が必要になる3つのケース

相続登記の手続きは、大きく3つに分けられます。それぞれのケースによって、必要書類が若干異なります（↓下表）。

❶遺産分割協議による相続登記

遺言書がある場合でも、遺言書と異なる遺産分割協議をすることもあり、その場合は遺産分割協議による相続登記を行います。そのため、遺産分割協議書の添付が必要です。遺産分割協議書では、誰がどの不動産を相続するのかが明確にされ、相続人全員の署名と実印の押印がなされています。印鑑証明書も併せて添付します。

❷遺言書による相続登記

遺言により相続人のうち特定の1人の名義にするなどの指定がある場合には、遺言書を添付して申請します。公正証書遺言以外の遺言の場合には、検認済みの遺言書を添付します（↓P98）。

❸法定相続分どおりの相続登記

法定相続人が複数いる場合（**共同相続人**）は**共同相続登記**を行います。つまり、共同相続人全員が共同して相続登記を申請しますが、共同相続人のなかの1人が全員のために申請することもできます。

以上の3つのケースに共通する書類は、**固定資産評価証明書**と**相続関係説明図**です。前者は登録免許税の算出のため、登記申請年度の固定資産評価証明書（または固定資産税納税通知書）の添付も求められます。市区町村役場（東京23区の場合は都税事務所）にて取得します。後者は、被相続人の相続人が誰であるかを一目でわかるように図式化したもので、これを提出すると、戸籍の原本を返却してもらえます。

相続登記に必要な書類

● 常に必要　● ケースにより必要

相続登記に必要な書類はケースにより異なるので、事前に法務局で確認すること。
また、遺言書は公正証書遺言を除き、家庭裁判所の検認を受けていることが必要。

	相続登記の種類	遺言による	遺産分割協議による	法定相続による
申請書等	登記申請書	●（常に必要）	●（常に必要）	●（常に必要）
申請書等	相続関係説明図	●（ケースにより必要）戸籍謄本等の原本の還付を受けたい場合に必要		
被相続人	戸籍謄本等	●（常に必要）死亡の記載	●（常に必要）出生～死亡	●（常に必要）出生～死亡
被相続人	住民票（除票）	●（常に必要）	●（常に必要）	●（常に必要）
相続人	戸籍謄本（被相続人の戸籍謄本で援用可）	●（常に必要）不動産の取得者のみ	●（常に必要）全員	●（常に必要）全員
相続人	住民票（申請書に住民票コードを記載した場合は省略可）	●（常に必要）不動産の取得者のみ	●（常に必要）不動産の取得者のみ	●（常に必要）全員
その他	遺言書	●（常に必要）	ー	ー
その他	遺産分割協議書	ー	●（常に必要）	ー
その他	相続人の印鑑証明書	ー	●（常に必要）	ー
その他	固定資産評価証明書	●（常に必要）	●（常に必要）	●（常に必要）
その他	司法書士への委任状	●（ケースにより必要）	●（ケースにより必要）	●（ケースにより必要）

できるだけ速やかに

その他の財産の名義変更

上場株式と非上場株式の名義変更

昨今は、**株式**などの**有価証券**を保有している人も増えています。亡くなった方（被相続人）も、家族が知らないところで保有している可能性が多々あります。株式などの有価証券を発見した場合は、相続人は所有者の**名義変更**をする必要があります。名義変更をせずに売却することはできません。また、配当金の受け取りなど株主としての権利を行使することもできません。

株券には**上場株式**と**非上場株式**があります。上場株式の相続は、銀行預金の相続の方法と似ています（⬇P118）。まず、被相続人が証券口座を開設している**証券会社**に死亡の事実を伝え、相続手続き依頼書を発行してもらって、必要書類を揃えて手続きを行います。証券会社によって手続きの方法が異なるので、事前に確認しましょう。

非上場株式の場合は、証券会社は関係ありません。発行会社に直接名義変更の方法を問い合わせましょう。

自動車、軽自動車、自転車、バイクも名義変更する

自動車についても**名義変更**の手続きが必要です。車を売却したり廃車にしたりする場合でも、まずは相続人が被相続人の自動車の名義変更をして引き継がなければなりません。

相続人への名義変更は、ナンバープレートを交付している管轄の**陸運局**（運輸支局か自動車検査登録事務所）に**移転登録申請書**を提出します。相続人が複数いる場合は、**遺産分割協議書**（⬇P114）や相続人全員が記載されている戸籍謄本《とうほん》、印鑑証明書なども必要です。月末の陸運局は混み合うので注意が必要です。

廃車にしたり買い取ってもらったりする場合は、車の買い取り業者に連絡し、手続きをお願いするのも手です。

軽自動車の手続きも普通車と変わりませんが、印鑑証明書が必要なく、手続きは普通自動車より比較的簡単です。

自転車は、相続人が改めて防犯登録を行います。**原付、小型二輪、軽二輪などのバイク**の名義変更は、バイクの大きさによって多少必要書類、手続き方法が異なります。原付バイクは、被相続人の住んでいる市区町村役場にて廃車手続きを行い、その際に渡された書類で新所有者が名義変更手続きを行います。軽二輪、小型二輪の手続きは管轄の陸運局で行います。

ここが大切！

- ✓ **上場株式**は**証券会社で名義変更**する。
- ✓ **自動車の名義変更**は管轄の**陸運局**で行う。
- ✓ **自転車、バイクも名義変更**が必要。

おもな名義変更の手続き

※手続き先や相続の形態などにより、その他の書類が必要になることがある。
※遺言書は公正証書遺言の場合を除き家庭裁判所の検認を受けていることが必要。

相続財産の種類	手続き内容	手続き先	必要書類など
預貯金（➡P118）	名義変更または解約	口座のある金融機関	●金融機関所定の相続手続き書類 ●通帳、証書、各種カードなど ●被相続人の出生～死亡までの戸籍謄本など ●相続人全員の戸籍謄本および印鑑証明書 ●相続形態により、遺産分割協議書、遺言書など
不動産（➡P122）	名義変更（相続登記）	不動産の所在地の管轄の法務局	●登記申請書　●戸籍謄本、住民票の写しなど ●固定資産評価証明書　●遺産分割協議書あるいは遺言書など ●相続関係説明図（戸籍・除籍謄本などの原本を還付してもらうとき）
借地権、借家権	名義変更	地主、家主	権利を承継した旨を通知し、契約書の名義を変更してもらう。 名義変更料などの支払いは無用。
株式などの有価証券（➡P126）	名義変更	取引証券会社または株主名簿管理人（信託銀行など）	【証券会社の口座にある上場株式の場合】 ●証券会社所定の相続手続き書類 協議分割の場合 上記に加え、 ●被相続人の出生から死亡までの戸籍謄本など ●遺産分割協議書　●相続人全員の印鑑証明書 遺言または遺贈の場合 上記に加え、 ●被相続人の死亡の記載のある戸籍謄本など ●遺言書　●承継者の印鑑証明書　など
自動車（➡P126）	移転登録	陸運局など	【普通自動車の場合】 ●移転登録申請書　●自動車検査証 ●被相続人の出生から死亡までの戸籍謄本など ●相続形態により、遺産分割協議書、遺言書など ●相続人全員または代表相続人の印鑑証明書 ●手数料納付書（自動車検査登録印紙500円）
生命保険契約損害保険契約（➡P128）	契約事項変更	保険会社	保険会社所定の変更請求書、保険証券など
貸付金	通知	債務者	債務を承継した旨を通知する。
ゴルフ会員権	名義書換	ゴルフ場	●名義書換依頼書（所定のもの） ●被相続人の死亡の記載のある戸籍謄本など ●相続人の同意書または遺産分割協議書 ●新名義人の印鑑証明書　など
クレジットカード	解約	クレジットカード会社	カードそのものは解約処分となる。 ●名義人の死亡を連絡し、必要書類を取り寄せる。 ●未払い分は相続人に請求。相続放棄の場合は支払わなくてよい。
電話加入権	名義変更・解約	NTT	必要書類を問い合わせる。郵送で手続き可能。 利用休止、中断の場合は工事費が必要になる。 ※ひかり電話などの場合は電話加入権はない。契約会社に連絡して確認を。

3年以内

死亡保険金を請求する

死亡保険金は請求しなければ支給されない

生命保険には、生命保険会社の生命保険、郵便局のかんぽ生命保険、勤務先での団体生命保険、会社経営者のための経営者保険、住宅ローンを組むときに契約する団体信用生命保険などがあります。

故人（被保険者）が生命保険に加入していた場合は、**保険金の受取人や相続人は、死亡保険金を受け取る**ことができます。亡くなったときに一時金として支払われるものや、年金のように分割して受け取れるものがあります。しかし、どの生命保険も、**支払い請求の手続き**を行わない限り支払われません。

死亡保険金の請求手続きは、**死亡した日から3年以内**（かんぽ生命は5年以内）に行わないと保険金を受け取る権利がなくなってしまいます。故人がどのタイプの保険に加入しているかを**保険証券で確認**し、請求手続きを行いましょう。

また、勤務先などで、亡くなった本人も知らないうちに団体生命保険に加入していることもあります。一応勤務先に確認することも必要です。

死亡保険金を受け取ると税金がかかる

生命保険の死亡保険金には税金がかかります。被保険者、契約者、受取人が誰かによって、**相続税、所得税＋住民税、贈与税**のいずれかの課税がされます（⬇左図）。ただし、相続税が課税されるケースで**受取人が相続人の場合は、一定額（法定相続人1人当たり500万円）までは相続税は非課税**になります（⬇P143）。

そのほかにも控除が受けられることがあるので、税理士など専門家に相談してみましょう。

ここが大切！

✔ **死亡保険金**は生命保険の**被保険者が亡くなったとき**に、相続人がもらえる。

✔ 請求手続きは死亡から**3年以内**に。

+1 Memo 相続を放棄すると保険金は受け取れない？

特定の相続人を受取人とする契約の場合、保険金を受け取る権利はその相続人の固有の権利であり、民法上の相続財産に含まれないため、受取人である相続人が相続を放棄した場合でも保険金を受け取ることができます。

一方、被相続人自身を受取人とする死亡保険金は相続財産になるため、相続を放棄した相続人は死亡保険金を受け取ることができません。遺産の調査を十分したうえで保険金を受け取るかどうかを決めましょう。

保険金の請求手続きの流れ

故人が生命保険の被保険者だった

↓

契約者または受取人が保険会社へ連絡
- 申請者の氏名、保険証書番号、故人の氏名、死亡年月日、死因などを伝える

↓

保険会社から案内が届く

↓

受取人が支払い請求書などを提出

必要書類
- 支払い請求書
- 被保険者の住民票
- 受取人の戸籍抄本《しょうほん》
- 受取人の印鑑証明書
- 死亡診断書または死体検案書
- 保険証券

など

↓

保険会社による支払い可否の判断

↓

死亡保険金が支払われる

（5～7日程度）

死亡保険金にかかる税金

契約の形態	契約の具体例 契約者（保険料負担者）	 被保険者	 保険金受取人	課税される税金
契約者＝被保険者	 被相続人である夫	 被相続人である夫	 妻	相続税 相続税には各種控除があるので、相当高額な相続財産がない限り、相続税を納める必要はない（➡P134）。
契約者＝受取人	 夫	 被相続人である妻	 夫	所得税＋住民税 一時所得。ただし年金形式で受け取る場合は雑所得。
契約者、被保険者、受取人が異なる	 夫	 被相続人である妻	 子	贈与税 契約者が生存しているので、子に贈与税がかかる。

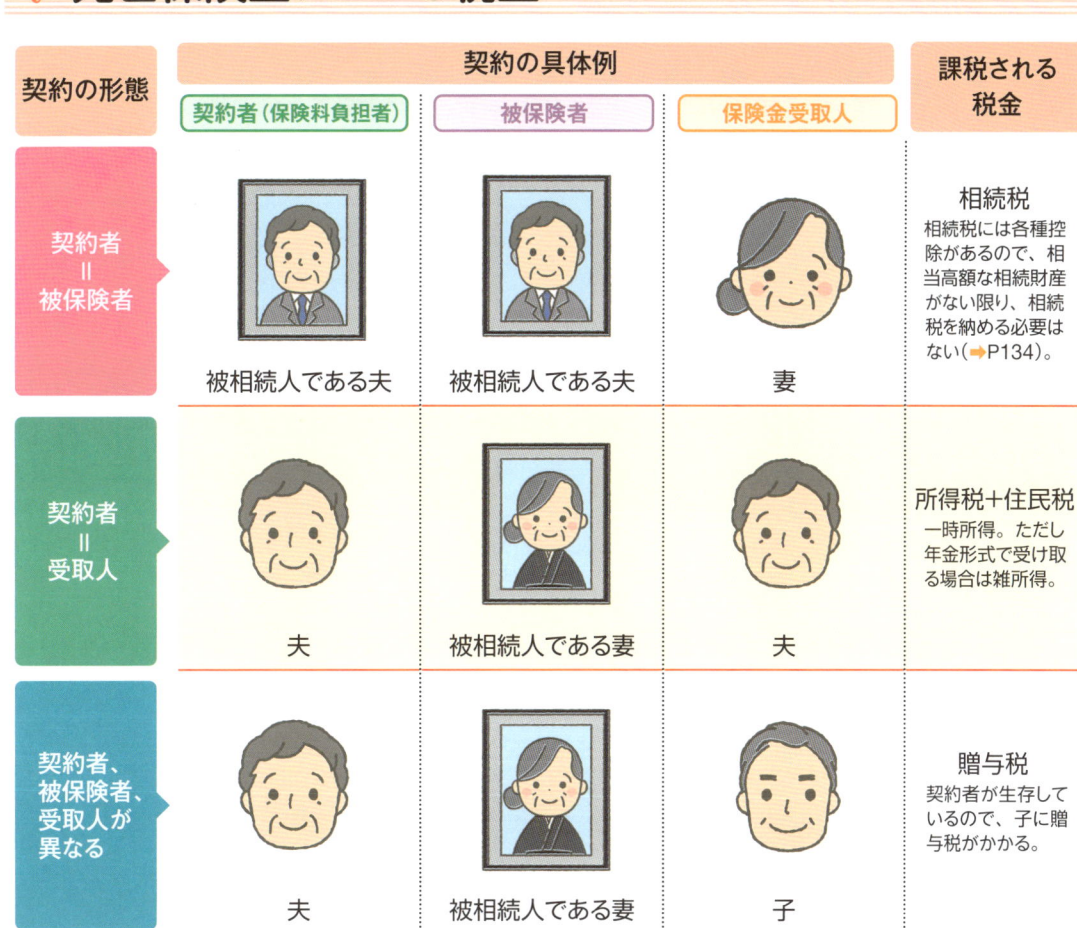

COLUMN

相続で多いトラブル

専門家に相談して、ストレス軽減、早い解決を

「うちにはもめるほどの財産はないし」と、相続問題は対岸の火事のように考えている人が多いのではないでしょうか。しかし、相続問題の多くは財産の多《た》寡《か》が原因ではありません。各家庭の状況によってさまざまな相続問題が発生します。また、相続人の数が増えればそれだけ相続争いの発生確率は高くなります。

遺産相続は、いわば不労所得です。つまり、働かずしてお金や土地を得ることができます。そこに人間の欲がぶつかり合うのは当然といえば当然といえます。こうしたトラブルが発生する原因の1つには相続に関する知識不足もあるでしょう。相続争いが長引けば、家庭裁判所に申し立てをして調停による解決策も講じなければなりません。この手間はかなりのもので、当事者には想像以上のストレスと労力がかかります。

そこで、実務的、精神的な負担を減らすためにも専門家に相談することをお勧めします。遺産相続の専門家には、弁護士、司法書士、行政書士、税理士がいます。

弁護士に依頼するケースで多いのは、相続人の間で遺産分割を巡ってもめたりしている場合です。弁護士は、法律的な観点からの相続人の利害調整を得意としています。遺言《ゆいごん》執行などの代理人業務にも対応できます。最近では親が認知症のケースのサポートも増えています。

司法書士は裁判所や法務局などに提出する書類作成や手続きを代行する専門家です。140万円以下の簡易な事案なら弁護士に代わって法律代理業務もできます。相続調査や遺産分割協議書の作成、相続登記などで相談するとよいでしょう。

行政書士は、役所など公的機関に提出する書類の作成や手続きを代行してくれます。相続問題では遺言書の作成、遺産分割協議書の作成などが代表的な業務となり、相続調査や預金・株式の名義変更手続きなども代行してくれます。

税理士は税金に関しての専門家で、多額の遺産を相続する場合やこれから相続する可能性がある場合には相談しましょう。相続する財産の価値を調べたり、相続人に有利になるような遺産配分の方法、相続税の納付方法などをアドバイスしてくれます。また、生前贈与の方法を税理士に相談するケースも増えています。

専門家を利用すると、費用はかかりますが、問題が早く解決し、当事者のストレスも軽減されます。依頼する場合は、その専門家と信頼関係が築けることが重要です。お互いにコミュニケーションがうまく取れる人を選びたいものです。

第4章

相続税の支払い

身近な人が亡くなった後の相続関係・相続税の手続き

生前

- 遺言（P162〜）、エンディングノート（P173）、成年後見制度の利用（P188） など

相続開始

身近な人（被相続人）の死亡

3か月以内

葬儀・法要（P12〜13）

- 臨終の連絡
- 通夜、葬儀・告別式
- 初七日
- 四十九日
- 納骨

（葬儀の手順はP12に詳しく）

届出・手続き

- 死亡届 → P14
- 火葬許可申請書・火葬許可証 → P16
- 世帯主変更 → P26
- 健康保険の資格喪失手続きと新規加入手続き → P28
- 年金関係の手続き → 第2章
- 公共料金等の手続き → P21〜24
- 故人の個人事業の廃業・承継の手続き → P42
- 遺言調査（捜索）・遺言書の検認 → P98
- 相続人（戸籍）調査 → P102
- 相続財産（遺産）調査 → P104
- 相続放棄・限定承認 → P106

税金関係の手続き

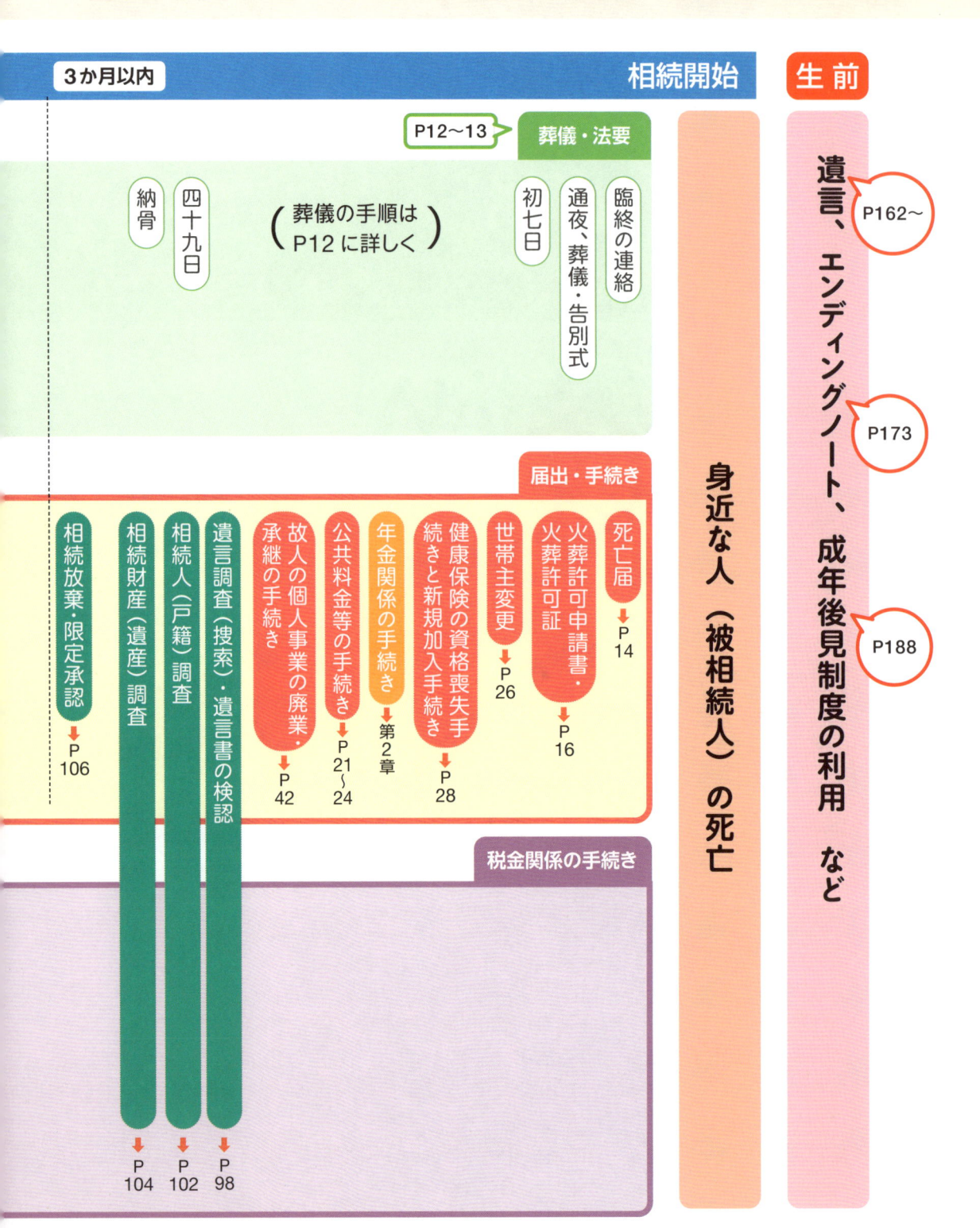

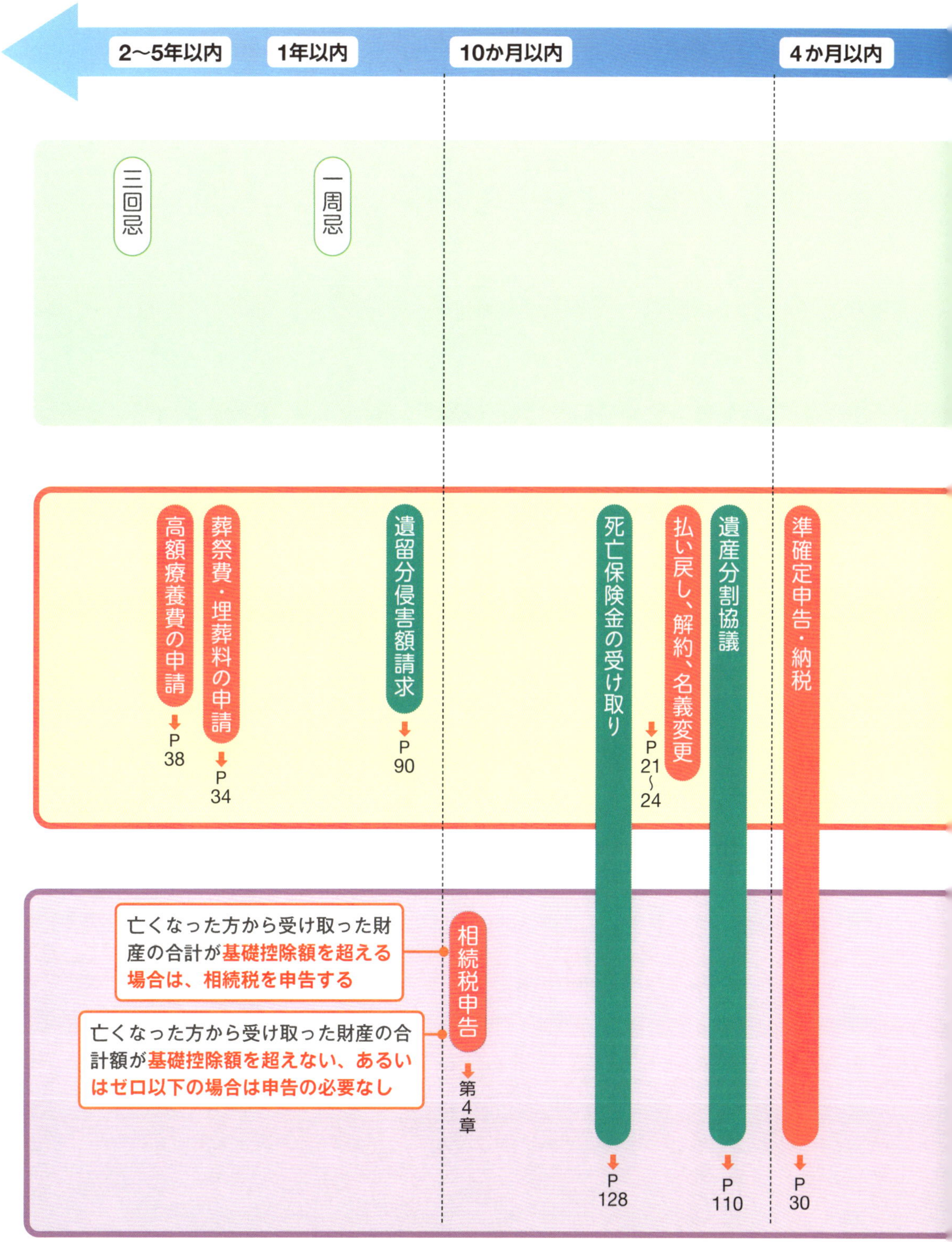
2〜5年以内
1年以内
10か月以内
4か月以内
三回忌
一周忌
高額療養費の申請
P38
葬祭費・埋葬料の申請
P34
遺留分侵害額請求
P90
死亡保険金の受け取り
P128
払い戻し、解約、名義変更
P21〜24
遺産分割協議
P110
準確定申告・納税
P30
亡くなった方から受け取った財産の合計が基礎控除額を超える場合は、相続税を申告する
亡くなった方から受け取った財産の合計額が基礎控除額を超えない、あるいはゼロ以下の場合は申告の必要なし
相続税申告
第4章

相続税が課されるとき

ここが大切！

- ✓ **遺産総額**から**控除額を引いたもの**が**課税対象。**
- ✓ さまざまな**税額控除の制度**がある。
- ✓ **みなし相続財産にも課税**される。

相続税は相続財産が一定額を超えると発生する

相続税は、被相続人の財産を相続したときに課される税金です。相続財産が一定額を超えると発生し、納付が必要となる可能性があります。相続人が海外にいても、相続財産が国内にあれば課税対象となり、**遺産が多ければ多いほど税負担が重くなる累進課税**となっています。

これは、故人の財産をそのまま受け継ぐのは不公平であり、税金の形で社会に還元すべきという考え方によります（**富の再分配**）。ちなみに遺贈《いぞう》（⬇P92）や**死因贈与**（⬇P93）によって得た財産にも相続税の納付義務が生じます。

相続税は基礎控除の額によって決まる

相続税は、相続財産を得たら必ず支払うわけではありません。土地や建物の評価額、預貯金など全財産と相続開始前3年以内の暦年贈与（⬇P174）財産（2024年1月1日以後の暦年贈与については7年以内）を合計し、そこから借金や葬儀費用を引いたものが**遺産総額**で、さらにそこから「一定額」を引いたものが**課税対象**（課税遺産総額）となります。この一定額が**基礎控除**と呼ばれるものです。控除とは、一定の金額を差し引くことです。

相続税がかかるか否かは、遺産総額と、相続税の基礎控除の額で決まります。基礎控除額は、**【3000万円＋600万円×法定相続人数】**で求めます。例えば法定相続人が配偶者と子2人の計3人の場合は、この計算式で控除額は4800万円（⬇左図）ですから、課税遺産総額が4800万円を超えない場合は相続税はかかりません。反対に、課税遺産総額が4800万円以上の場合は、超えた部分に対して相続税がかかります（⬇P144）。

さらに、相続人の置かれた状況によって、さまざまな**税額控除の制度**（⬇左表）が利用でき、これらの税額控除を加えて計算すると、相続税を支払わなくてもよいこともあります（⬇P149）。

相続税のかからない相続財産もある

相続税は、原則として相続財産のすべてを課税の対象としていますが、社会政策的見地あるいは国民感情への配慮などから相続税のかからない財産もあります（**非課税財産**⬇P136）。

その代表的なものとして、公益法人などに寄付した公益事業財産や国、地方公

✻ 基礎控除額の計算式

3,000万円 ＋ 600万円 × 法定相続人数 ＝ 基礎控除額

例 配偶者と子2人が法定相続人の場合

3,000万円 ＋ 600万円 × 3 ＝ 4,800万円

おもな税額控除の種類

1 暦年《れきねん》課税分の贈与税額控除	相続開始前の3年以内（2024年1月1日以後の暦年贈与については7年以内）に受けた贈与に対して、すでに贈与税を納めていた場合は、納付した贈与税額を差し引くことができる（➡P174）。
2 配偶者の税額軽減	以下の場合は配偶者に相続税がかからない。 ●配偶者が相続した財産が遺産の2分の1（法定相続分）以下である場合 ●配偶者の相続財産が1億6,000万円以下の場合
3 未成年者控除	未成年者は成人になるまでの期間に応じて一定額の税額が軽減される。 ●未成年者控除額 ＝ 10万円 ×（18歳 − 相続したときの年齢） ※相続したときの年齢が1年未満の端数があるときは切り上げて1年とする。
4 障害者控除	85歳未満で障害のある法定相続人の場合 ●特別障害者の控除額 ＝ 20万円 ×（85歳 − 相続したときの年齢） ●一般障害者の控除額 ＝ 10万円 ×（85歳 − 相続したときの年齢） ※相続したときの年齢が1年未満の端数があるときは切り上げて1年とする。
5 相次《そうじ》相続控除	相次いで相続が起こることを「相次相続」という。 10年以内に続けて相続があると、2回目の相続（第2次相続）では1回目（第1次相続）に払った相続税の一部を差し引くことができる。対象は法定相続人のみ。
6 外国税額控除	外国で生じた所得について、外国の法令によって所得税や相続税に相当する税金を支払っていた場合は、その金額分を日本では差し引くことができる。
7 相続時精算課税分の贈与税額控除	[贈与税と相続税を二重に払わなくてもよい制度] 相続時精算課税（➡P176）の特別控除額2,500万円を超えた部分に対して、払った贈与税額が相続税から控除される。
8 医療法人持分《もちぶん》税額控除	取得した医療法人の持分を申告期限までに放棄した場合に適用される。

共団体などに寄付した特定寄付、また、墓地や仏壇などの祭祀《さいし》財産、心身障害者共済給付金の受給権があります。また、被相続人の死亡により支払われる生命保険金（➡P128）や死亡退職金は、受取人が相続人の場合に限り、一定額が非課税となっています。

相続税の対象となる相続財産とみなし相続財産

前述の非課税財産を除いて、被相続人が所有していた財産（**本来の相続財産**）で金銭で見積もることができる経済的価値のあるものすべてが相続税の課税対象になります。

不動産や株式などの有価証券、預貯金はもちろん、借地権、著作権や特許権などや遺贈《いぞう》、死因贈与で受け取るものも課税対象となります。

また、本来は相続財産ではないのに、その経済的価値に着目し、相続税法上は相続財産とみなして課税されるものもあります。これを**みなし相続財産**（➡左図）といいます。

例えば、被相続人の死亡によって受け取る生命保険金（死亡保険金）は、生命保険会社から支払われるのであって、被相続人から相続するわけではありません。しかし、その実質的な経済的価値は本来の相続財産を取得するのと同等であるとみなされることから、相続や遺贈によって取得したものとみなして課税されるというわけです。

相続税のかからない財産（非課税財産）

1 墓地や墓石、仏壇、仏具、神を祀《まつ》る道具など日常礼拝をしているもの。ただし、骨《こっ》董《とう》的価値があるなど投資の対象となるものや商品として所有しているものには相続税がかかる。

2 宗教、慈善、学術、その他公益を目的とする事業を行う一定の個人などが相続や遺贈によって取得した財産で公益を目的とする事業に使われることが確実なもの。

3 地方公共団体の条例によって、精神や身体に障害のある人またはその人を扶養する人が取得する心身障害者共済制度に基づいて支給される給付金を受ける権利。

4 相続によって取得したとみなされる生命保険金のうち500万円に法定相続人の数を掛けた金額までの部分。

例 法定相続人が3人の場合

500万円 × 3人 ＝ 1,500万円

つまり、死亡保険金のうち1,500万円が非課税

5 相続や遺贈によってもらったとみなされる退職手当金等のうち500万円に法定相続人の数を掛けた金額までの部分。

例 法定相続人が3人の場合

500万円 × 3人 ＝ 1,500万円

つまり、退職手当金等を合計した額のうち1,500万円が非課税

6 個人で経営している幼稚園の事業に使われていた財産で一定の要件を満たすもの。

7 相続や遺贈によって取得した財産で、相続税の申告期限までに国または地方公共団体や公益を目的とする事業を行う特定の法人に寄付したもの、あるいは、相続や遺贈によってもらった金銭で、相続税の申告期限までに特定の公益信託の信託財産とするために支出したもの。

❋ 相続税の対象となる財産

本来の相続財産

被相続人が相続開始時に所有していた財産

① 現金、預貯金、株式など
② 土地、家屋などの不動産
③ 自動車
④ 書画骨董《しょがこっとう》、貴金属、宝石など
⑤ 特許権、借地権、漁業権など

みなし相続財産

本来は相続財産ではないが、その経済的価値により相続財産とみなされるもの
(➡下図)

一定の贈与財産

遺贈や死因贈与で受け取る不動産や株式など
(生前贈与の場合は贈与税がかかる➡P174)

⬇

課税遺産総額

⬇ ここから基礎控除額を引く

課税遺産総額 ＞ 基礎控除額 … 相続税がかかる

課税遺産総額 ≦ 基礎控除額 … 相続税がかからない

みなし相続財産とは

本来は相続財産ではないが、被相続人の財産とみなして相続税の課税対象とするもので、右のようなものがあります。

相続を放棄しても、みなし相続財産の受け取りには課税される

相続を放棄して本来の相続財産を取得していなくても、被相続人の死亡によって死亡保険金等を受け取っている場合は、その保険金等のみなし相続財産を遺贈により取得したものとみなされ、相続税が課税される。

1. **死亡保険金**（生命保険金、損害保険金）（➡P128）
2. **死亡退職金、功労金、弔慰金《ちょういきん》**
（被相続人の死亡後3年以内に支給が確定したもの。法定相続人1人につき500万円までは非課税限度額）
3. **生命保険契約に関する権利**
4. **定期金に関する権利**（個人年金など）
5. **遺言によって受けた利益**（借金の免除など）

財産の評価方法を知る

遺産の範囲と額を確定し遺産分割協議に入る

被相続人が遺した財産総額を知るためには、土地や建物などがいくらで評価されるのかを知る必要があります。この相続財産の価額は、**課税時期の時価で評価する**ことになっています。課税時期とは、相続開始日、すなわち被相続人の死亡日のことです。

しかし、取引価格のない財産や、美術品のように価格があってないような財産もあります。そこで国税庁では、**財産評価基本通達**によって財産を区分し、具体的な評価方法を示しています。ほとんどの財産は原則としてこの通達の定めに従って評価することになります。財産評価基本通達は法律ではありませんが、国税の世界ではそれに近い拘束力があります。

なお、甚大な災害によって被害を受けた財産の評価方法などについては、震災特例法や災害減免法の適用があります。詳しくは国税庁ホームページまたは税務署で確認しましょう。

ここが大切!

- ✔相続財産の額は**相続開始日の時価**によって決まる。
- ✔財産の評価は、**財産評価基本通達**で示されている。

✻ 財産の評価が必要なもの

相続税額を計算するとき、相続する財産を評価することが必要になります。相続財産は、現金や預貯金だけでなく、さまざまなものがあります。それらの価値を金銭で評価するには、かなりの専門知識が要求されます。そのため、税務署や税理士、行政書士などの専門家の力を借りることをお勧めします。

- 宅地
- 借地権、定期借地権
- 貸宅地、貸家建付地《かしやたてつけち》
- 農地、山林
- 上場株式、気配相場など
- 家屋、貸家
- 預貯金、貸付信託など
- 死亡保険金
- 構築物
- 書画骨董品《しょがこっとうひん》
- 棚卸資産
- 貸付金債権
- 受取手形
- ゴルフ会員権
- 著作権
- 生命保険契約に関する権利

など

宅地の評価方法は2種類

土地は、その利用状況により、法律によって23種類に区分されて定められています。そのなかで「宅地」は、「建物の敷地及びその維持若《も》しくは効用を果たすために必要な土地」と記されています。つまり、建物が建っている真下の敷地やその庭など、建物の敷地と一体として使用されている店舗や事務所の敷地など、青空駐車場の敷地などで、それ以外にもさまざまな例があります。

こうした宅地を評価するには、以下の2つの方法があります。

❶ 路線価方式

1つは路線価方式で、国税庁が示す土地（全国の主要な市街地の道路）の価格（路線価）で評価します。路線価は、実勢価格（売買取引時価）の70～80％に設定されています。例えば、実勢価格が1億円の土地の路線価は約7,000万～8,000万円となります。ただし、実勢価格は常に変動しているため、実勢価格より路線価のほうが高くなってしまうケースもあり得ます。

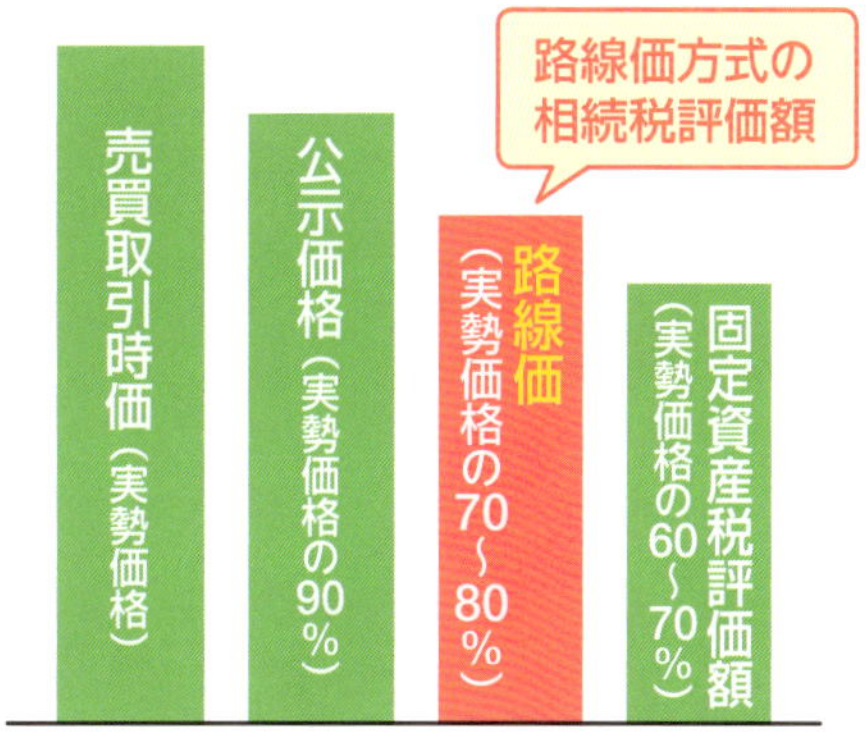

路線価方式による評価額の求め方

路線価 × 地積（登記簿上の土地の面積） ＝ 評価額

路線価は路線価図に掲載。
路線価図は税務署や国税庁のホームページで閲覧できる。

❷ 倍率方式

もう1つは倍率方式で、路線価のない土地を評価するときに、その代わりとして宅地の固定資産税評価額を使用します。ただし、固定資産税評価額は路線価より低い水準となっているので、相続税などの評価の際には、これを何倍かにして使用します。

倍率方式による評価額の求め方

固定資産税評価額 × 倍率（評価倍率表に記載） ＝ 評価額

借地権も財産の1つ

地主から有償で土地を借りて、そこに自宅を建てている場合、借地権が発生します。借地権とは、他人の土地を、建物を所有することを目的として借りている権利のことです。この権利は、地主の承諾に関係なく、相続人が継承することになります。地代や契約期間等の契約内容もそのまま引き継がれるので、新たに賃借契約を取り交わす必要はありません。ただし、相続人が確定し、借地権の新しい継承が決まったら、その相続人と地主との間で賃貸借契約を結んでおく必要があります。

借地権は借地借家法によって保護されていて、借地の上に建物がある限り、借地人は契約を更新し続けることができます。つまり、地代さえ払っていれば半永久的に使用することができるのです。さらに、地代は借地借家法によって値上げが抑制されているため、昔から借りている土地の地代は、その土地の適正価格よりかなり低く抑えられています。

このように、借地人にはかなりの利益があるため、借地権も財産の1つとして相続や贈与が課税の対象となります。この借地権割合は、国税局のホームページの財産評価基準のなかに掲載されています。

Q1 借地権を第三者に売却できる?

相続した借地権を第三者に売却することはできますが、地主の許可が必要となります。そして、その承諾料として、借地権価格の10％前後を地主に支払わなければなりません。

地主が売却を承諾しない場合は、裁判所に対して、地主の承諾に代わる借地権譲渡許可の裁判を求める申し立てをすることができます。

Q2 借地上の建物を賃貸に出せる?

相続した借地権のある借地上に建つ建物を賃貸に出すことは可能です。その場合は地主の許可をもらう必要はありません。

Q3 借地の地主が亡くなった場合はどうなる?

借地の地主が亡くなった場合は、地主の相続人が借地契約上の貸し主の地位を相続します。契約内容に変更はありません。

ただし、相続人である新しい地主がその土地を別の第三者に売却した場合、新しい地主がその土地からの立ち退きを要求することも考えられます。これに対抗するには、借地上の建物の登記が借地人の名義になっていることです。借地名義人と建物の登記名義人が同一でない場合は、建物を撤去して土地を明け渡さなければならなくなります。

貸宅地より更地のほうが評価が高い

更地《さらち》は自用地と呼ばれ、人に貸している宅地は貸宅地《かしたくち》と呼ばれます。貸宅地（借地権が設定された宅地）の所有者は地主と呼ばれます。

更地と貸宅地が同じ場所にあり、同じ面積だとして、どちらが高く売れるでしょうか。

家が建っている場合は、そこに住んでいる人に立ち退いてもらわなければなりません。立ち退いてもらうためには、立ち退き料を支払う必要もあります。そこで、更地のほうが高く売れるというわけです。

財産の評価においても同じことがいえます。つまり、借地権が設定されている土地よりも更地（自用地）のほうが高く評価されます。

家屋の評価は1棟ずつ

家屋を相続した場合、事業用であろうが居住用であろうが1棟ごとに評価されます。評価方法は倍率方式により、固定資産税評価額に一定の倍率をかけて計算します。ただし、土地の場合（➡P139）と違って、家屋の倍率はすべて1倍に統一されているので、固定資産税評価額がそのまま相続税の評価額となります。

固定資産税評価額は、家屋のある市区町村役場で確認できます。その際、「評価証明書」を入手しておきましょう。

ただし、家屋から独立した門や塀、庭木や庭石、池などの設備は別に評価されます。

貸家は家屋の約70％の評価

貸家とは、借家人がいる家屋のことです。借家人は、借家権によって保護されているため、貸家を相続した人は、簡単に貸家を処分することはできません。そのため、通常の家屋より低く70％程度に評価されます。

農地を相続したら農業委員会に届出を

農地は、純農地、中間農地、市街地周辺農地、市街地農地の４つに分けられます。例えば、市街地にある農地は、通常の宅地と同じように路線価や倍率方式で評価されます（➡P139）。市街地にあっても、レンコン畑、クワイ畑などのように多額の造成費が必要な場合は、純農地として評価されます。

農地は農地法という法律で守られていて、農地の売買は基本的には農業者でなくてはできないことになっています。親が農業に従事し、田畑を所有している場合、その相続については農地に詳しい専門家に相談したほうがよいでしょう。

農地を相続した場合は、農業委員会に届出をしなければなりません（農地取得を知った日から10か月以内)。届出をしなかった場合は10万円以下の過料が科せられます。

ちなみに、田畑を相続し、農地の納税猶予という制度を活用すると、相続税を比較的安く抑えることができます。しかし、そのためには農業をその土地で続けなければならず、家族やきょうだいなどの協力も必要になります。一方、農業を続けられない場合は、所有者の希望があれば農業委員会が利用のためのあっせんを行うことになっています。

相続した山林の届出と活用方法

親の財産を相続することになって、山林を持っていることを初めて知ったという人もいるのではないでしょうか。山林だけを相続放棄することはできませんから、しかたなく相続しても、その使い道や処分に困ることも多いようです。

立木を伐採して利益を得るという可能性はないわけではありませんが、林業の素人にとっては現実的ではありません。一方、山林でのレクリエーションのために事業者に土地を貸したり、ＮＰＯ法人や市民団体が行っている森林ボランティアの活動拠点として山林を提供することも考えられます。

山林に家を建てる場合は、その山林が都市計画区域外だと都市計画法や建築基準法で建築が規制される土地もあるので、宅地として貸せる山林かどうか確認する必要があります。自治体によっては、緑地保全を目的として一定期間の使用貸借契約を結んで保全してくれる場合もあります。

いずれにせよ、まずはどのような活用方法があるかを自治体や専門家に相談してみるとよいでしょう。

なお、山林を相続した場合は90日以内に届出が必要です。届出をしなかった場合は10万円以下の過料が科せられます。

預貯金は亡くなった日現在の残高が必要

預貯金は、相続時の残高に解約した場合の利息を加えて評価します。口座がある金融機関へ被相続人が亡くなった日現在の残高証明書を発行してもらいます。普通預金も定期預金もすべて発行してもらいましょう。定期預金の場合には、亡くなった日現在の利息計算書も発行してもらいます。普通預金など利息の額が少額の場合は、利息を含めず預入額だけで評価してもかまいません。

なお、名義が被相続人のものでなく、配偶者や子ども名義などで実質的に被相続人のものである場合でも、実際には被相続人が金融機関に預け入れたものは被相続人の財産となるので、申告が必要です。

死亡保険金には非課税枠がある

死亡保険金は、契約者（保険料負担者）である被保険者が死亡した場合、その死亡保険金は課税対象となります（➡P128）。例えば、契約して保険料を支払っていた夫が死亡し、その死亡保険金3,000万円を妻が受け取ったとします。この場合、3,000万円はみなし相続財産として遺産の総額に含められます。

ただし、相続人が保険金を受け取る場合に限って【500万円×法定相続人の人数】が非課税となります。法定相続人が妻と子ども2人の場合は、【500万円×３人＝1,500万円】で、死亡保険金【3,000万円－1,500万円＝1,500万円】が相続税の課税価格に算入されます。この法定相続人数には、相続を放棄した者も含まれます。

死亡保険金の非課税限度額
500万円×法定相続人の数

上場株式は4つのなかで最も低い金額で評価

株式には上場株式、気配相場等のある株式、取引相場のない株式がありますが、ここでは上場株式の評価基準について説明します。

上場株式は、毎日証券取引所で取引されています。下図の❶～❹のうち、いずれか低い金額が評価額となります。

❶から❹のうち、最も低い価額 ＝ 評価額

※負担付き贈与または個人間の対価を伴う取引により取得した上場株式、気配相場等のある株式（公開途上にある株式を除く）は、課税時期の取引価格により評価する。
※公開途上にある株式は、公開価格＝評価額となる。

相続税の計算の流れ

相続税の税額は、被相続人の遺産全体にかかる税額を、財産の取得者（相続人など）各人に割り当てて求めます。計算過程が複雑な場合は、税理士に依頼したほうが確実です。しかし、相続税の計算過程の特徴を知り、手順どおりに行えば、計算自体はそれほど難しくはありません。以下に計算の流れを示しておきます。

ここが大切！

- ✓ **手順どおり**に行えば、**自分で計算できる**。
- ✓ まず**基礎控除額を**算出する。
- ✓ **基礎控除額は2015年から4割減**に。
- ✓ **配偶者の相続税額**には**大幅な軽減**がある。

STEP 1 基礎控除額を計算する

基礎控除額（➡P134）は、法定相続人の数によって決まります。その計算式が、2015年（平成27年）1月1日以降から変更になり、基礎控除額が従来より4割も減ってしまったため、相続税の申告が必要な方が大幅に増える見込みとなりました（➡P145下表）。ちなみに相続税の税率も時期を同じくして変更され、最高税率がアップしました（➡P147）。

2014年（平成26年）12月31日まで
5,000万円＋1,000万円×法定相続人の数

例 夫が亡くなり、妻と子ども2人が相続する場合
5,000万円＋1,000万円×3人＝ **8,000万円**

↓ **4割減**

2015年（平成27年）1月1日以後
3,000万円＋600万円×法定相続人の数

例 3,000万円＋600万円×3人＝ **4,800万円**

+1 Memo 計算過程が複雑なときは税理士に相談・依頼を

財産が高額で、種類も多岐にわたるなどの場合は、相続税の計算も複雑ですから、専門家である税理士に依頼したほうが確実です。税理士への報酬は、依頼する税理士によって異なります。また、依頼する内容によっても変わりますが、一般的には遺産総額の0.5～1％が報酬の相場です。遺産争いや調査に時間がかかる場合は別途請求されるケースもあります。いずれにしても、相続に詳しい税理士に依頼することが大切です。

STEP 2 遺産総額を計算する

土地や建物、預金などの財産（プラスの財産）から借入金や未払い金などの債務（マイナスの財産）を引いたものが遺産総額となります。死亡保険金や死亡退職金は、それぞれ非課税限度額を超えたぶんが加算されます（➡P143）。

例 法定相続人が妻と子2人の場合

現金、預金、株式	3,300万円
土地、建物	8,000万円
死亡保険金（入金額6,000万円 − 500万円×3人）※	4,500万円
総遺産額	**1億5,800万円**
借入金	△700万円
葬儀費用	△300万円
遺産総額	**1億4,800万円**

※500万円×3人は、死亡保険金の非課税限度額。

P146へ続く

基礎控除額一覧表

法定相続人の数	2014年（平成26年）12月31日まで	2015年（平成27年）1月1日以降
1 人	6,000万円	3,600万円
2 人	7,000万円	4,200万円
3 人	8,000万円	4,800万円
4 人	9,000万円	5,400万円
5 人	1億円	6,000万円

STEP 3 課税遺産総額を計算する

遺産総額から基礎控除額（➡STEP 1）を引いたものが課税遺産総額になります。

遺産総額 − 基礎控除額 ＝ 課税遺産総額

（基礎控除額）└ 3,000万円 ＋ 600万円 × 法定相続人数

例 課税遺産総額が1億円、法定相続人が妻と子2人の場合

基礎控除額　3,000万円 ＋ 600万円 × 3人 ＝ 4,800万円
課税遺産総額　1億4,800万円 − 4,800万円 ＝ 1億円

課税遺産総額（1億円）＞ 基礎控除額（4,800万円）➡ 相続税がかかる

この時点でマイナスになる場合（課税価格より基礎控除額のほうが大きい場合）は、相続税はかからない。

STEP 4 各法定相続人の相続分を計算する

課税遺産総額を法定相続分で分割したものと仮定して計算します（➡P88）。

例 課税遺産総額が1億円、法定相続人が妻と子2人の場合

妻

長男

長女

相続額

妻	長男	長女
1億円 × $\frac{1}{2}$ ＝ 5,000万円	1億円 × $\frac{1}{4}$ ＝ 2,500万円	1億円 × $\frac{1}{4}$ ＝ 2,500万円

STEP 5 各相続人の相続税額を計算する

相続税の速算表（下表）を使って、各相続人の相続額にかかる税額を計算します。

法定相続分に応じる取得金額
× 税率（早見表）－ 控除額
＝ 各相続人の税額

相続税率の速算表

法定相続分に応ずる取得金額	税率	控除額
1,000万円以下	10%	
3,000万円以下	15%	50万円
5,000万円以下	20%	200万円
1億円以下	30%	700万円
2億円以下	40%	1,700万円
3億円以下	45%	2,700万円
6億円以下	50%	4,200万円
6億円超	55%	7,200万円

例 STEP 4の例の場合

妻　5,000万円×20%（税率）－200万円（控除額）＝800万円
長男　2,500万円×15%（税率）－ 50万円（控除額）＝325万円
長女　2,500万円×15%（税率）－ 50万円（控除額）＝325万円

STEP 6 相続税の総額を算出する

STEP5で算出した各相続人の相続税額を合計します。

例 STEP 5の例の場合

妻 800万円＋長男 325万円＋長女 325万円＝1,450万円

相続税の総額

ここから各相続人の相続税額を計算します

P148へ続く

STEP 7 各相続人の相続税を計算する

STEP6で相続税の総額が算出できたら、財産を得る相続人がそれぞれに納める相続税額を計算します。各相続人の相続税額は、実際の財産の取得割合で按分《あんぶん》（基準となる数量に比例して分ける）した金額となります。

相続税の総額 × 按分割合 ＝ 各人の相続税額

$$按分割合 = \frac{その人の課税価格}{課税価格の合計額}$$

例 STEP 5の例の場合

妻	1,450万円 × $\frac{1}{2}$ ＝ 725万円	各人の相続税額
長男	1,450万円 × $\frac{1}{4}$ ＝ 362万5,000円	各人の相続税額
長女	1,450万円 × $\frac{1}{4}$ ＝ 362万5,000円	各人の相続税額

ここから2割加算と税額控除を行う

2割加算とは

財産を取得した人が、以下の項目に該当する場合以外は、相続税額が20%アップします。

1. 1親等の血族（被相続人の父母か子）
2. 代襲相続人となった直系卑属（➡P86）
3. 配偶者

例えば、被相続人のきょうだいや祖父母、孫などが財産を相続した場合は相続税が20%アップします。遺言等で血縁のない人が財産をもらう場合も同様にアップします。ただし、代襲相続となった孫には2割加算はありません。

例 被相続人の兄が相続人の1人として相続し、相続税額が100万円だった場合

100万円 × 1.2（20%アップ） ＝ 120万円（相続税額）

税額控除を忘れずに利用する

税額控除は全部で８種類あります（➡P135）。特に配偶者の税額控除は非常に大きいので、納付税額に大きく影響します。

配偶者の税額軽減

① 配偶者の取得した財産が法定相続分以下の場合（金額の上限はない）
② 配偶者の取得した財産が１億6,000万円以下の場合

➡ 納める相続税は0になる

例 ①相続人が配偶者と子どもの場合、配偶者の法定相続分は２分の１ ➡ 相続税は0
STEP7の場合、妻の相続税額は725万円だが、配偶者の税額控除により0となる。

暦年課税分の贈与額控除

相続開始前3年以内に被相続人から贈与され、贈与税が課されていた場合、贈与税と相続税の重複を避けるために贈与税額が控除される。

控除額 ＝ 贈与を受けた年分の贈与税額 × $\frac{\text{相続税の課税価格に加算した贈与財産の価額}}{\text{贈与を受けた年分の贈与財産の合計額}}$

例 父が死亡する２年前に父から300万円、母から500万円の贈与を受けていた場合、その際に合計800万円の贈与に対して151万円の贈与税が発生した。そして、父が死亡した。

この場合は、151万円 × $\frac{300\text{万円}}{800\text{万円}}$ ＝ 56.6万円 が贈与税額控除額となる。

未成年者控除

相続開始時に年齢が18歳未満の相続人は一定額を控除される。

控除額 ＝ 10万円 × 満18歳になるまでの年数（1年未満の端数は切り上げ）

障害者控除

障害者かつ相続人である人は一定額を控除される。

一般障害者　控除額 ＝ 10万円 × 満85歳になるまでの年数（1年未満の端数は切り上げ）

特別障害者　控除額 ＝ 20万円 × 満85歳になるまでの年数（1年未満の端数は切り上げ）

10か月以内

相続税の申告のしかた

申告は故人の最後の住所地の税務署で行う

相続税の申告をしなければならない人は、以下のとおりです。

❶相続または遺贈《いぞう》（➡P92）により財産をもらった相続人

❷遺贈により財産をもらった、相続人でない人

❸死因贈与（➡P93）により財産をもらった人

❹相続時精算課税（➡P176）の適用を受ける贈与財産をもらった人

申告は、**相続の開始を知った日（通常は被相続人の死亡日）の翌日から10か月以内**に行うことになっています。

申告書の提出先は、**被相続人の死亡当時の住所地**（住民票で調べる）**を管轄する税務署**です。申告書を提出する人の住所地の税務署ではありません。また、被相続人が老人ホームなどに入居して、住民票の住所を自宅の住所から老人ホームなどの住所に変更している場合があるので注意します。**申告書を提出する人は相続人全員**で、全員が同じ税務署に提出することになります。

修正申告、更正の請求もできる

遺産の分割がすんでいないからといって申告期限が延びることはありません。この場合は、各相続人などが**法定相続分どおりに財産を取得したものとして相続税額を計算し、申告と納税を行います。**その際、小規模宅地等の特例（➡下記）や配偶者の税額軽減（➡P149）は適用されないので注意しましょう。

申告期限は守れたとしても、申告後に遺産が分割され、課税価格が申告内容と異なることとなった場合は、**修正申告**

ここが大切！

✔申告期限は、相続開始を知った日の翌日から**10か月目の日**。

✔税額が増える場合は**修正申告**、減る場合は**更正の請求**を。

+1 Memo

相続税を大幅に軽減できる小規模宅地等の特例

家の所有者が亡くなっても家族がそこに住み続ける場合、家族の誰かがその家を相続することになりますが、その宅地に多額の相続税が課されたのでは、遺族の生活が立ちゆかなくなります。そこで設けられたのが小規模宅地等の特例です。

相続前の用途が事業用や居住用であり、相続税の申告期限まで相続人がその宅地を継続して利用し、宅地の面積が居住用で330㎡まで（事業用で400㎡まで）は、評価額が最大80%減額されます。

（税額が増える場合）または**更正の請求**（税額が減る場合）により、先に行った申告内容を修正することができます。

修正申告は、自ら自主的に行った場合はペナルティが免除されますが、税務署から指摘されて修正申告をする場合は**過少申告加算税**（10％または15％）が加算され、追加で納税する分については利息に当たる延滞税が課税されます。

更正の請求については法定申告期限から5年以内に行い、払いすぎた税金の還付請求をします。税務署からは「払いすぎ」を教えてくれることはないので注意しましょう。

一方、**脱税**（期限内にした申告にごまかしや嘘があった）の場合は、**重加算税**という重い加算税（税率35％）と**延滞税**がかかります。脱税の場合は延滞税の免除期間の特例はありません。

申告漏れも、脱税も、余分な税金を払うことになるので、申告期限内に申告するようにしましょう。しかし、申告漏れか脱税かは事実認定の問題となるので、税務署の調査官や税理士に事情を説明することが必要です。

修正申告の期限と加算税

提出期限	特別なし
税金の納付期限	修正申告書提出の日まで
自分で自主的に申告	過少申告加算税、延滞税あり
税務署の指摘によって申告	過少申告加算税、延滞税あり

更正の請求の期限

提出期限	法定申告期限から5年以内
未分割財産の分割が確定したとき（小規模宅地・配偶者の税額軽減）	分割が確定した日から4か月以内

相続税申告の手続き

提出者	相続税の申告が必要な人全員
提出先	被相続人の死亡時の住所地を管轄する税務署
必要なもの	①戸籍謄本《とうほん》（家族全員の記載のあるもの） ②相続人全員分の印鑑証明書 ③遺言書《ゆいごんしょ》があればその写し、なければ遺産分割協議書の写し ④相続時精算課税適用者がいる場合は、被相続人およびその相続時精算課税適用者の戸籍の附票の写し（相続開始日以後に作成されたもの） ⑤マイナンバー確認書類及び身元確認書類（身分証明書の写し）
期限	相続の開始があったことを知った日の翌日から10か月以内（提出期限が土日祝日等に当たる場合はこれらの日の翌日が提出期限）

相続税の申告書の作成

ここが大切！

- ✓記入が難しいと思ったら、早めに**税理士に依頼**する。
- ✓申告書は**記入の順序**に従って**必要な書類**に記入する。

申告書は財産の取得者が共同で提出する

相続税の**申告書**は、財産を取得した人がそれぞれに提出する必要はなく、**1通の申告書に全員が必要事項を記入**すれば大丈夫です。しかし、互いに連絡を取ることが難しい場合などには別々に提出してもかまいません。

相続税の申告書の作成は非常に煩雑なため、評価の難しい財産があったり、遺産額が大きい場合などには**税理士**に依頼するほうが安心です。しかし、遺産額がそれほど多くなく、分割方法も複雑でない場合などは自分で作成することも十分可能です。

第1表から第15表までをケースに応じて記入する

申告書は、**第1表**から**第15表**までの申告書等と、それらの付表から構成されています。

その作成方法は、一般の場合（**相続時精算課税適用者**（⬇P176）または相続税の納税猶予等の特例の適用を受ける人がいない場合）は、大ざっぱに以下のようになります（⬇左図）。

❶相続税のかかる財産（課税財産）および被相続人の債務等について、**第9表**～**第15表**を作成する。

❷課税価格の合計額および相続税の総額を計算するため、**第1表**（⬇P154）、**第2表**（⬇P155）を作成する。

❸税額控除の額を計算するため、**第4表**～**第8表**までを作成し、**第1表**に税額控除額を転記し、各人の納付すべき相続税額を算定する。適用する税額控除がない場合は記入は不要。

納付すべき税額のある相続時精算課税適用者がいる場合は、**第11表**のほかに、**第11の2表**を作成します。また、還付される税額のある相続時精算課税適用者がいる場合は、**第11表**、**第11の2表**、および**第1表**、**第1表の付表2**を作成します。

相続税の納税猶予等の特例の適用を受ける人がいる場合は、特例に応じて、**第3表**、**第8表の2**、**第8の2～4表の付表**、**第8の5表**、**第12表**などが必要となります。

このように、ケースに応じて必要な書類を選んで記入していきます。申告書の用紙は、最寄りの税務署のほか、国税庁のホームページでも提供されています。記入方法の手引きもあるので、参考にしましょう。

❋ 申告書の記入順序

相続時精算課税適用者または相続時の納税猶予等の特例の適用を受ける人がいない場合

相続税の申告書は、❶ ～ ⑯ の順に記入していきますが、すべてを使うわけではありません。必要な書類を選び、記入していきます。なるべく黒のボールペンを使用しますが、まずはコピーしたものに記入し、間違いがないかを確認してから清書するとよいでしょう。

※第3表、第12表は農業相続人がいる場合にのみ記入する。
→ は「転記」を意味する。

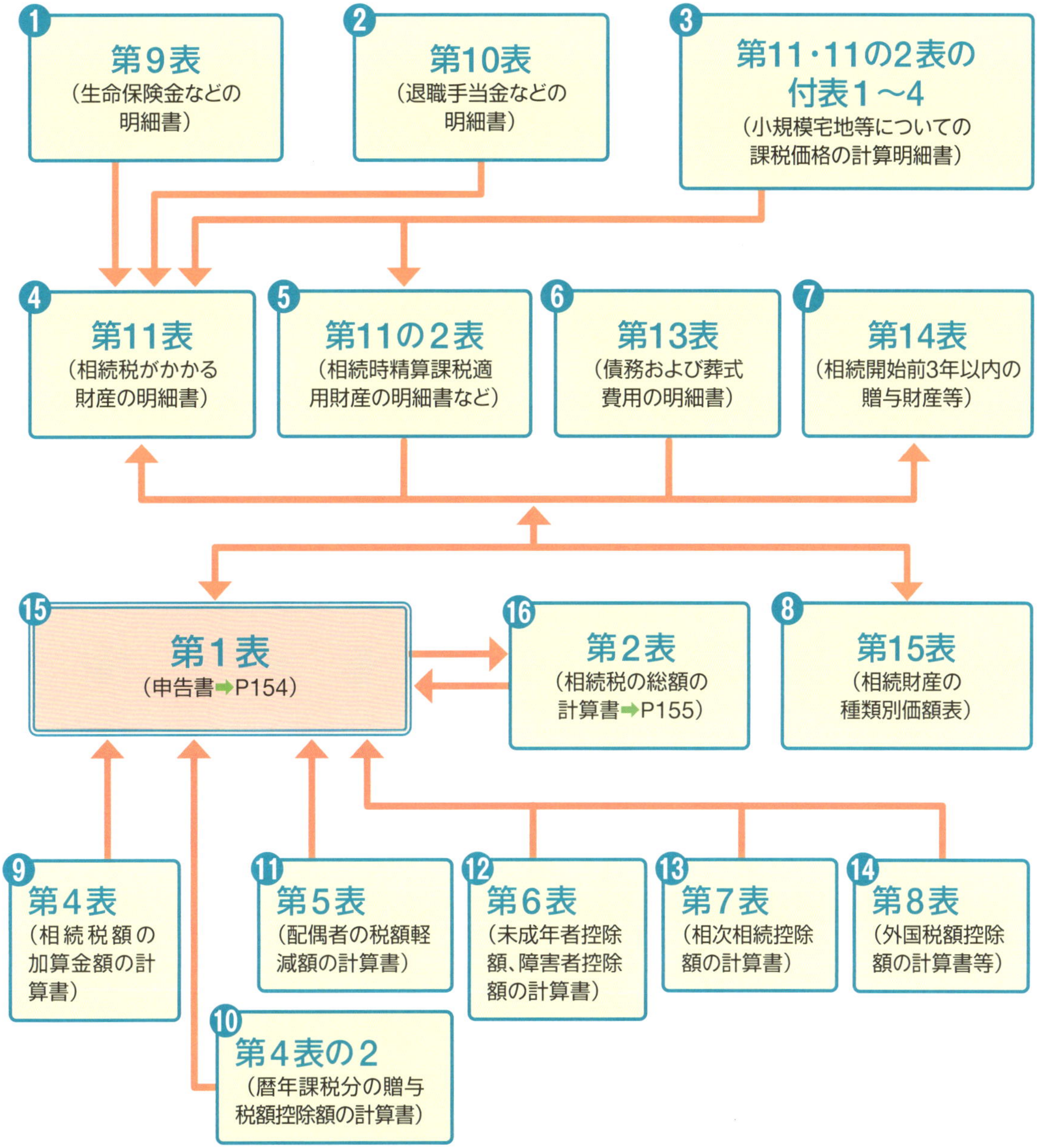

相続税申告書・第1表(記入例)

相続人が2人以上の場合は、第1表(続)に記入する

相続開始の日における職業・役職を記入する

⑫～⑭欄の税額控除については、先の順位の税額控除から差し引いていき、税額が0または赤字になった場合は、それ以上の税額控除を計算することなく、⑯欄の税額は0になる

⑯－⑰－⑱の小計が赤字になるときは、税額の左側に△をつける

相続税にかかる各相続人の実際の納付税額

相続税の申告書

文京 税務署長
○年○月○日 提出

相続開始年月日 ○年○月○日

○フリガナは、必ず記入してください。

	各人の合計	財産を取得した人
フリガナ	(被相続人) セイトウ イチロウ	セイトウ ハナコ
氏名	西東一郎	西東花子
個人番号又は法人番号		
生年月日	○年 ○月 ○日(年齢 69 歳)	○年 ○月 ○日(年齢 65 歳)
住所(電話番号)	東京都文京区湯島北1丁目2番3号	〒113-0000 文京区湯島北1丁目2番3号 (03 － 0000 －0000)
被相続人との続柄 / 職業	なし	妻 / なし
取得原因	該当する取得原因を○で囲みます。	相続・遺贈・相続時精算課税に係る贈与
※整理番号		

参考として記載している場合 (参考)

↓個人番号の記載に当たっては、左端を空欄としここから記入してください。

区分	項目		各人の合計	財産を取得した人
課税価格の計算	取得財産の価額(第11表③)	①		
	相続時精算課税適用財産の価額(第11の2表1⑦)	②		
	債務及び葬式費用の金額(第13表3⑦)	③		
	純資産価額(①+②-③)(赤字のときは0)	④		
	純資産価額に加算される暦年課税分の贈与財産価額(第14表1④)	⑤		
	課税価格(④+⑤)(1,000円未満切捨て)	⑥	000 Ⓐ	000
各人の算出税額の計算	法定相続人の数 / 遺産に係る基礎控除額		3人 000000 Ⓑ	左の欄には、第2表の②欄の回の人数及び㋥の金額を記入します。
	相続税の総額	⑦	00	左の欄には、第2表の⑧欄の金額を記入します。
	一般の場合(⑩の場合を除く) あん分割合(各人の⑥/Ⓐ)	⑧	1.00	
	算出税額(⑦×各人の⑧)	⑨		
	農地等納税猶予の適用を受ける場合 算出税額(第3表⑬)	⑩		
	相続税額の2割加算が行われる場合の加算金額(第4表1⑦)	⑪		
各人の納付・還付税額の計算	税額控除 暦年課税分の贈与税額控除額(第4表の2⑳)	⑫		
	配偶者の税額軽減額(第5表㋥又は㋭)	⑬		
	⑫・⑬以外の税額控除額(第8の8表1⑮)	⑭		
	計	⑮		
	差引税額(⑨+⑪-⑮)又は(⑩+⑪-⑮)(赤字のときは0)	⑯		
	相続時精算課税分の贈与税額控除額(第11の2表1⑧)	⑰	00	
	医療法人持分税額控除額(第8の4表2B)	⑱		
	小計(⑯-⑰-⑱)(黒字のときは100円未満切捨て)	⑲		
	納税猶予税額(第8の8表2⑧)	⑳	00	00
	申告納税額(⑲-⑳) 申告期限までに納付すべき税額	㉑	00	00
	還付される税額	㉒	△	△
この申告書が修正申告書である場合	この修正前の 小計	㉓		
	納税猶予税額	㉔	00	00
	申告納税額(還付の場合は、頭に△を記載)	㉕		
	小計の増加額(⑲-㉓)	㉖		
	この申告により納付すべき税額又は還付される税額(還付の場合は、頭に△を記載)(㉑又は㉒)-㉕	㉗		

※税務署整理欄 申告区分 年分 グループ番号 補完番号 名簿番号 申告年月日 関与区分 書面添付 検算 管理補完 確認

作成税理士の事務所所在地・署名・電話番号

税理士法書面提出 30条 33条の2

この申告が修正申告である場合の異動の内容等

※税務署整理欄 通信日付印 年月日 (確認)

○この申告書は機械で読み取りますので、黒ボールペンで記入してください。また、申告書と添付資料を一緒にとじないでください。

※の項目は記入する必要がありません。

第1表

←この申告書で提出しない人である場合(参考として記載している場合)は、(参考)を○…

(注)⑲欄の金額が赤字となる場合は、外国税額控除額(第11の2表1…)…贈与税の…ください。

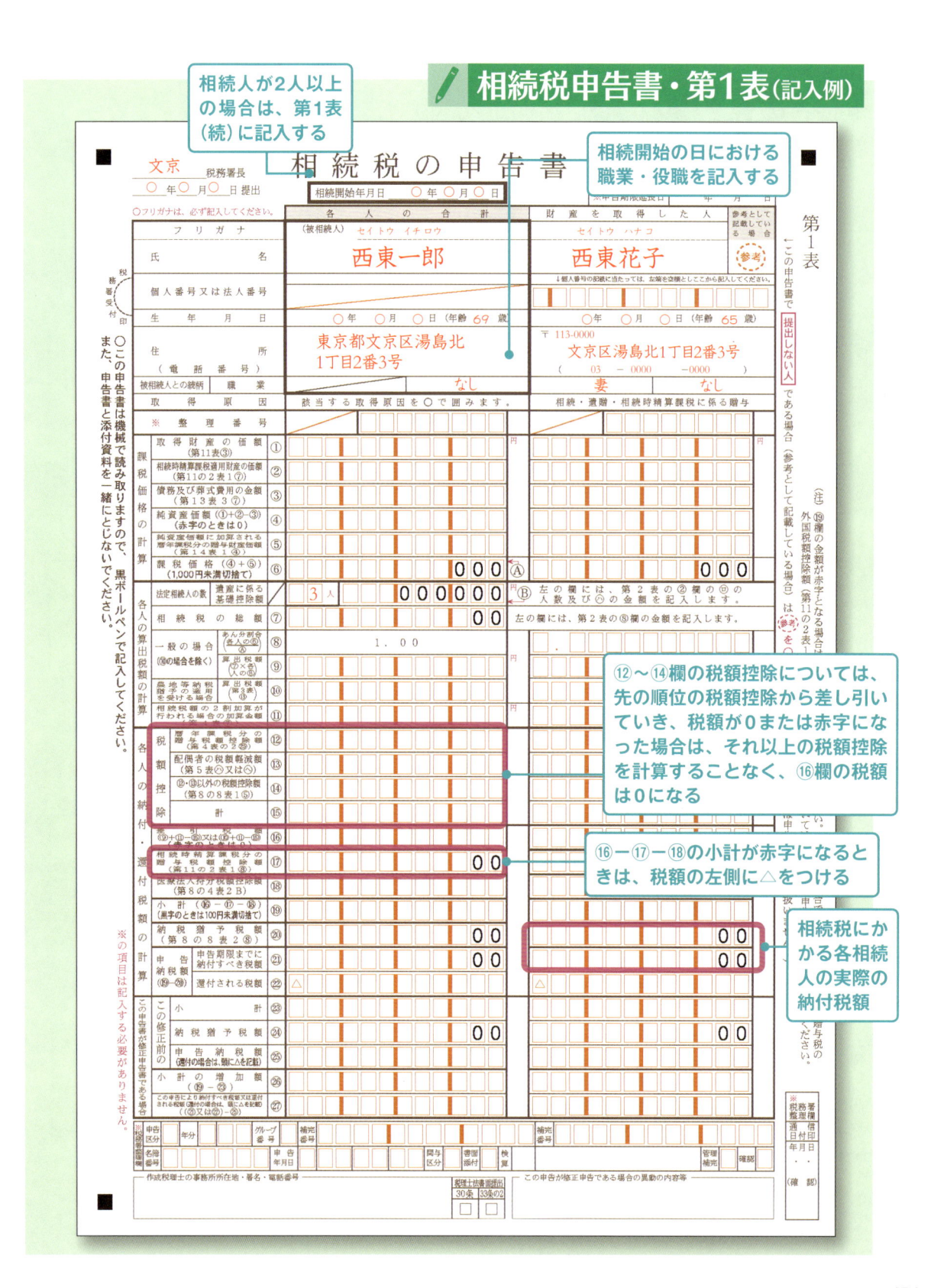

相続税申告書・第2表（記入例）

第2表は、第1表および第3表の「相続税の総額」の計算のために使用する

被相続人の名前を記入する

相続税の総額の計算書

被相続人　西東一郎

第2表

この表は、第1表及び第3表の「相続税の総額」の計算のために使用します。
なお、被相続人から相続、遺贈や相続時精算課税に係る贈与によって財産を取得した人のうちに農業相続人がいない場合は、この表の㋭欄及び㋬欄並びに⑨欄から⑪欄までは記入する必要がありません。

① 課税価格の合計額		② 遺産に係る基礎控除額	③ 課税遺産総額	
㋑（第1表⑥Ⓐ）	,000 円	3,000万円＋（600万円×（Ⓐの法定相続人の数）㋺ 3 人）＝ ㋩ 4,800 万円	㊁（㋑－㋩）	,000 円
㋭（第3表⑥Ⓐ）	,000	㋺の人数及び㋩の金額を第1表Ⓑへ転記します。	㋬（㋭－㋩）	,000

④ 法定相続人（（注）1参照）氏名	被相続人との続柄	⑤ 左の法定相続人に応じた法定相続分	⑥ 法定相続分に応ずる取得金額（㊁×⑤）（1,000円未満切捨て）	⑦ 相続税の総額の基となる税額（下の「速算表」で計算します。）	⑨ 法定相続分に応ずる取得金額（㋬×⑤）（1,000円未満切捨て）	⑩ 相続税の総額の基となる税額（下の「速算表」で計算します。）
西東花子	妻	$\frac{1}{2}$	,000 円	円	円	円
西東　浩	長男	$\frac{1}{2}\times\frac{1}{2}=\frac{1}{4}$	,000			
森　佳子	長女	$\frac{1}{2}\times\frac{1}{2}=\frac{1}{4}$	,000			
			,000		,000	
			,000			
			,000			
			,000			
			,000			
			,000		,000	
法定相続人の数 Ⓐ 3 人		合計 1	⑧ 相続税の総額（⑦の合計額）（100円未満切捨て）	00	⑪ 相続税の総額（⑩の合計額）（100円未満切捨て）	00

⑥欄の各相続人ごとの金額について、下の「相続税の速算表」を用いて計算した税額を記入する

法定相続分の合計が「1」になるか確認する

⑧欄と⑪欄に関しては、第1表の⑦欄に転記する、または財産を取得した人のうち農業相続人がいる場合は、⑧欄の金額を転記する。また、⑪欄の金額を第3表の⑦欄に転記する

（注）1　④欄の記入に当たっては、被相続人に養子がある場合や相続の放棄があった場合には、「相続税の申告のしかた」をご覧ください。
2　⑧欄の金額を第1表⑦欄へ転記します。財産を取得した人のうちに農業相続人がいる場合は、⑧欄の金額を第1表⑦欄へ転記するとともに、⑪欄の金額を第3表⑦欄へ転記します。

相続税の速算表

法定相続分に応ずる取得金額	10,000千円以下	30,000千円以下	50,000千円以下	100,000千円以下	200,000千円以下	300,000千円以下	600,000千円以下	600,000千円超
税率	10%	15%	20%	30%	40%	45%	50%	55%
控除額	－千円	500千円	2,000千円	7,000千円	17,000千円	27,000千円	42,000千円	72,000千円

この速算表の使用方法は、次のとおりです。
⑥欄の金額×税率－控除額＝⑦欄の税額　　⑨欄の金額×税率－控除額＝⑩欄の税額
例えば、⑥欄の金額30,000千円に対する税額（⑦欄）は、30,000千円×15%－500千円＝4,000千円です。

○連帯納付義務について
相続税の納税については、各相続人等が相続、遺贈や相続時精算課税に係る贈与により受けた利益の価額を限度として、お互いに連帯して納付しなければならない義務があります。

第2表　　（資4－20－3－A4統一）

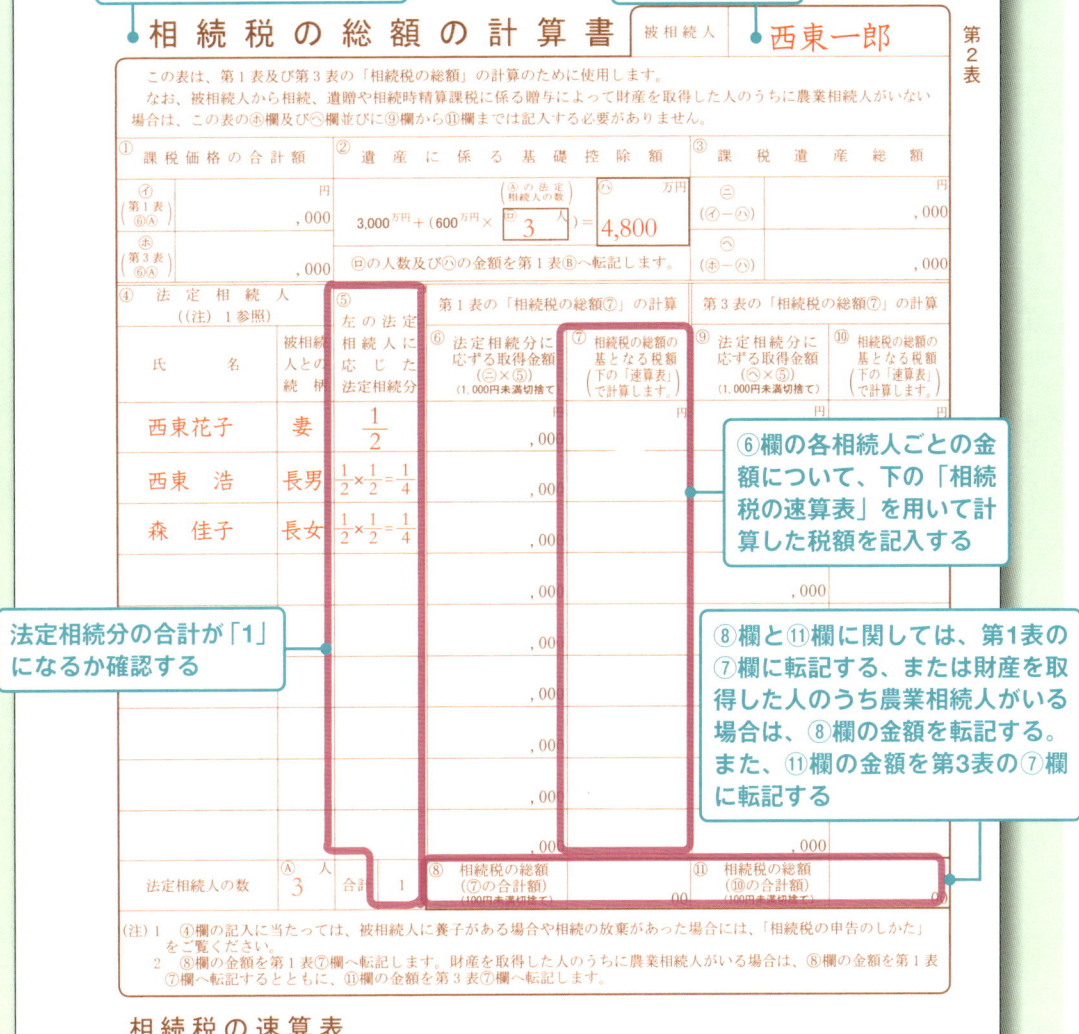

10か月以内

相続税の納付と延納・物納の方法

納付期限と納付場所、納付方法

相続税の納税期限は、原則として、申告書の提出期限と同じで、**相続の開始があったことを知った日の翌日から10か月以内**（法定納期限）となっています。この日が土日祝日だった場合は、その翌日が期限となります。

修正申告（税額が増える場合）または**更正の請求**（税額が減る場合）を行う場合（➡P150）の納付期限は151ページのとおりです。

納付場所は、最寄りの金融機関（銀行、郵便局等）**または所轄の税務署**です。納付の際には、**納付書**（➡左図）に住所、氏名、税額、申告書を提出した税務署名などを記入し、現金に納付書を添えて窓口で納付します。納付書は、税務署または所轄の税務署館内の金融機関で用意しています。

インターネットバンキング等を利用して電子納税する方法もあります。この場合は、事前に「開始届出書」の提出が必要となります。詳しくは、e-Taxホームページ【www.e-tax.nta.go.jp】で確認してください。

一括納付が困難なときは延納・物納もできる

定められた期限より納付が遅れた場合には、法定納期限の翌日から、実際の納付の日までの間の**延滞税**を本税と併せて納付しなければなりません（➡下表）。

なお、相続税は**金銭による一括納付**が**原則**ですが、税額が大きく一度に納めるのが困難なときは、一定の要件を満たす場合に限って、分割納付する**延納**と、相続財産で納付する**物納**（➡P158）が認められています。

ここが大切！

- ✔相続税の**納付**も申告と同じ**10か月以内**。
- ✔一括で払えないときは**延納**もできる。
- ✔延納もできないときは**物納**で。

納付が遅れた場合の延滞税

納付が定められた期限に遅れた場合には、法定納期限の翌日から納付の日までの間の延滞税を本税と併せて納付します。

納期限の翌日から2月を経過する日まで	年「7.3%」と「延滞税特例基準割合※+1%」のいずれか低い割合
納期限の翌日から2月を経過した日以後	年「14.6%」と「延滞税特例基準割合※+7.3%」のいずれか低い割合

※延滞税特例基準割合とは、各年の前々年の９月から前年の８月までの各月における銀行の新規の短期貸出約定平均金利の合計を12で除して得た割合として各年の前年の11月30日までに財務大臣が告示する割合に、年１％の割合を加算した割合のこと。

延納期間はケースによって5年～20年

相続税の**延納**は、以下の要件のすべてを満たす場合に許可されます。

❶相続税額が10万円を超えていること。

❷金銭納付を困難とする事由があり、その納付を困難とする金額の範囲内であること。

❸納期限までに申請書および担保提供関係書類を提出すること。

❹延納税額に相当する担保を提供すること。ただし、延納税額が100万円以下で、かつ、その延納期間が3年以内であるときには、担保を提供する必要はない。

延納期間は原則として5年以内となっています。ただし、その人が取得した財産の価額のうち不動産等の価額が占める割合が50％以上の場合には、**最長で20年**までの延納が可能です。

また、延納期間中は利息に相当する**利子税**がかかります。

相続税の納付書（記入例）

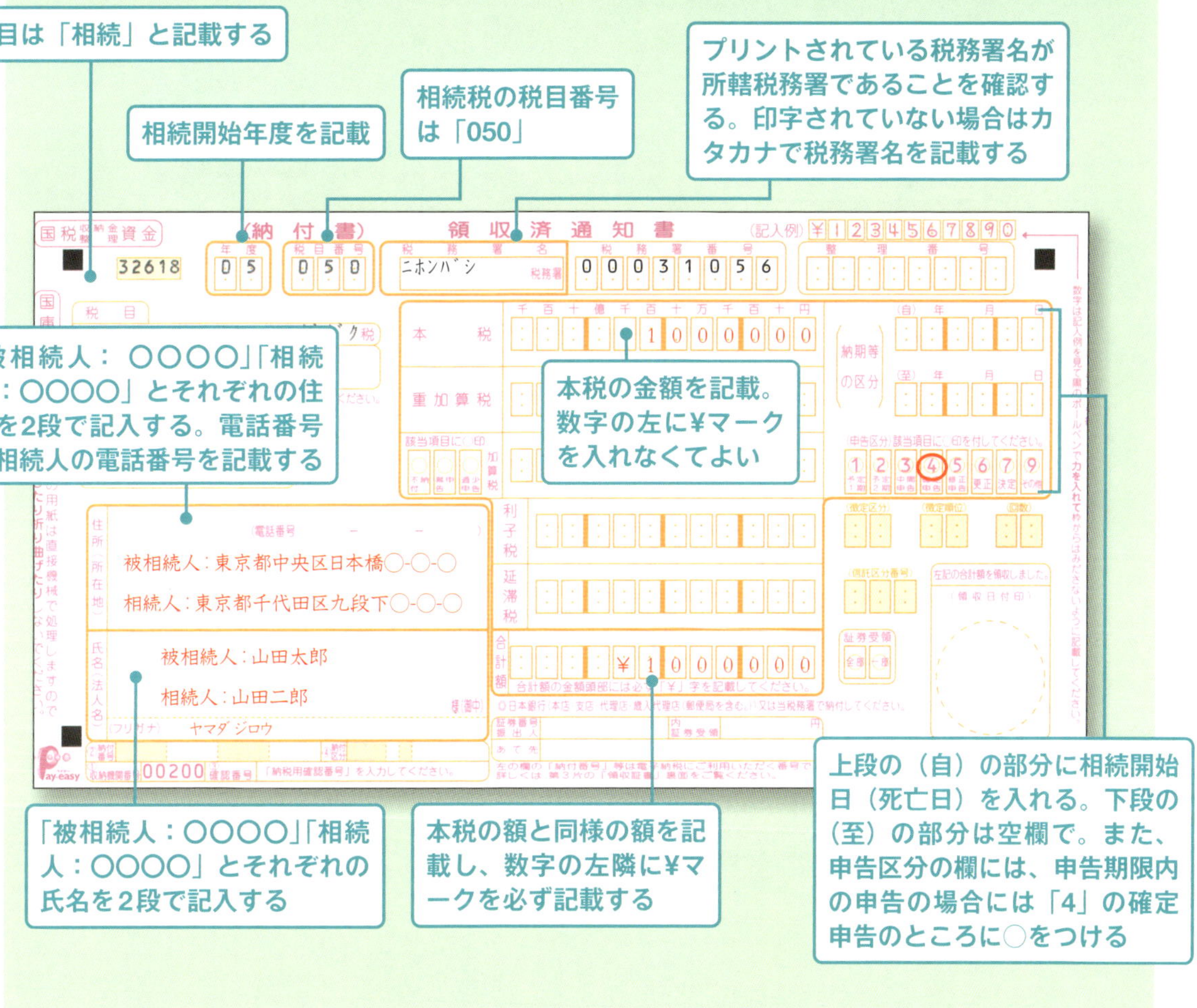

税目は「相続」と記載する
相続開始年度を記載
相続税の税目番号は「050」
プリントされている税務署名が所轄税務署であることを確認する。印字されていない場合はカタカナで税務署名を記載する
領収済通知書
32618
0 5
0 5 0
ニホンバシ
0 0 0 3 1 0 5 6
1 0 0 0 0 0 0
「被相続人：○○○○」「相続人：○○○○」とそれぞれの住所を2段で記入する。電話番号は相続人の電話番号を記載する
本税の金額を記載。数字の左に¥マークを入れなくてよい
被相続人：東京都中央区日本橋○-○-○
相続人：東京都千代田区九段下○-○-○
被相続人：山田太郎
相続人：山田二郎
ヤマダ ジロウ
¥ 1 0 0 0 0 0 0
00200
「被相続人：○○○○」「相続人：○○○○」とそれぞれの氏名を2段で記入する
本税の額と同様の額を記載し、数字の左隣に¥マークを必ず記載する
上段の（自）の部分に相続開始日（死亡日）を入れる。下段の（至）の部分は空欄で。また、申告区分の欄には、申告期限内の申告の場合には「4」の確定申告のところに○をつける

延納を希望する人は、納期限までに納税地の所轄税務署に延納申請書を提出しなければなりません。担保の必要なケースでは、その担保提供関係書類も併せて提出します。

税務署では、その申請に基づいて内容を審査し、要件を満たしていれば延納を許可します。反対に、要件を満たしていなければ却下し、担保の変更を求めることもあります。この決定は、延納申請期限から原則として3か月以内に行われることになっています。

税金を物で納める物納制度

延納によっても金銭での納税が難しい場合には、**物納**が認められることがあります。つまり、**金銭に代えて土地や建物などの現物を納める**ことです。

物納は、以下の要件をすべて満たした場合に許可されます。

❶延納によっても金銭で納付することを困難とする事由があり、かつ、その納付を困難とする金額を限度としていること。

✻相続税の納付方法を検討する

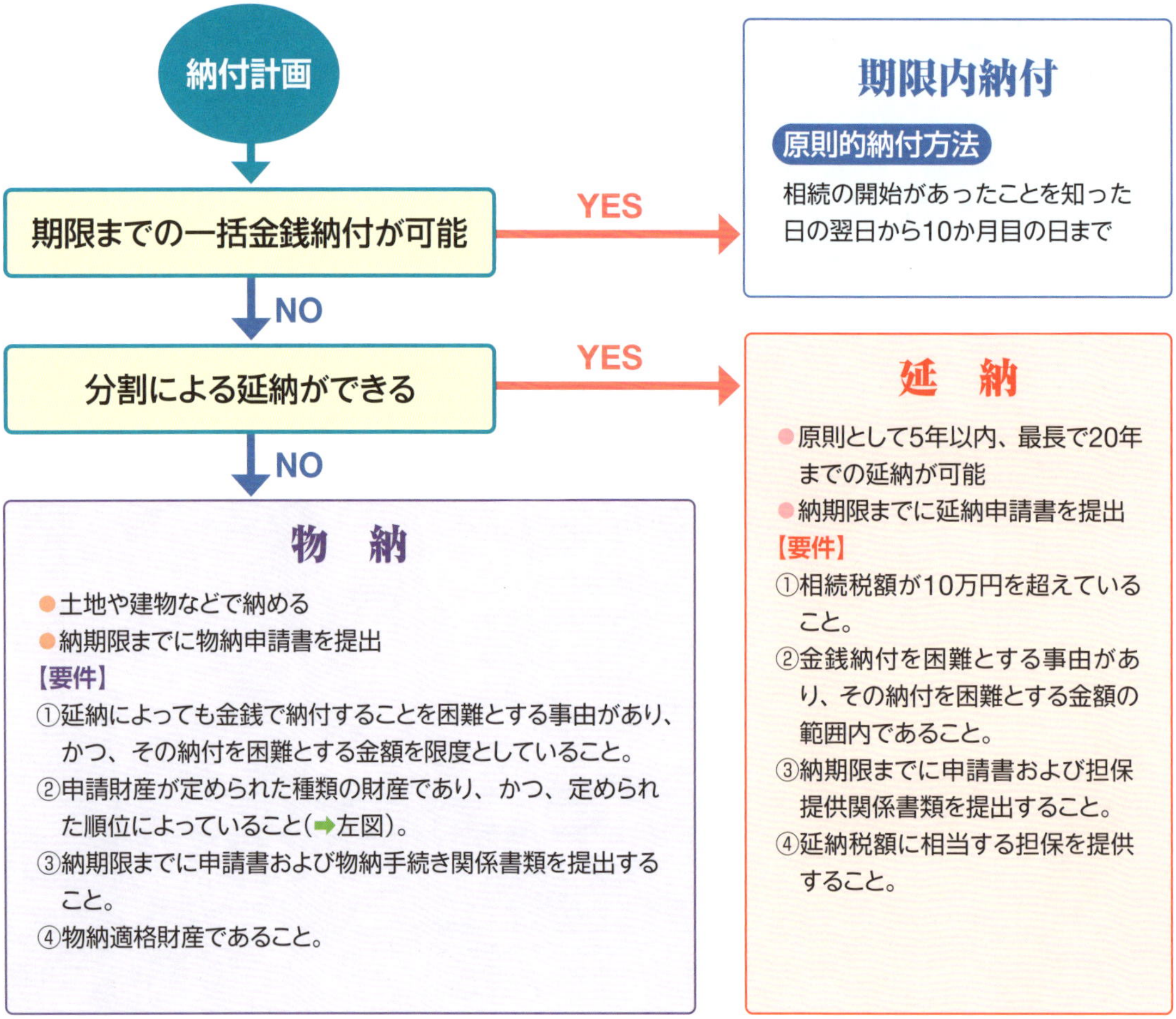

納付計画
期限までの一括金銭納付が可能
YES
期限内納付
原則的納付方法
相続の開始があったことを知った日の翌日から10か月目の日まで
NO
分割による延納ができる
YES
延　納
●原則として5年以内、最長で20年までの延納が可能
●納期限までに延納申請書を提出
【要件】
①相続税額が10万円を超えていること。
②金銭納付を困難とする事由があり、その納付を困難とする金額の範囲内であること。
③納期限までに申請書および担保提供関係書類を提出すること。
④延納税額に相当する担保を提供すること。
NO
物　納
●土地や建物などで納める
●納期限までに物納申請書を提出
【要件】
①延納によっても金銭で納付することを困難とする事由があり、かつ、その納付を困難とする金額を限度としていること。
②申請財産が定められた種類の財産であり、かつ、定められた順位によっていること(➡左図)。
③納期限までに申請書および物納手続き関係書類を提出すること。
④物納適格財産であること。

❷申請財産が定められた種類の財産であり、かつ、定められた順位によっていること（⬇下図）。

❸納期限までに申請書および物納手続き関係書類を提出すること。

❹物納適格財産であること。

物納を申請する人は、納期限までに**物納申請書**に物納手続き関係書類（登記事項証明書など申請財産に関する書類）を添付して提出します。提出を受けた税務署は調査を行い、原則として申請期限から3か月以内に許可または却下の判定を下すことになっています。

申請財産が管理処分不適格と判断されたときは申請が却下されます。その場合はほかの財産に代えて再申請を行うことができますが、再申請はその財産につき1回限りで、再び却下された場合には再々申請はできません。また、延納により金銭での納付が困難とはいえないとの理由で却下された場合は、物納から延納への変更が認められています。

なお、物納申請が行われた場合には、物納の許可による納付があったものとみなされる日までの期間に応じて、**利子税**の納付が必要となります。

物納が認められる財産は、その人の課税価格の計算の基礎となった相続財産のうち、左図の財産および順位となります。また、その所在が日本国内にあるものに限られます。ただし、特定登録美術品については、この順位にかかわらず優先的に物納に充てることができます。

また、物納の対象となる種類の財産であっても、税務署が管理や処分に難があると認定する財産（**管理処分不適格財産**）は物納として認められません。

❋ 物納できる財産の種類と順位

以下の財産および順位で、その所在が日本国内にあるものに限り物納に充てることができます。

第1順位	❶ 国債、地方債、不動産、船舶 ❷ 不動産のうち物納劣後財産※に該当するもの（➡P159）
第2順位	❸ 社債、株式、証券投資信託または貸付信託の受益証券 ❹ 株式のうち物納劣後財産※に該当するもの
第3順位	❺ 動産

※物納劣後財産とは、物納できる財産ではあるが、優先順位から後れるもの。例えば、法令の規定に違反して建てられた建物など。

※特定登録美術品は、上記の表の順位によることなく物納に充てることができる。特定登録美術品とは、「美術品の美術館における公開の促進に関する法律」に定める登録美術品のうち、その相続開始のときにおいて、すでに同法による登録を受けているもの。

COLUMN

自分は相続税を納めたのに……

相続人全員が「連帯納付義務」を負う

家族が亡くなって、その人から複数の人が財産を相続する場合、それぞれが相続税の申告・納税をしなければなりません。もちろん、相続税は基礎控除の額によって決まりますから、課税遺産総額が基礎控除額よりも少ない場合は相続税を払う必要はありません（➡P134）。

相続税を支払う必要がある場合、相続人が、それぞれの相続分に従って相続税を負担する決まりとなっています（➡P146）。つまり、相続額が多い人ほど相続税額も高くなります。

さらに、他の相続人が相続税の支払いを滞納している場合は、その人のぶんまで連帯納付しなければならないとされています。これが相続税の連帯納付義務です。つまり、相続税には連帯責任があるということです。例えば、母の財産を取得した兄と弟のうち、弟が相続税の納付を行っていない場合は、兄が弟の未納の相続税を納めなければなりません（延滞税も）。

しかも、この連帯納付責任は、ある日突然、連帯納付義務の通知が届くことで知らされますから、「えっ、私は納付したはずなのになぜ？」と驚くことになります。この通知には、他の相続人が滞納している旨とともに、通知の受取人が連帯納付の義務を負う旨とともに、税務署の担当者名が記されています。通知を受け取ったら、すぐに担当者に確認を取り、滞納している相続人にも連絡する必要があります。

納期限までに相続税を支払えない理由としては、相続した財産を自分の借金の返済に充てた、不動産を相続したが、その土地が値下がりをして、処分しても相続税を払えないなど、さまざまな理由が考えられます。このようなケースで再三の督促にもかかわらず期限までに納付しない場合は他の相続人が連帯納付義務を負うことになります。

一方、相続税を払える財産があるのに払わない相続人の場合は、他の相続人が連帯納付義務を負う必要はありません。

第5章

亡くなる前に考えたいこと

遺言の役割①
遺言でできること

財産を巡って争いが起きないように遺言を残す

その人の死後、遺された財産が、誰にどのくらいの割合で相続されるかということは、**民法**によって定められています（**法定相続分**➡P88）。しかし、法定相続は必ずしも個々の家庭の事情に合っているとは限りません。遺言《ゆいごん》とは、こうした法定相続分を遺言者の意思によって変更し、その家庭の実情に沿った相続財産の分配を行うことが目的です。

実際、どんなに仲のよかった家族や親族でも、遺言がないために相続を巡って骨肉の争いが起こることも少なくありません。被相続人が生涯かけて築いた大切な財産を有効・有意義に活用してもらうための意思表示をするとともに、相続を巡る争いを防止することも遺言の目的といえるでしょう。

遺言が必要なケースはさまざま

遺言は、裕福な人にだけ必要というわけではありません。子どものいない夫婦や、子どもがいてもきょうだい仲が悪い場合、また、農業や事業を営んでいる、内縁の妻がいる、血縁関係が複雑といったケースも、トラブルを避けるために遺言が必要となることがあります。

法定相続分に従った場合、死後、その財産が誰に、どれだけ相続されるかを一度計算してみるとイメージがつかみやすいかもしれません。遺言を書く人の家族関係や状況をよく把握して遺言を作成することが大切です。

遺言には**特別方式**と**普通方式**があります。一般的に遺言を作成する場合は、普通方式（自筆証書遺言、公正証書遺言、秘密証書遺言）が用いられます。

ここが大切！

- ✓ **家族間で相続争いを**起こさないために**遺言**を残す。
- ✓ **遺言でできること**は**相続、財産処分、身分**について。

+1 Memo

遺言は早い時期に書いても変更・取り消しができる

遺言は、死期が近づいてから、あるいは年をとってから書くものというわけではありません。いつ何が起こるかわからないので、残された家族が困らないように、元気なうちに遺言を書いておきたいものです。満15歳以上になれば、いつでも遺言を作成することができます。

早い時期に書いておいても、途中で相続人の状況や財産の内容が変わったりした場合は、内容の変更や取り消し（撤回）は何度でもできます。

✻ 遺言でできること（おもな遺言事項）

遺言に書く内容に決まりはありませんが、すべての内容に法的効力があるわけではありません。以下の内容には法的効力があります。

	項　目	内　容
遺産に関すること	相続分の指定またはその指定の委託	法定相続人が複数いる場合には、遺言によって法定相続分の割合（➡P88）を変更できる。また、自分が死んだときに、割合を決める人を指定することもできる。
	特別受益（➡P94）の持戻《もちもど》しの免除	生前贈与（➡P174）を相続分に反映させない旨の意思を表示できる。
	遺産分割方法（➡P112）の指定とその委託	相続人が複数いる場合や、100%に達しない包括遺贈《いぞう》（➡P92）を受けた人がいる場合、遺言によって分け方を決めておくことができる。また、自分の死後の分け方を決める人を指定することもできる。
	推定相続人の廃除とその取り消し（➡P87）	法定相続人の地位がある場合でも、遺言者に対する虐待や重大な侮辱などがある場合は、裁判所に申し立てて、裁判所が認めれば法定相続人の権利を失わせることができる（推定相続人の廃除）。逆に、生前に推定相続人の廃除の裁判を得ていても、許す気になれば遺言でその廃除を取り消すことができる。
	遺産分割の禁止	一定期間、遺産分割をすることを禁止することを定めることができる。最長5年まで可能。
	遺贈《いぞう》（➡P92）の設定	自分が死んだら特定の人に財産を与える（遺贈）ことを遺言することができる。一般的には遺贈の相手（受遺者《じゅいしゃ》）は法定相続人でないことが多い。
	遺留分負担の順序の指定	遺留分《いりゅうぶん》（➡P90）を侵害するような内容の遺言をした場合、どの受遺者から遺留分の負担をするかの順序を決めておくことができる。
	寄付行為の設定	財団法人の設立を目的とした寄付の意思を表示できる。
	信託の設定	信託銀行などに財産を信託する旨の意思を表示できる。
身分に関すること	子の認知	婚外子の認知をすることができる。
	未成年後見人、未成年後見監督人の指定	自分1人で親権者を務めている未成年者がいる場合、自分の死後の未成年後見人、未成年後見監督人を指定することができる。
その他	遺言執行者の指定とその委託	自分の死後に、遺言どおりの処理がなされるよう、その手続きをする遺言執行者を指定できる。遺言執行者を決める人を決めておくこともできる。また、遺言執行者の報酬も決めておくことができる。
	祭祀《さいし》承継者の指定	祭祀承継者は慣習によって定められるのが一般的だが、遺言により指定することもできる。
	遺言の撤回	遺言の全部または一部を撤回できる。自筆証書遺言（➡P164）の場合は、破棄して作り直せる。公正証書遺言（➡P168）の場合は「以前の遺言を撤回する」として新しい遺言を作る必要がある。

遺言の役割②
自筆証書遺言を作成する

ここが大切！

✓**自筆証書遺言**は手続きの手間がかからず、**自由に書ける**。

✓開封する前には**家庭裁判所**の**検認**が必要。

自分に合った遺言は何かを考える

一般的に遺言を作成する方法は、**自筆証書遺言**、**公正証書遺言**、**秘密証書遺言**の3種類があります。

❶自筆証書遺言

全文を**遺言者自身が作成**します。書き上げた遺言は封筒に入れて封印し、案内文（⬇P166）を書いたうえで各自で保管するか、貸金庫、弁護士、推定相続人、**遺言《いごん》執行者**（遺言の内容を実現するために必要な手続きを行う人）、法務局（2020年7月より）などに預けます。

開封時には家庭裁判所の検認が必要になります（→P98、法務局の場合は不要）。書類に不備があると無効になります。

❷公正証書遺言（⬇P168）

公証人に作成してもらう遺言です。

遺言者自身が作成することが困難な場合は公正証書遺言が望ましいでしょう。公正証書遺言は、**公証役場**で作成するだけでなく、公証人に自宅や病院まで出張してもらって作成することができます。なお、公証人は遺言者の署名を代筆できることが法律で認められています。

❸秘密証書遺言

遺言の存在を明らかにしながらも、内容を秘密にしておきたい場合の遺言です。書面は代筆でも、パソコンを使用してもかまいませんが、署名・押印は本人のものが必要。遺言書に押印したものと同じ印鑑で封印したものを、公証人、証人2人の前に提出して、自己の遺言書であること、および住所・氏名を述べます。公証人がその日付および申述を封紙《ふうし》に記載し、公証人、遺言者、証人が各自署名・押印することで作成されます。

保管は本人でするか、貸金庫、弁護士、推定相続人、遺言執行者などに預けます。

遺言の種類と比較

	自筆証書遺言	公正証書遺言	秘密証書遺言
作成者	本人（自筆、目録はパソコン可）	公証人	本人（代筆、パソコン可）
証人	不要	必要	必要
作成費用	不要	必要	必要
家庭裁判所の検認（➡P98）	必要※1	不要	必要
保管	本人か誰かに依頼	公証人が原本を保管	本人か誰かに依頼
方式不備の危険性	ある	ない	ある
偽造・変造・破棄・隠匿の危険性	ある※2	ない	ある

※1 2020年7月より法務局に保管する場合は、なし。

※2 2020年7月より法務局に保管する場合は、不要。

開封時には家庭裁判所の検認が必要です。書類に不備があれば無効になります。

自筆証書遺言の作成上のルール

● 全文を自分で書く

遺言者がすべて自筆しますが、遺言書に添付する**財産目録はパソコンで作成できます**（2019年1月より）。遺言書および財産目録の各ページには署名・押印して偽造を防止します。縦書きでも横書きでもOK。自筆の場合は、鉛筆では容易に改ざんされる危険があるので、ボールペンや万年筆などを使用します。

● 日付、署名、押印を必ず入れる

日付は西暦でも元号でも大丈夫ですが、「吉日」「誕生日」などは無効です。

押印は実印でも認印《みとめいん》でもOKですが、ゴム印、スタンプ印は不可です。

署名は原則として遺言者の戸籍上の名前を書きます。雅号《がごう》や芸名などが広く通用している場合はそれでも有効です。

● 訂正の方法

自筆の箇所を変更したいところに二重線を引き、訂正した文字を書き入れたり、

✻ 無効となる自筆証書遺言の例

● 代筆やパソコン作成

必ず自分で書く。ただし、目録はパソコンで作成可。

● 日付をゴム印で押した

署名は日付も含めて自筆でなければならない。

● 日付が特定できない

「吉日」「誕生日」などは特定できないので無効。「元日」「末日」は有効とした判例があるが、やはり「○月○日」と明記しよう。

● 夫婦連名での署名

必ず遺言作成者1名だけの署名にする。夫婦仲よく遺言を書いて連名で署名すると無効となる。

● 他人が訂正した

遺言者以外の人が加除変更した場合は、変更部分だけ無効となる。

● 音声や映像によるもの

ボイスレコーダーやビデオなどによる遺言は無効。必ず書面にする。

削除したりして押印します。また、書面の余白に加筆や削除の変更を記し、そのあとに自筆署名することが求められます。

● 2枚以上になった場合

2枚以上になった場合は、各用紙の間に**契印**《けいいん》を押して、ホチキスで綴じます。

● 封筒に入れ、封印する

遺言が完成したら封筒に入れ、封印します（⬇下図）。封書の表書きには「遺言書」などと記しておきましょう。

● 内容は家族の理解が得られるものに

自分の死後、家族間で遺産相続争いが生じないように、生前に家族で遺産相続について話し合っておくことが理想です。それが無理な場合でも、遺言の内容が特定の相続人に極端に有利、不利にならないように注意することが必要です。

● 遺言書の保管場所

保管場所は、書斎の鍵付きの引き出しや金庫など、普段は家族の目の届かない場所で、しかも遺産整理の際には必ずチェックされるような場所を選びます。また、信頼できる知人に預けたり、エンディングノート（⬇P173）などに保管場所を記しておくのも1つの方法です。

また、2020年7月より、自筆証書遺言書を**法務局で保管**する制度がスタートします。これにより遺言書の紛失や隠匿、真贋を巡る争い等の防止が図れます。相続人等は遺言者の死亡後に法務局に遺言書の有無の照会、遺言書の写し等の請求をすることができます。なお、**法務局で保管された場合は、遺言書の検認は不要**となります。

✻ 自筆証書遺言を入れる封筒

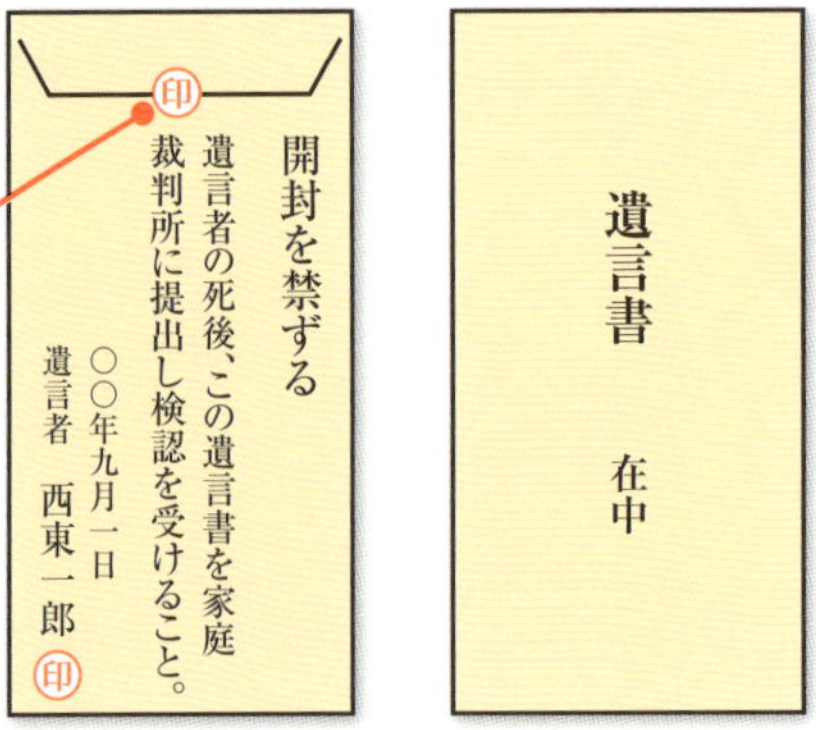

遺言書
在中
開封を禁ずる
遺言者の死後、この遺言書を家庭裁判所に提出し検認を受けること。
○○年九月一日
遺言者　西東一郎　印
印

変造防止のため封印したほうがよい。遺言書と同じ印鑑を使用する

✻ トラブルの元となる遺言の内容

● 財産が特定できない

記載内容が不正確だったり表現が曖昧《あいまい》だったりで、人によって解釈が分かれる書き方。

● 遺留分の侵害がある

オレも権利あるぞ！

遺留分《いりゅうぶん》（➡P90）を侵害した人と遺留分を侵害された人との関係が険悪になってしまう。

● 一部の財産しか記載していない

アパート

記載していない財産やあやふやな財産があると、遺産分割協議（➡P110）が必要になる。

自筆証書遺言（作成例）

遺言書　← タイトル

前文　氏名

遺言者　西東一郎は、本遺言書により次のとおり遺言する。　← 表現方法

人の特定 →

1.遺言者の妻　西東花子には、次の財産を相続させる。

（1）土地　所在　東京都文京区湯~~島~~北1丁目

印　島

　　地番　2番3

　　地目　宅地

　　地積　○○.○○㎡

訂正方法：二重線で消し、訂正の文字を入れる。そのそばに押印

（2）建物　所在　東京都文京区湯島北1丁目2番地3号

　　家屋番号　2番3

　　種類　居宅

　　構造　木造瓦葺2階建

　　床面積　1階　○○.○○㎡

　　2階　○○.○○㎡

財産の特定

（3）遺言者名義で○○銀行△△支店に有するすべての預金

※目録部分は添付にして、パソコンで作成しても可。ただし、目録の各ページには自筆で署名・押印すること。

2.遺言者の長男　西東太郎には、遺言者名義で◇◇銀行××支店に有するすべての預金を相続させる。

遺贈 →

3.遺言者の友人　湯島次郎（住所　東京都千代田区麹町○丁目○番○号）に、遺言者が所有する××の絵画を遺贈する。

遺言執行者 →

4.本遺言の遺言執行者として、次の者を指定する。遺言執行者は、この遺言を執行するため、○○銀行△△支店、および◇◇銀行××支店の預金の解約、払戻、名義書換請求をする権限およびその他この遺言執行のために必要な一切の権限を有する。

東京都西新宿○丁目○番○号　行政書士　行政三郎

（新宿区　印）　← 訂正方法：3字加入し、そのそばに押印

○○年9月1日　← 日付

住所 →　文京区湯島北1丁目2番3号

遺言者　西東一郎 印　← 押印

氏名

書面の余白に訂正した場所を記し、自筆署名する →

上記遺言中、1.の（1）の「湯島」を「湯島」に、

4.の遺言執行者の住所「東京都西新宿」を「東京都新宿区西新宿」に変更する。

西東一郎

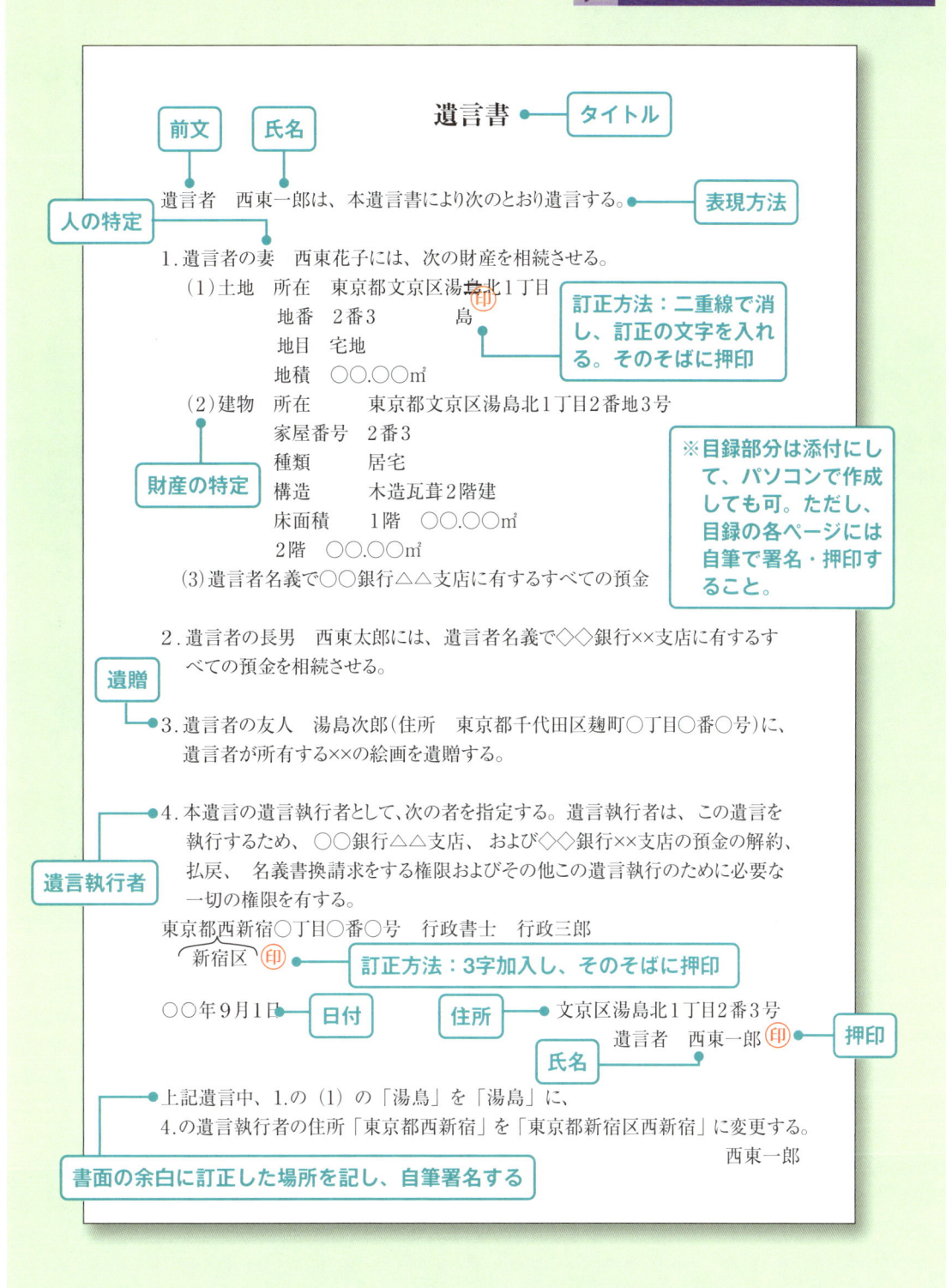

遺言の役割③
公正証書遺言を作成する

ここが大切！

- ✔**公正証書遺言**は最も**確実**で**安全**な方式。
- ✔作成には**2人以上の証人**が必要。
- ✔動けないときは**出張もしてくれる。**

法的効力のある遺言書で、メリットは多い

公正証書遺言《ゆいごん》は、遺言者が**公証人**に伝えた遺言内容を、公証人が**公正証書**として作成するものです。公証人とは、実務経験を有する法律実務家のなかから法務大臣が任命する公務員で、**公証役場**で勤務しています。

公正証書遺言は、遺言者の希望を基に法律の専門家である公証人が作成するため、偽造やねつ造、改ざんなどのリスクを避けられます。しかも、遺言書の原本は**半永久的に公証役場で保管**されるため、紛失の恐れもありません。また、法律に従って作成するため高い証明力を有し、**公正証書そのものが判決を得たのと同等の効力**を認められています。

公正証書遺言の作成に当たっては、証人とともに公証役場に出向くなど、自筆証書遺言に比べると多少の手間がかかりますが、遺言者が亡くなった際には遺言書を**家庭裁判所に検認**（⬇P98）**してもらう手間が不要**なので、相続開始後の手続きは格段にスムーズに運びます。

また、寝たきりで遺言書を書けない人でも、公正証書遺言ならば公証人に自宅や病院まで出張してもらって作成してもらうことも可能です。

公正証書遺言の作成要件とは

公正証書遺言の作成要件は、民法で次のように定められています。

❶**証人2人以上の立ち会い**があること。

未成年者、推定相続人、受遺者《じゅいしゃ》（遺言によって財産の贈与を受ける者⬇P92）およびその配偶者並びに直系血族、公証人の配偶者、4親等内の親族などは証人になれない。弁護士や司法書士、行政書士等の専門家への依頼も可能。

❷遺言者が遺言の主旨を公証人に口述すること。

❸証人が遺言者の口述を筆記し、これを遺言者および証人に読み聞かせ、または閲覧させること。

❹遺言者および証人が、筆記の正確なことを承認後、各自これに署名し、捺印《なついん》すること。

❺公証人が❶から❹までの方式に従って作成したものである旨を付記して、署名・捺印すること。

証人については、遺言の内容が知られることになるので、信頼のおける人物に依頼することが大切です。もし知り合いにそうした適切な人がいない場合には、弁護士や司法書士、行政書士などの専門

家に依頼するとよいでしょう。また、公証役場で紹介してもらうこともできます（いずれも有料）。

公証役場は全国の主要都市に約300か所あります。日本公証人連合会のホームページにある**公証役場所在地一覧で最寄りの公証役場を探す**ことができます。訪れる公証役場はどこでもかまいませんが、公証人に出張してもらう場合は、管轄区域が決まっているので、事前に確認が必要です。

公証役場（公証人）との打ち合わせは、遺言の内容によって異なりますが、数回にわたるのが普通です。時には電話やFAX、メールなどでやり取りしながら話を詰めていくこともあります。

公正証書遺言を公証役場で作成してもらう場合は**手数料**がかかります（⬇下表）。これは政府が定めた政令「公証人手数料令」に則ったもので、手数料、旅費、日当が定められています。原則として**公正証書遺言が完成したときに現金で支払う**ことになっています。

公正証書遺言の作成の流れは170〜171ページに示したとおりです。

公正証書遺言の作成にかかる費用

公証役場に支払う手数料は、原則として公正証書遺言が完成したときに現金で支払います。ただし、支払う余裕のない場合は、手数料の全部または一部の支払いを待ってくれる場合もあります。なお、手数料には消費税はかかりません。「目的の価額」とは、相続人（受遺者）ごとに受け取る財産の価格（証書作成に着手したときの価格）です。

	区　分	金　額
証書の作成手数料	（目的の価額）　100万円まで	5,000円
	（目的の価額）　200万円まで	7,000円
	（目的の価額）　500万円まで	11,000円
	（目的の価額）1,000万円まで	17,000円
	（目的の価額）3,000万円まで	23,000円
	（目的の価額）5,000万円まで	29,000円
	（目的の価額）　1億円まで	43,000円
	1億円を超える部分については、以下の金額がそれぞれ加算される。	
	（目的の価額）1億円を超え3億円まで	5,000万円ごとに13,000円
	（目的の価額）3億円を超え10億円まで	5,000万円ごとに11,000円
	（目的の価額）10億円を超える部分	5,000万円ごとに　8,000円
遺言加算手数料	全体の財産が1億円以下の場合	11,000円を加算
遺言を取り消す証書の作成手数料		11,000円（財産の価額に応じた手数料額の半額が11,000円を下回るときは、その額）
役場外執務	病床執務手数料	通常の作成手数料の2分の1を加算
	日　当	1日20,000円（4時間以内1万円）
	旅　費	実費
証書の手数料加算	証書（原本）が4枚を超える場合	超過1枚ごとに250円
正本・謄本の交付		1枚につき250円

公正証書遺言の作成の流れ

事前の準備

1 遺言の原案を考える

どのような内容の遺言にしたいのかを考え、メモに整理しておく。

2 証人を決める(2人以上)

証人になってくれる人に依頼し、了承を得ておく。

証人になれない人

- 未成年者
- 推定相続人、受遺者《じゅいしゃ》、およびその配偶者、直系血族
- 公証人の配偶者
- 4親等内の親族
- 公証役場の書記や使用人

依頼したい証人

- 信頼のおける人物に依頼すること
- 専門家（弁護士、司法書士、行政書士など）に依頼する方法もある

3 公証役場に出向いて依頼、打ち合わせをする

打ち合わせは遺言の内容により数回にわたることもある。

打ち合わせ時に必要な書類

- 遺言者の印鑑証明書
- 遺言者と相続人との続柄《つづきがら》がわかる戸籍謄本《とうほん》
- 相続人以外の人に遺贈《いぞう》する場合は、その人の住民票
- 財産に不動産がある場合は、登記事項証明書と固定資産評価証明書
- 預金通帳の写し
- 証人予定者の氏名、住所、生年月日、職業を記載したメモ
- その他、公証人から指定されたもの

4 証書(遺言書）の文案をチェックする

通常は遺言当日前に証書の文案が作成されるので、内容をチェックしておく。

作成日当日

1 証人とともに公証役場に出向く

遺言者は実印、証人は認印《みとめいん》を持参する。
遺言者が病気などで動けない場合は公証人がその場に赴く。

2 証書の作成

1 公証人が証人2名の前で、遺言者の本人確認をする。

↓

2 遺言者が公証人に遺言の趣旨について話し、公証人が証人の前で公正証書遺言の原案を閲覧してもらいながら読み上げ、遺言者にその内容に間違いがないかを確認してもらう。

※遺言者が口がきけない、耳が聞こえないなどの場合は、通訳や筆談によって進める。

↓

3 遺言者が内容に間違いがないことを確認したら、公正証書遺言の原本に遺言者と証人2名が署名・捺《なつ》印《いん》する。

↓

4 公証人も署名・捺印して完成する。

※通常3通作成し、原本は公証役場に保管され、正本（原本と同じ効力をもち、謄本のように何通も作成できる）と謄本（原本の全部の写し）は家族、遺言執行者などが保管する。

公正証書遺言の内容を訂正、破棄したいとき

公正証書遺言の内容を変更または取り消すためには、「以前の遺言を撤回する」という内容を含めた新しい遺言書を作らなければなりません。しかし、それが自筆証書遺言の場合は、発見した人が家庭裁判所に検認の申し立てをしなければならないため、トラブルを避けるためにも新しい遺言もなるべく公正証書遺言にするべきです。

遺言の全部または一部を取り消すだけなら、公証人手数料は11,000円ですみます。

公証役場
訂正

公正証書遺言が見つからないとき

あるはずの公正証書遺言《ゆいごん》が見つからないときは、最寄りの公証人役場に故人の死亡の記載のある戸籍謄本《とうほん》や相続人であることを証明できる戸籍謄本および身分証明書などを持参して、故人の作成した遺言書があるかどうかを調べてもらいます。

全国どこの公証役場でも調べてもらえ、保管されている公証役場を教えてもらえます。ただし、遺言者が存命中の場合は、調べてもらえません。

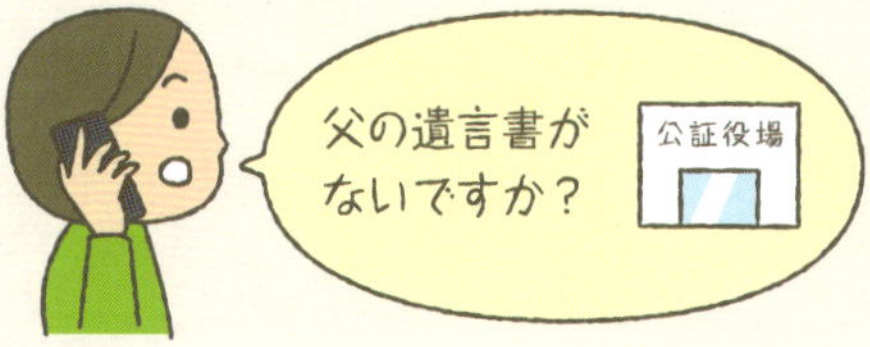
父の遺言書がないですか？
公証役場

公正証書遺言の保管期間は何年？

公正証書遺言の原本は公証役場で保管されます。保管期間は20年とされ、特別の理由により保管の必要があるときは、その理由が消滅するまでとされています。実際には、20年を経過しても遺言者の生存が推測できるときは「特別の理由」として保管されています。もっとも、遺言者が生存しているかどうかは公証役場では確認できないため、遺言者が100歳ないし120歳に達するまでは遺言書を保管することが一般的となっています。

100歳？
大丈夫です
保管して
います。

公正証書遺言が無効になるときもある

公正証書遺言だから無効なはずがないというわけでもありません。その無効を争う裁判で多いのが「遺言無能力者が作成した場合」です。

例えば、遺言者が遺言作成時に認知症を患っているケースもあります。しかし、認知症だからといって一概に遺言能力を否定することはできません。遺言能力の判断は、精神医学的観点と行動観察的観点から、法律家が判断を下すことになります。

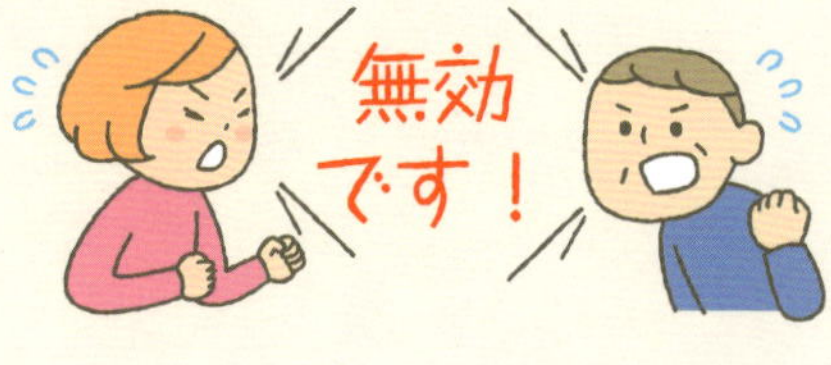
無効
です！

エンディングノートの役割

法的効力はない

エンディングノートは、終活ノートともいわれ、自分の思いを自分の言葉で残された人たち（家族など）に伝えるものです。遺言よりも幅広い内容を書くことができるのが特徴です。

ただし、遺言書は自分の死後に財産をどうするかを書き残しておくもので、死後に効力を発揮しますが、エンディングノートにいくら財産の処分や配分方法を書いておいても、法的な効力はありません。とはいえ、親の意思を一概に無視もできません。財産が多額に上る人や複雑な相続人関係のある人などは遺言書にきちんと財産についての意思を残し、それとともにエンディングノートで葬儀についての希望や今後の自分の生き方などについて書き記すとよいでしょう。

エンディングノートに決まった形式はありません。ノートに自由に書き込んでも、パソコンで作成してもかまいません。市販されているものを利用すれば、その項目に従って記入していくと、ある程度まとまった内容になります。

エンディングノートに書く内容例

「私」の記録

- 名前（旧姓もあれば）、生年月日、出生地、本籍地、現住所
- これまでの思い出やこれからの希望など

「私」の家族

- 家族（子どもや孫など）の名前、続柄《つづきがら》、住所、電話番号など
- 両親の名前、生年月日、命日（享年）
- 家族、両親との思い出

介護・医療についての希望

- かかりつけ医、介護事業所の名称、連絡先、住所など
- 介護の希望（どこで、誰が、費用は）
- 最期の迎え方（病名や余命の告知、緩和ケア、延命治療、臓器提供、献体など）

葬儀・お墓についての希望

- 葬儀の形式、宗教・宗派、菩提寺《ぼだいじ》、所属教会など
- 棺に入れてほしいもの
- 先祖代々のお墓、新しいお墓がある場合は場所と連絡先、自然葬、お墓は要らないなど
- 戒名について

遺言書について

- 遺言書がある場合は、その形式と保管場所、作成時期

相続・財産について

- 預貯金、有価証券、会員権など
- 保険、公的年金の種類、企業年金、個人年金
- 不動産
- 住宅ローンなどの借り入れ
- 個人からの借金
- 形見分け（品目、保管場所、贈りたい人、連絡先）

連絡先リスト

- 親戚・友人・知人などの氏名、連絡先

大切な人へのメッセージ

- 家族・親族、友人・知人などに伝えたいこと

生前贈与を考える①
相続税対策として

生前贈与で財産を減らすと相続税を減らせる

生前贈与とは、**相続が発生する前（生前）に、子や孫などに財産を贈与すること**です。2015年の税制改正により**相続税が増税**されてからは（⬇P144）、いっそう生前贈与に対する関心が高まってきました。相続税の額は、相続時の財産が少ないほど少なくなります。つまり、**生きているうちから資産を子どもや孫などに贈ることで財産を減らし、死亡したあとに発生する相続税を減らせる**というところに生前贈与の魅力を感じることになるのです。

贈与税対策に暦年贈与が効果的

また、生前贈与は、亡くなってからの相続税対策とは異なり、諸費用や手続きなどの煩雑さがないというのも魅力です。

ただし、生前贈与にも**贈与税**という税金がかかります。贈与税の税率は、**贈与額が大きくなるほど高くなる**よう設定されています（⬇左表）。例えば、基礎控除（110万円以下の贈与には贈与税がかからない）後の贈与額が200万円以下の場合は税率は10％ですが、300万円以下になると税率が15％、1000万円以下になると40％、3000万円を超えると最高の55％になります。

このように、贈与を受ける人1人につき**年間110万円までの基礎控除**が認められているため、贈与した額が年間110万円以下ならば贈与税はかかりません。つまり、生前贈与をする場合、一度に多額の贈与をするのではなく、**毎年110万円の基礎控除内に収まるよう少しずつ贈与していくことがポイント**となります。これが**暦年《れきねん》贈与**です（⬇P176）。

ここが大切！

- ✓ **生前贈与**で**相続財産を減らす。**
- ✓ **生前贈与**には**贈与税**がかかる。
- ✓ **暦年贈与**は、**年間110万円まで**は**贈与税がかからない。**

+1 Memo

預金の名義を孫にしただけでは生前贈与と認められないことも

最も一般的なのが現金や預金を生前贈与することです。この場合、現金を手渡ししたり、預金の名義を子どもや孫のものに変更したりします。しかし、単に名義を変えただけで、その預金の管理（預金通帳や印鑑の管理）を被相続人（親や祖父母）が行っていたのでは生前贈与とみなされず、被相続人の財産と判断される可能性が高くなります。生前贈与と認められなければ、当然、相続財産に含まれます（➡P178）。

❋ 生前贈与の有無で税負担に差が出てくる

例 Aさんが想定する相続財産は1億円
2人の子どもにそれぞれ毎年100万円ずつ10年にわたって贈与しようと検討中

相続財産　1億円
（相続財産を法定相続分に応じて子ども2人で分けると仮定）

生前贈与しないケース

課税遺産　5,800万円
（子ども1人当たり2,900万円）
基礎控除4,200万円
（3,000万円+600万円×2人）

相続税合計　770万円
（子ども1人当たり385万円）

1人当たり課税遺産　（相続税の速算表より（➡P147））
（2,900万円 × 税率15%－控除50万円）× 2人

生前贈与するケース

課税遺産3,800万円
（子ども1人当たり1,900万円）
贈与2,000万円
（100万円×2人×10年）
基礎控除4,200万円
（3,000万円+600万円×2人）

贈与税合計0円（基礎控除内のため）

1人当たり課税遺産　（相続税の速算表より（➡P147））
（1,900万円 × 税率15%－控除50万円）× 2人

相続税合計470万円
（子ども1人当たり235万円）

相続税が（770万円－470万円＝300万円）安くなる

贈与税の速算表（2015年以後）

基礎控除後の課税価格	一般贈与財産（一般税率）		特例贈与財産（特例税率）	
	税率	控除額	税率	控除額
200万円以下	10%		10%	
300万円以下	15%	10万円	15%	10万円
400万円以下	20%	25万円		
600万円以下	30%	65万円	20%	30万円
1,000万円以下	40%	125万円	30%	90万円
1,500万円以下	45%	175万円	40%	190万円
3,000万円以下	50%	250万円	45%	265万円
4,500万円以下	55%	400万円	50%	415万円
4,500万円超			55%	640万円

特例贈与財産とは

親・祖父母などの直系尊属から18歳以上の者へ贈与された財産を「特例贈与財産」とし、それ以外の「一般贈与財産」より税率が軽減される。2015年（平成27年）の贈与分から適用。

※贈与された財産が特例贈与財産の場合は特例税率、それ以外は一般税率を適用する。

生前贈与を考える②　暦年贈与と相続時精算課税

ここが大切！

✔ **暦年贈与は年間110万円までなら非課税。**

✔ **相続時精算課税を選択すると、通算2500万円までが非課税に。**

暦年贈与は年間110万円までは非課税

贈与税を申告するには、おもに**暦年《れきねん》贈与**（⬇P174）と**相続時精算課税**の2つの方法があります。

暦年贈与は通常の贈与のことで、**1人につき年間110万円の基礎控除**の範囲内であれば、贈与税はかかりません。例えば1人につき年間110万円を5年間続ければ550万円まで、10年間なら1100万円までを非課税で子や孫に渡せます。贈与をする相手や人数に制限はありません。

年間110万円を超えたときは、翌年3月15日までに**申告書を税務署に提出**し、**贈与税を納付**することになります。ただし、18歳以上の人が父母や祖父母から受け取る場合は贈与税の税率が通常より低くなります（**特例贈与財産**⬇P175下表）。

また、**死亡前の3年以内に生前贈与**した財産には**相続税が課される**ので注意しましょう（2024年1月1日以後の贈与から段階的に7年に延長）。

相続時精算課税は2500万円までが非課税

相続時精算課税は、生前にある程度まとまった金額（通算で2500万円まで）を贈与して、贈与者が亡くなったときには遺産にこの制度で受けた贈与の金額を加えた合計額で相続税を計算するという制度です。**2500万円までは贈与税がかからない**ため、**大きな財産を一度に動かすときにメリット**があります。

例えば、将来的に値上がりが予想される土地などの財産を相続税評価額が低いうちに生前贈与することがあります。生前贈与された財産が2500万円に達するまでは取りあえず非課税にしておき、**2500万円を超えたら一律20%の贈与**

相続時精算課税制度のデメリット

- 一度選択したら撤回できないので、贈与者が亡くなるまで暦年贈与に変更することができない。
- 贈与時に贈与税がかからなくても、相続時に相続税がかかる可能性もある。
- 生前贈与でもらい受けた土地や建物は、物納が認められていない。
- 生前贈与でもらい受けた不動産の場合、登録免許税（土地や建物を登記したときにかかる税金）が固定資産税評価額の2.0%になる（相続時に相続した場合は0.4%）。

税がかかることになっています。

この制度は、贈与者は60歳以上の父母または祖父母、受贈者は18歳以上の子（代襲相続人を含む⬇P86）または孫に限られています。2024年1月1日以後の贈与から、年間110万円までは非課税となり、相続財産に加算する必要もありません。

暦年贈与と相続時精算課税、どちらが得？

節税対策としては、暦年贈与のほうが有効に活用しやすいようです。大きな金額を一度に子や孫に渡してしまうと、受け取った子や孫が無駄遣いをするのではないかという心配がありますが、暦年贈与なら、子どもたちの様子を見ながら次の贈与について検討することもできます。

一方の相続時精算課税は、相続時に相続税が発生しない場合はメリットがあります。また、将来的に評価が上がる可能性が高い財産の場合は、生前贈与によって財産の価額を贈与時のものに固定でき、相続財産の評価額を低く抑えられますが、デメリットもあります（⬇P176）。

暦年贈与と相続時精算課税の比較

	暦年贈与	相続時精算課税
贈与者	誰でも	60歳以上の親または祖父母 
受贈者	誰でも	18歳以上の子（代襲相続人を含む）、孫 
控除額（非課税枠）	年間110万円	通算で2,500万円
税　率	10～55%の累進税率	一律20%
適用手続き	不要	最初に贈与した年の翌年の2月1日～3月15日に相続時精算課税選択届出書に贈与者、受贈者が記入して税務署に提出
申告期限	贈与の年の翌年2月1日～3月15日	贈与の年の翌年2月1日～3月15日
贈与財産の相続時の課税	相続開始前3年以内の贈与財産に限り、相続税の課税対象になる（2024年1月1日以後の贈与については7年以内）。	相続時精算課税の適用を受けた贈与財産の全部が相続税の課税対象になる（2024年1月1日以後は110万円の基礎控除あり）。
節税効果	贈与財産は相続時に計算の対象外になる。よって、そのぶんは財産を少なくし、結果的に相続税が安くなる。	2,500万円の非課税枠はあるが、すべて相続時に合算されて相続税がかかる。ただし、贈与時の時価で合算されるため、その財産が相続時に値上がりしていれば、間接的に節税になる。

生前贈与を考える③
生前贈与利用の注意点

トラブル防止のため 贈与の証拠を残しておく

いくら子どもや孫に**生前贈与**のつもりで100万円を渡しても、子どもや孫にその認識がなければ贈与が成立しないこともあります。そこで、**贈与したという証拠を残しておく**ことが必要です。

その方法として、次のようなことが考えられます。

- 贈与のたびに**贈与契約書**を作成する。
- 金銭を贈与するときは、**贈与する受贈《じゅぞう》者《しゃ》（子どもや孫など）の名義の口座**に振り込みをして、**通帳に履歴を残す。**
- 口座に振り込む場合は、**通帳の印鑑は受贈者用に準備**をし、通帳と印鑑を**受贈者に管理させる。**

生前贈与は、家族や親族間で行われることが多いため、贈与契約書を作成しないケースが多々みられます。しかし、相続が発生してから贈与に関するトラブルが発生することが多いので、不利にならないように贈与契約書を作成しておきたいものです。

贈与契約書（作成例）

贈与契約書

贈与者　西東一郎　を甲とし、受贈者　西東啓太　を乙として、甲乙間において次のとおり贈与契約を締結した。

第1条　甲は、乙に対して、現金100万円を贈与することを約し、乙はこれを承諾した。

第2条　甲は、当該財産を○○年○月○日までに乙の指定口座に振り込むものとする。

上記契約を証するため本書を２通作成し、甲乙各１通を保有する。

○○年○月○日

上記契約を証するため本書を2通作成し、甲乙各１通を保有する。

贈与者（甲）　住所　東京都文京区湯島北１丁目２番３号
氏名　西東　一郎　印

受贈者（乙）　住所　香川県高松市宮園東４丁目５番６号
氏名　西東　啓太　印

受贈者の親権者　住所　香川県高松市宮園東４丁目５番６号
氏名　西東　浩介　印

受贈者の親権者　住所　香川県高松市宮園東４丁目５番６号
氏名　西東　真由美　印

受贈者が未成年の場合は親権者の署名も入れるのが一般的

ここが大切！

- ✔**生前贈与の証拠**を残しておく。
- ✔**非課税枠を超えた場合**は、必ず**贈与税の申告・納付**を。
- ✔**配偶者間の贈与**は**2000万円まで非課税**になるケースも。

贈与税の申告は財産をもらった人が行う

暦年《れきねん》贈与（⬇P176）の場合、贈与金額が年間110万円以下なら贈与税がかからないため、当然贈与税の申告はする必要がありません。

しかし、**110万円を超えた場合**は、財産をもらった人が、その人の住所を管轄する**税務署に申告し、贈与税を払う**ことになります。贈与税の申告と納税は、**財産をもらった翌年2月1日から3月15日まで**に行わなければなりません。

なお、110万円以下の贈与を受けた人でも、「**贈与税の配偶者控除**」（後述）や「**住宅取得投資資金の非課税の適用**」を受ける人は、贈与税の申告書を提出する必要があります。

相続時精算課税（⬇P176）の場合は、2500万円（110万円控除後）までは贈与税がかかりません。2610万円を超えた贈与が行われた場合は、その超える部分に20%の贈与税がかかります。

そして、相続時精算課税の贈与を受けた人はその**金額にかかわらず必ず贈与税の申告書を提出**しなければなりません。申告・納付期限は暦年贈与の場合と同じです。

贈与税の配偶者控除は2000万円まで非課税

贈与税の配偶者控除とは、**2000万円分を贈与しても無税**となる方法です。

本来ならば、この特例を利用しないで2000万円を贈与すると、695万円の贈与税がかかりますが、この特例を利用すれば無税となります。

例えば、夫から妻へ、妻から夫へと不動産を購入したり、建築資金を贈与したりしたときは、2000万円までは税金がかかりません。さらに、暦年贈与の基礎控除額の110万円を加えれば2110万円までは税金を払わずに贈与できることになります。

この特例を利用できるのは以下の要件を満たす場合です。

❶婚姻期間が20年以上あること
❷今までに配偶者控除を受けていないこと（同一夫婦間で一度だけ）
❸贈与財産は居住用不動産か居住用不動産の取得資金のどちらかであること
❹贈与を受けた年の翌年3月15日までに、贈与された（または取得した）居住用不動産に居住し、引き続き居住する見込みがあること

+1 Memo

贈与税の申告を忘れてしまったら高額の贈与税を払うことになるかも

2,500万円（110万円控除後）までの贈与を受けた人が、提出期限までに贈与税の申告書を提出しなかった場合は、相続時精算課税の制度を利用することができなくなってしまいます。この場合、暦年贈与の方法により贈与税を計算することになります（➡P175）。

2,500万円の税率は45%で、控除額は265万円ですから、単純に計算すれば、贈与税は860万円という高額になってしまいます。つまり、2,610万円受け取っても、税金で860万円を持って行かれてしまうので注意が必要です。

実家の片付けと遺品整理

ここが大切！

- **家の片付け**は**親の価値観を尊重**して。
- 遺品は**保管するもの、形見分け、処分するもの**に分ける。
- **処分**は**専門の業者に依頼**すると便利。

親の価値観を尊重し住環境を整えていく

整理整頓好きの親であれば心配はありませんが、そうでない場合、久しぶりに実家の中を見てみると、家中が雑然としていたり、不要なものだらけだったり、ということに気づくことがあります。このようなケースは、親が亡くなって家の中を片付ける必要が出てきたとき、あるいは親が入院中や施設に入る際に気づくことが多いようです。

そこで、**親が残された人生を快適に過ごせるようにするため**にも、**家の片付けと整理**をしておきたいものです。そうすれば、亡くなったあとの遺品整理で大変な思いをせずにすみます。片付けをしていく段階で、**さまざまな住環境の改善点も見えてくる**はずです。

片付けや整理をする際は、**親の価値観を尊重する**ことが大切です。「これはいらない」と思っても、親にとっては大切なものかもしれません。必ず親の了解を得て整理していきましょう。特に、郵便物はむやみに捨てないようにします。保険などの加入状況や交友関係がわかる郵便物があるかもしれません。

住環境については、動線がスムーズかどうか、バリアフリー化したほうがよいか、天井や床、窓などに破損箇所はないかなどをチェックします。

遺品は保管しておくもの、形見分け、処分品に分ける

親が亡くなった場合は、**遺品を整理**することになります。遺品の整理は、**四十九日法要が終わって一段落したら**取りかかりましょう。遺品は、以下の3つに分けられます。

❶保管しておくもの

片付け・整理する際のポイント

- 親の価値観を尊重する。

- 郵便物などの重要物を確認して保管する。

- 住環境（バリアフリー化、動線の確保、破損箇所の確認など）をチェックする。

日記、手帳、住所録、パソコンにあるデータなどは後日必要になることもあるので、最低3年ぐらいは保存します。故人が自営業者だった場合は、仕事や税に関する書類は5年間は保管します。生命保険などの証書、年金手帳、実印などは慎重に保管しましょう。

❷形見分けや寄付するもの

故人の愛用品などを近親者や故人が親しかった人に贈る**形見分け**は、一般的に目上の人に贈るのは失礼になるので控えます。ただし、目上の人でも先方に希望があれば贈ってもかまいません。

なお、高価すぎるもの（遺品の価値が110万円を超えるもの）は贈与税の対象になることがあります（⬇P174）。

❸処分するもの

必要なものをまとめたら、残りの遺品を処分します。ひとり暮らしの人が亡くなった場合は、家全体を整理する必要があります（⬇P182）。遺品整理の専門業者を利用すると手間がかからずにすみます。特に、遠方の実家の整理をするときは、何度も足を運ぶ手間と労力を軽減することができます。

✻ 遺品を整理する際のポイント

親が亡くなってからの遺品整理は、四十九日後に行うとよいでしょう。
まずは❶保管しておくもの、❷形見分けや寄付するもの、❸処分するものに分けます。

❶ 保管しておくもの

生命保険などの証書、年金手帳、実印などは慎重に保管する。勤務先の書類やデータは、元上司などに相談して返却または処分する。友人などから借りていたものは必ず返却しよう。

❷ 形見分けや寄付するもの

形見分けの対象となるのは衣類や装飾品、時計、万年筆、収集品など。贈るときは、先方の好みも考慮して、受け取ってもらえるかどうかを確認してから渡そう。包装せずに渡すのが基本だが、宅配便などで送る場合も。

❸ 処分するもの

ひとり暮らしの人が亡くなった場合は、家財道具なども含めて、家全体を整理する必要がある。遺品整理の専門業者の何社かに見積もりを出してもらうとよい。
遺品整理だけでなく、一時保管やハウスクリーニングまで請け負うところもある。

空き家になったときの対策

ここが大切！

- **空き家の管理や処分**をするのも**遺族の役目。**
- **更地**にすると**固定資産税が跳ね上がる。**
- **特定空き家にならない**ように**注意する。**

空き家となった家の対策を考えることも遺族の役目

親が亡くなって、実家が空き家となる場合、その対策が深刻化しています。空き家をそのまま放置していると、不審者が出入りしたり、害虫の発生や雑草が生い茂ったりするなどして、近隣の住民に迷惑をかけるケースも増えています。

空き家放置に関しては、親が住んでいた家を取り壊すのは忍びない、実家が現在の住まいから遠く離れていて放置してしまっている、賃貸に出したいが借り手が見つからない、などさまざまな理由が考えられます。

しかし、いつまでも放置しておくわけにはいきません。**空き家の管理や処分をすることも遺族の役目**となるのです。

このようなことを想定し、空き家になる可能性がある場合は、**親が存命中からその対策を親やきょうだい間で相談しておく**ことが大切です。

空き家対策に乗り出す自治体のサービスを調べる

放置している空き家対策として考えられる方法には、**❶貸家にする、❷中古住宅として売却する、❸更地《さらち》にして土地を売却する**、などがあります。

空き家を貸したい、売りたいと考えているときは、「**空き家バンク**」に登録し、購入（賃貸）希望者を探す方法もあります。空き家バンクは、行政が行っている場合もあるので相談してみましょう。また、解体費用の補助金を活用できる場合もあります。

このように、空き家のある地域の**行政がさまざまな条例を作り、空き家の適正管理や有効活用について対策に乗り出しています**。まずは自治体に赴き、どのような対策が考えられるかを相談すべきでしょう。

更地にすると固定資産税が跳ね上がる

不動産を所有していると、**固定資産税**と、地域によっては**都市計画税**という税金がかかります。もちろん空き家も例外ではありません。この2つの税金は、「**住宅用地の特例**」という制度のおかげで安くなっていますが、家を解体してしまうとこの制度が適用されなくなり、税金が高くなってしまいます（➡P141）。そのため、空き家となった親の実家をそのままにしているケースが多いのです。固定資産税は、土地と家屋について、**【固定**

資産税評価額（課税標準額）×1.4％（標準税率）】で算出されます。しかし、「小規模住宅用地の特例」によって、固定資産税は、住宅1戸につき200㎡以下の用地は課税標準額の6分の1、200㎡を超える部分の用地は課税標準額の3分の1が減免されます。しかし、更地にして住宅用地でなくなった場合はこの減免が適用されません。そのため、**更地にしたために固定資産税が最大で6倍に跳ね上がるケース**もあります。

　こうして更地にせず空き家を放置するケースが増えているため、2015年度の税制改正によって、**危険な空き家は税の優遇措置から外される**ことになりました（**特定空き家**）。つまり、更地にしたときと同じ税金が課せられることになるのです。特定空き家に指定される条件は、以下のとおりです。

- 倒壊等著しく保安上危険となる恐れのある状態
- 著しく衛生上有害となる恐れのある状態
- 適切な管理が行われていないことにより著しく景観を損なっている状態
- その他周辺の生活環境の保全を図るために放置することが不適切である状態

以上のようなことを考え合わせ、空き家をそのままにして管理するか、解体して売りに出すか、どちらが得策かを検討して結論を出すことが大切です。

空き家を解体する場合のメリット、デメリット

空き家を管理するのは大変と、建物を解体することを考える人も増えています。

メリット

- 空き家を管理する手間から解放される。
- 不動産財産のように公平に分けにくいときに便利。
- 空き家対策の一環として、空き家の解体に補助金を出している自治体もある。

デメリット

- 住宅が建っていると、土地にかかる固定資産税は建っていない場合の最大6分の1、都市計画税は最大3分の1に軽減されるが、解体するとこの制度が適用されず、税金が上がってしまう。
- 建物の解体費用がかかる。

空き家の管理・解体については、遺族間で十分話し合って結論を出すことが大切

※2023年４月から「相続土地 国庫帰属制度」が施行され、土地を相続した人が一定の要件を満たすことで、土地を手放して国庫に帰属させることができるようになった。

介護サービスと介護保険の利用

要介護認定を受けるためのプロセス

親が高齢化し、自分も50代、60代になってくると多くの人が直面する問題が**親の介護**です。両親のどちらかが亡くなり、ひとり暮らしとなった親を引き取って介護しなければならなくなるといったケースも多々あります。そのときになって慌てないために、介護に関する基本的な知識を備えておきましょう。

介護サービスとは、**介護保険で利用できるサービス**で、**要介護1〜5**と認定された方が利用できるサービスと、**要支援1〜2**と認定された方が利用できるサービスに分けられています。

この要支援・要介護認定は、住所地の**市区町村役場の窓口で申請**します。申請書（➡P187）には主治医（かかりつけ医）の名前を書く欄があります。

申請をすると、役所が主治医に意見書の作成を依頼します。主治医は、本人の心身の状況について「主治医意見書」を作成します。主治医がいない場合は、役

ここが大切！

- ✔**要支援・要介護に認定**されれば**介護サービスを利用**できる。
- ✔要支援・要介護認定の**申請は市区町村役場で。**
- ✔介護保険は**1割負担**か**2割負担**。

要支援・要介護の認定基準

	身体の状態（例）
要支援1	●立ち上がりや片足での立体保持などの動作に何らかの支えを必要とすることがある。 【認知症】症状があっても、日常生活に支障がない。
要支援2	●立ち上がりや歩行が不安定。 【認知症】物忘れがあっても、ほとんどの場合、生活に大きな支障はきたさない。
要介護1	●立ち上がりや歩行が不安定。 【認知症】物忘れや思考・感情などの障害により、十分な説明を行ってもなお、介護予防サービスの利用に対して、適切な理解が困難。
要介護2	●座位保持が不安定。 ●起き上がりが自力では困難。 【認知症】日課や直前に何をしていたかなどが部分的にわからなくなるため、生活に支障をきたす。他人とのスムーズな応対が困難。
要介護3	●起き上がり、寝返りが自力ではできない。 ●排泄《はいせつ》、入浴、衣服の着脱などで全体の解除が必要。 【認知症】生年月日や自分の名前などがわからなくなる。着替えなど自分の身の回りのことができなくなってくる。
要介護4	●排泄、入浴、衣服の着脱など多くの行為で全面的介助が必要。 【認知症】常に意思疎通が困難となる。日常生活に支障をきたす行動が頻繁にみられる。
要介護5	●生活全般について全面的な解除が必要。 【認知症】理解全般が低下している。

所が指定する医師の診断を受けることになります。そうなると、たった一度の診断で意見書を書いてもらうことになるので、あらかじめ医師の診断を受けていたほうがよいでしょう。

その後、要介護認定調査を受け、一次判定、二次判定を経て、市区町村が要介護度を決定します。その認定基準は、右表（➡P184）のようになります。

介護保険の利用者負担は支給限度額の1割

介護保険とは、健康保険に似て、現金給付が受けられるわけではなく、介護が必要になったときに低額の自己負担でサービスが利用できる制度です。介護保険サービスを利用した場合の**利用者負担**は、**介護サービスにかかった費用の1割**となっています。

ただし、**「一定以上所得者」の場合は2割の負担**となっています。「一定以上所得者」とは、65歳以上の被保険者のうち合計所得金額が160万円以上（単身で年金収入のみの場合は280万円以上）となっています。また、合計所得金額が160万円

✻ 要介護認定の申請から認定までの流れ

① 市区町村の窓口または市域包括支援センターに被保険者、もしくは子どもが申請書を提出（様式は自治体によって異なる）

- 郵送でも可
- 主治医の名前、病院名等を記入
- 65歳以上の方は「介護保険被保険者証」、65歳未満の方は「医療保険の被保険者証」を用意する。
- 医師の意見書も必要（主治医がいない場合は市区町村指定の医師の診察を受けに行く必要あり）

↓

② 認定調査（聞き取り調査）＋**主治医意見書**

↓

③ 一次判定（コンピュータによる分析）

↓

④ 二次判定（介護認定審査会による判定）

↓

サービス開始
ケアマネージャーにケアプランを作成してもらい、そのプランに従ってサービスが開始される。

認定結果に不服がある場合

住所地の役所の担当窓口に連絡して説明を受け、それでも納得できないときは認定通知を受けてから60日以内に、各都道府県に設けられている介護保険審査会に審査請求する。

以上であっても、実質的な所得が280万円に満たないケースや2人以上世帯における負担能力が低いケースについては1割負担に戻す場合もあります。

サービス利用者の利用限度額（介護保険の支給限度額）は左表のようになり、その1割が利用者負担となります。限度額を超えてサービスを利用した場合は、超えたぶん全額が自己負担となります。

介護保険施設を利用する場合は、1割負担のほかに、居住費、食費、日常生活費の負担も必要になります。

例えば、要介護度3の方が**特別養護老人ホーム**（社会福祉法人や地方自治体などが運営する公的な介護施設で、「**特養**」と呼ばれる）に入所する場合は、介護サービス費2万7048円（27万480円の1割）のほかに、その他の生活費がかかりますが、施設や居室のタイプによっても異なり、多床室よりも個室のほうが高く設定されています（⬇左図）。

その人に必要な介護サービスの内容や費用については、地域のケアマネジャーに相談・確認することが必要です。ケアマネジャーにも相性があります。信頼できるケアマネジャーに出会うためには労力を惜しまないことも大切です。

介護保険の支給限度額と自己負担額

（月額）	利用限度額	自己負担限度額（1割負担の場合）
要支援1	50,320円	5,032円
要支援2	105,310円	10,531円
要介護1	167,650円	16,765円
要介護2	197,050円	19,705円
要介護3	270,480円	27,048円
要介護4	309,380円	30,938円
要介護5	362,170円	36,217円

※介護サービスの料金は、サービスごとに「単位数」が決められ、この単位数は全国一律、1単位＝10円とし、地域によって0～20％の割増しが行われる。上記の支給限度額は標準的な地域の例。大都市などの場合、上記より高くなることがある。

❋ 特養入所の場合の費用の考え方

例 要介護度3の方の場合

特別養護老人ホームに入所する場合は、入所一時金などの初期費用は発生しません。入所後に月額費用として、介護サービス費と生活費（居住費、食費、その他日常生活費）を自己負担します。

初期費用（入所一時金）

なし

＋

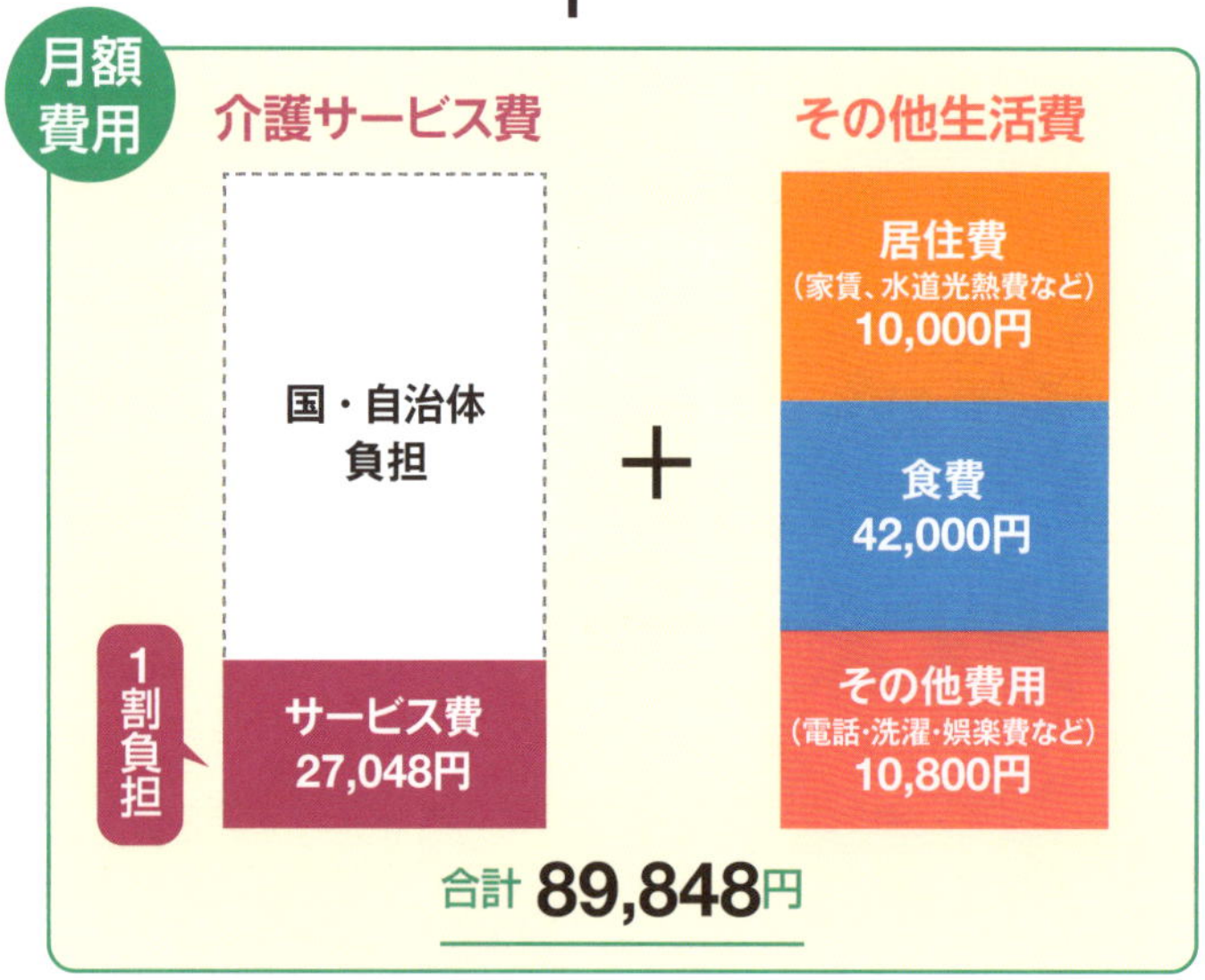

要介護認定・要支援認定申請書（記入例）

様式は自治体によって異なる

処理欄	書類確認	申請入力	主治医	調査依頼
／	／	／	在 入 2 特	／

練馬区地域包括支援センター受付印

練馬区提出用
区処理欄

介護保険　要介護認定・要支援認定　申請書

練馬区長　あて
次のとおり申請します。　〇〇 年　〇月　〇日

該当する申請区分に〇を付ける

申請区分　（1 新規申請）　2 更新申請　3 区分変更申請　4 受給証明付申請

被保険者				
被保険者番号	1 0 0 2 2 2 2 2 2	被保険者証の添付	あり ・ なし	
フリガナ	セイトウ　ハナコ	生年月日		性別
氏名	西東花子	〇〇年　〇月　〇日（ 83 歳）		男・（女）
住所	練馬区　高松南1−2−3 電話番号　03 （ 0000 ） 0000			
現在の要介護認定区分	要支援　1 ・ 2　　要介護　1 ・ 2 ・ 3 ・ 4 ・ 5			
有効期間	年　月　日 から　年　月　日 まで			
申請理由	歩行困難なため訪問介護を利用したい。			

前回の要介護認定の結果があれば記入する

認定調査				
調査場所	・（在宅）・ 病院 ・ 入所施設	病院・入所施設名		
	住所　同上 電話番号　（　　）			
立会い希望	・なし ・（あり）・ 連絡のみ希望	氏名　西東太郎	本人との関係	長男
連絡先電話番号	① 080-0000-0000 ・自宅 ・（携帯）・ 勤務先	② 03-0000-0000 ・自宅 ・ 携帯 ・（勤務先）	備考	日中仕事をしております。携帯に出ないときは勤務先に連絡してください。

※電話は平日の日中に連絡が取れる電話番号をお願いします。

調査の日程、連絡方法などについて伝えたいことがあれば記入する

公平性の観点から2親等以内の親族は主治医になれない

主治医				
医療機関名	練馬病院	診療科目　整形外科	（通院）	前回受診日　〇 月　〇 日
		主治医名　豊玉三郎　医師	往診	次回受診日　〇 月　〇 日
所在地	〒 179-0000　高松町〇−〇−〇 電話番号　（　　）		入院	年　月　日〜
			入所	年　月　日

通院日を必ず記入する

◆第2号被保険者（40歳から64歳の医療保険加入者）の場合、必ず記入してください。

40〜64歳の方は必ず記入する

医療保険者名		被保険者氏名	
医療保険者番号	医療保険の記号番号	特定疾病名	
介護保険被保険者の医療保険資格取得年月日	年　月　日		

介護（介護予防）サービス計画の作成および介護（介護予防）サービス利用時（健康状態の把握）に必要があるときは、要介護認定・要支援認定に係る調査内容、要介護認定審査会による判定結果・意見および主治医意見書を練馬区から地域包括支援センター、居宅介護支援事業者ほか、介護保険サービス提供事業者の関係人および主治医意見書を作成した医師に提示することに同意します。

同意しない場合は、右の□に✓をしてください。　□ 同意しない

申請者			
※申請者が本人の場合は、住所、電話番号の記載は不要です。	氏名　西東太郎	本人との関係	長男
住所	〒 113-0000　文京区湯島北1−2−3 電話番号　03 （ 0000 ） 0000		

◆下記の事業者が提出代行する場合はつぎの欄に記入してください。

提出代行者	
種別	該当に〇を付けてください。（指定居宅介護支援事業者・地域密着型介護老人福祉施設・指定介護老人福祉施設・介護老人保健施設・指定介護療養型医療施設・地域包括支援センター）
名称	印　介護保険事業者番号
所在地	〒　　担当者名： 電話番号　（　　）　被保険者の担当ケアマネージャー（事業者）ですか ⇒ はい ・ いいえ

被保険者の個人番号		本人確認	済・未	端末確認

個人番号（マイナンバー）がわからない場合は空欄のまま提出

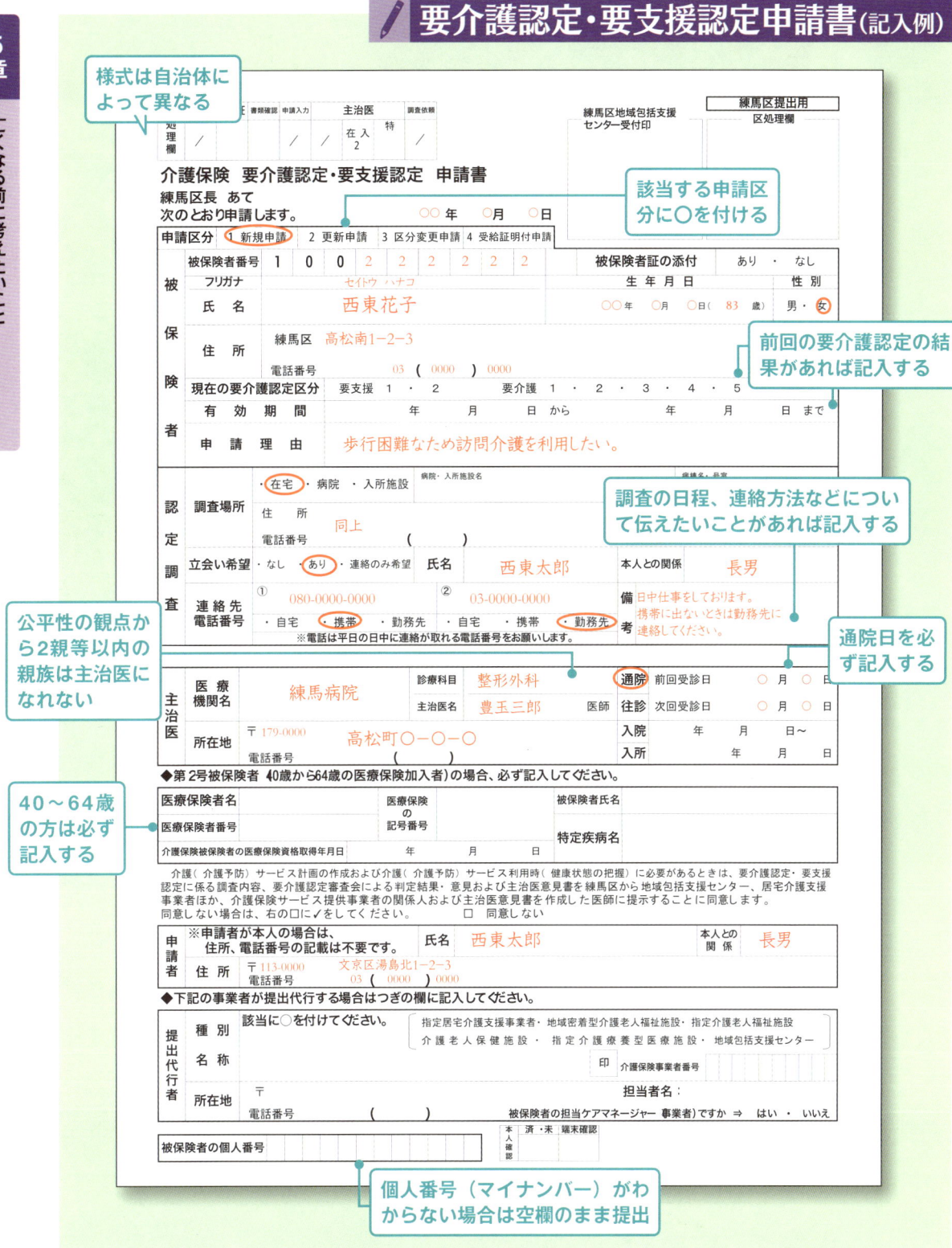

成年後見制度の利用

判断能力が衰えたときに利用する

誰しも、老いを感じるとともに**認知症**の不安を感じ始めます。こうした精神上の障害（知的障害、精神障害、認知症など）により**判断能力が十分でない人が不利益を被らないように家庭裁判所に申し立て**をして、その人を援助してくれる後見人をつけてもらう制度が**成年後見人制度**です。

一言で言えば、「本人の財産を守る」のが成年後見人に課せられた仕事です。この制度には、**法定後見制度**と**任意後見制度**の2種類があります。

法定後見制度と任意後見制度

例えば、ひとり暮らしとなった認知症の母親が高額なリフォーム工事の契約をさせられたり、必要でない物をどんどん買い込んだりしていることに気づいた娘が、成年後見の申し立てを家庭裁判所に行い、成年後見人となった第三者がその母親の生活を支えることになったとします。これが**法定後見制度**の利用です。

つまり、法定後見制度は、**本人の判断能力が衰えてから利用するもの**で、**後見人は家庭裁判所が選任**します。申し立てができるのは、配偶者、4親等以内の親族、任意後見人、任意後見監督人（家庭裁判所が選任）などです。

法定後見制度における仕事は、本人の精神上の障害の程度によって、❶**後見**（ほとんど判断できない人を対象）、❷**保佐**（簡単なことは自分で判断できるが、法律で定められた重要なことについては援助が必要な場合）、❸**補助**（大体のことは自分で判断できるが、難しいことは援助が必要な場合）に分かれていますが、

ここが大切！

- ✓**判断能力が衰えたとき**に**財産を守ってもらう**ために利用する。
- ✓**判断力があるとき**は**任意後見人**をあらかじめ決めておく。

成年後見人がしてはいけないこと

- 生前贈与。すでに行っていても打ち切りになる。
- 家族のための費用を本人の口座から下ろすこと。
- 本人による日用品の購入などの取り消し。
- 遺産分割の拒否。

申し立ての約8割が❶後見です。

一方、最近物忘れがひどくなってきて将来が心配になった人が**公証役場**（⬇P168）を訪れ、信頼できる友人と任意後見契約を結び、自分が認知症と診断されたときなどに家庭裁判所に申し立てをして、任意後見監督人を選任してもらい、任意後見契約を結んだ友人に財産の管理などをお願いするといったケースもあります。これが**任意後見制度**です。

つまり、任意後見制度は、**本人の判断能力が衰える前に代理人（任意後見人）を選び、自分の療養看護や財産管理について代理権を与える契約を結んでおく**ものです。

後見人にできる人、できない人

では、どんな人を**成年後見人**として選べるのでしょうか。基本的に誰でも後見人にすることができます。ただし、未成年者や破産者、被後見人と訴訟関係にある人、およびその配偶者や直系血族は後見人にすることはできません。

適当な後見人が見つからない場合は**弁**

❋ 成年後見人ができること

成年後見人は、本人のために重要な法律行為を代行したり、取り消ししたりして、本人の権利を守ってくれます。同時に、そうした活動を家庭裁判所に報告する義務も課せられています。

日常のおもな仕事

❶本人の通帳や不動産等の権利書、実印等を保管する。
❷有価証券等の金融商品の管理をする。
❸１年間に支出する金額を予定し、収支のバランスを整えていく。
❹本人のための支出は領収書を取り、お金は本人の口座から下ろす。支出状況はすべて記述を残しておく。
❺確定申告、納税などの税務処理を行う。
❻ケアマネジャーと相談し、要介護認定を申請する。
❼本人が利用可能な福祉サービスを申請したり、保険証の交付を申請したりする。
❽有料老人ホームへの入所費用を捻出するため、自宅を売るなどの許可を家庭裁判所に申請する。
❾施設に入所する際の契約を締結する。
❿本人が病院へ入院するときは、入院契約を結び、医療費の支払いも行う。
⓫１年に一度、後見活動事務報告書を家庭裁判所に提出し、チェックを受ける。

護士や行政書士、社会福祉士などの専門職後見人を検討します。近年は親族以外の第三者を成年後見人に選ぶ例が増えており、この傾向は今後も続くと予想されています。

家族や親族が後見人になる場合は無報酬でもかまいませんが、その旨を契約書に明記しておく必要があります。一方、専門職後見人の場合は、後見される人の資産から報酬を支払うことになります。実務上は月2～3万円となっています。

成年後見の申し立ては家庭裁判所へ

成年後見制度を利用するには、後見される人の住所地の**家庭裁判所に申し立て**をする必要があります。自分や親が認知症などで冷静な判断ができなくなった場合や、死後のスムーズな遺産分配などのことを考えて、申し立てを検討することも1つの手段です。手続きは自分（家族など）でも行えますし、弁護士や司法書士などに依頼することもできます。

手続きは、法定後見人と任意後見人とでは異なります（⬇下図、左図）。

✻ 法定後見制度の手続きの流れ

法定後見制度は、認知症の高齢者など判断能力が衰えた人の家族などが利用するケースが多いようです。

必要な書類

- 申立書（家庭裁判所で入手できる。ダウンロードも可）
- 申立人の戸籍謄本（本人以外が申し立てるとき）
- 本人の戸籍謄本《とうほん》、戸籍の附票、登記事項証明書、診断書
- 成年後見人候補者の戸籍謄本、住民票、身分証明書、登記事項証明書
- 申立書付表
- 本人に関する報告書（用意できれば）

1 申立

- 本人の住所地を管轄する家庭裁判所に申立書を提出。

2 審理

- 家庭裁判所の調査官による事実の調査が行われる。
- 申立人、本人、成年後見人候補者が家庭裁判所に呼ばれて事情を聴かれる。
- 本人の精神鑑定が行われる（省略されることが多い）。鑑定費用は別途。

3 審判

- 申立書に記載された成年後見人候補者が選任されるが、場合によっては家庭裁判所の判断によって弁護士や司法書士等が選任されることもある。

4 審判の確定と登記

- 審判確定後、審判の内容が法務局に登記される。
- 登記がすみ次第、成年後見人に家庭裁判所から登記番号が通知され、後見が開始する。

✻ 任意後見制度の手続きの流れ

任意後見制度は、本人が判断力があるうちに、将来の判断力の低下に備えて後見人を決めておき、判断力が不十分になったときにその支援を受ける制度です。

① 任意後見人を決める

- 信頼人を選び、また、その人とも話し合い、依頼人を決定する。

② 公証役場で公正証書を作成

- 本人と任意後見人となる人が一緒に公証役場に赴く。

必要な書類

- 本人の戸籍謄本、住民票、印鑑登録証明書等の身分証明書
- 任意後見人となる人の住民票(法人の場合は登記簿謄本)、印鑑登録証明書等の身分証明書
- その他、診断書や財産目録、不動産の登記簿謄本などが必要になる場合もある。

判断力の低下が
見られるようになった

③ 任意後見監督人選任の申し立て

- 本人の住所地を管轄する家庭裁判所に申立書を提出。

必要な書類

- 申立書類(申立書、申立事情説明書、本人の財産目録とその資料、親族関係図など)
- 本人の戸籍謄本、住民票、任意後見契約公正証書の写し、診断書など
- 任意後見受任者に関するもの(詳しくは家庭裁判所に確認する)

申し立てができる人

- 本人、配偶者、
４親等内の親族、
任意後見受任者

④ 任意後見監督人の選任

- 家庭裁判所が任意後見監督人を選任する。

⑤ 後見開始

- 任意後見受任者が正式に任意後見人となり、任意後見が開始される。
- 任意後見監督人は、任意後見人の仕事をチェックする。

イラスト　渡邊美里
デザイン　永瀬優子、大山真葵、武田理沙（ごぼうデザイン事務所）
監修協力　石割税務会計事務所　税理士 石割寿志、
社会保険労務士 大谷志保
（1～5章の税務、年金、相続関係）
編集協力　有限会社ピークワン、有限会社ヴュー企画

オールカラー 困《こま》らない もめない
親《おや》が亡《な》くなった後《あと》の届出《とどけで》・諸手続《しょてつづ》き

2016年12月 5 日発行　第1版
2024年 7 月25日発行　第8版　第1刷

編　者　西東社編集部
発行者　若松和紀
発行所　株式会社 西東社
〒113-0034　東京都文京区湯島2-3-13
https://www.seitosha.co.jp/
電話　03-5800-3120（代）
※本書に記載のない内容のご質問や著者等の連絡先につきましては、お答えできかねます。

ISBN 978-4-7916-2477-5